GÜNTER WISWEDE · THOMAS KUTSCH

SOZIALER WANDEL

ERTRÄGE DER FORSCHUNG

Band 86

GÜNTER WISWEDE · THOMAS KUTSCH

SOZIALER WANDEL

Zur Erklärungskraft neuerer Entwicklungs- und Modernisierungstheorien

1978

WISSENSCHAFTLICHE BUCHGESELLSCHAFT

DARMSTADT

CIP-Kurztitelaufnahme der Deutschen Bibliothek

Wiswede, Günter
Sozialer Wandel: zur Erklärungskraft neuerer Entwicklungs- u. Modernisierungstheorien / Günter Wiswede; Thomas Kutsch. — Darmstadt: Wissenschaftliche Buchgesellschaft, 1978.
(Erträge der Forschung; Bd. 86)
ISBN 3-534-07571-4

NE: Kutsch, Thomas:

Bestellnummer 7571-4

Satz: Maschinensatz Gutowski, Weiterstadt
Druck und Einband: Wissenschaftliche Buchgesellschaft, Darmstadt
Printed in Germany
Schrift: Linotype Garamond, 9/11

ISBN 3-534-07571-4

INHALTSVERZEICHNIS

VORWORT

Wer heute den Versuch unternimmt, in einem schmalen Bändchen einen Überblick über sozialen Wandel zu geben, für den wird der Vorwurf bereitstehen, er sei entweder leichtsinnig oder einfältig oder gar beides. Die vorliegende Arbeit läßt sich – wenn überhaupt – nur rechtfertigen durch die starke Konzentration auf den Informationsgehalt einiger zentraler Aussagen, die beanspruchen, für die Analyse sozialen Wandels erklärungskräftig zu sein. Mit dieser Beschränkung einher geht der weitgehende Verzicht auf anwendungsbezogene Illustration sowie die detaillierte Darstellung empirischer Ergebnisse. Dennoch steht gerade die empirische Einlösbarkeit bei der kritischen Sichtung und Bewertung vorhandener oder – in programmatischer Hinsicht – noch zu leistender Theorieansätze im Vordergrund unserer Darstellung.

Manches an dieser Arbeit mag zunächst destruktiv erscheinen, aber darin liegt vielleicht eine gewisse Notwendigkeit: Denn wenn es richtig ist, daß die Analyse des sozialen Wandels den Prüfstein der Soziologie darstellt, dann erscheint der gegenwärtige Entwicklungsstand dieser Disziplin offensichtlich noch wenig fortgeschritten. Zur betont *kritischen* Komponente dieser Arbeit gesellt sich eine *programmatische:* Sie versucht, Wege künftiger Forschung aufzuzeigen, welche die Fallgruben des „naiven" und des „funktionalistischen" Evolutionismus überwindet. Wir sprechen dabei die Empfehlung aus, die bevorzugte strukturalistische Betrachtungsweise der Systemtheorie zugunsten einer Perspektive zu verlassen, die den *Menschen mit seinem konkreten Verhalten* wieder in den Mittelpunkt der Analyse rückt, nämlich als *Träger* und *Betroffenen* des sozialen Wandels.

Wir hoffen, daß die vorliegende Schrift einen – wenn auch gerafften – kritischen und aktuellen Überblick und Einstieg in die verschiedenen methodischen und theoretischen Ansätze zum Thema „Sozialer Wandel“ bietet und daß aus dieser Arbeit trotz ihrer knappen Diktion ein wenig mehr geworden ist als ein bloßes Kompendium.

Köln, Mai 1977 Günter Wiswede · Thomas Kutsch

1. DIMENSIONEN SOZIALEN WANDELS

1.1. Inhalt sozialen Wandels

Der Begriff des sozialen Wandels wurde von W. F. Ogburn (1922) in die Soziologie eingeführt, um ältere Begriffe wie „Fortschritt" (zur Fortschrittsproblematik vgl. Dreitzel, 1967, aber auch M. Weber, 1973) oder „Evolution" (zum Begriff vgl. Kap. 4.1) abzulösen, die als wertgeladene Begriffe bereits je spezifische Muster und „Programme" sozialer Veränderung zu implizieren schienen.

Die Begriffe „Fortschritt" und „Entwicklung" sind wertbelastet, weil sie eine vorgegebene Richtung des Wandels entweder als Zielpunkt oder als eine in der Gegenwart bereits gegenwärtige Determinante ansetzen, deren Ablauf von Anfang an bereits festgelegt und nur entfaltet wird. (R. König, 1967, S. 291)

Die Renaissance des Neo-Evolutionismus hat jedoch in neuerer Zeit wiederum dazu geführt, von „Evolutionstheorien" (synonym mit Theorien sozialen Wandels) zu sprechen. Nun gibt es sicher Bedenken anzumelden gegenüber den Implikationen dieses insbesondere von der funktionalistischen Schule betriebenen „Neo-Evolutionismus" (Parsons, Smelser, Eisenstadt u. a.) und gegenüber dem Begriff der Evolution generell, denn letzterer scheint ein Vorverständnis dahingehend zu suggerieren, daß soziale Einheiten die Richtung ihres Wandels als immanente Eigenschaft oder als heimliches Programm bereits in sich trügen. Diese Art von Begriffsverwendung erscheint nicht besonders geeignet, unseren Blick auf polyvalente Wandlungsprozesse zu lenken und unseren Spürsinn für Prozesse möglicher Devolution oder Demodernisierung zu schärfen. Diesen und ähnlichen Fragen werden wir noch häufiger begegnen, wenn wir die beiden Hauptströmungen der neueren Soziologie des sozialen Wandels, den

Neo-Evolutionismus und die Modernisierungsforschung, etwas genauer betrachten.

Zunächst geht es uns um eine inhaltliche Bestimmung des sozialen Wandels. Wer sich mit konkreten Prozessen sozialen Wandels beschäftigt, steht vor folgenden Ausgangsfragen:

(1) Wer oder was wandelt sich – gemessen woran?
(2) Welchen Umfang bzw. welche Reichweite hat der Wandel?
(3) In welche Richtung geht der Wandel?
(4) Welche Ursachen hat dieser Wandel?
(5) Welche Folgen hat dieser Wandel?
(6) Welche „Qualität" hat der Wandel?

Allein die erste dieser Fragen stellt uns vor eine Vielzahl von Problemen. Eine sehr allgemeine Antwort könnte etwa lauten: Es kann sich das Verhältnis der Menschen zueinander wandeln, sei es im direkten Kontakt oder vermittelt über Institutionen; es kann sich aber auch um eine relevante Veränderung der Umwelt handeln, welche die Rahmenbedingungen für menschliches Verhalten abgibt. Von sozialem Wandel wäre also in jedem Fall schon dann zu sprechen, wenn es sich um Veränderungen von unter theoretischen Gesichtspunkten als relevant bestimmten Bezügen handelt.

Die Feststellung etwa, daß sich Wandel auf die „Gesellschaft" schlechthin beziehe, muß also als zu allgemein verworfen werden. Hierzu gibt es ein weiteres Argument: Schon Ogburn versuchte aufzuzeigen, daß sich in komplexen Gesellschaften verschiedene Lebensbereiche in durchaus unterschiedlichem Rhythmus wandeln und daß gewöhnlich Spannungen bestehen zwischen materiellen Veränderungen im ökonomisch-technischen Bereich und den sozial-kulturellen Möglichkeiten der Anpassung an diese Veränderungen ("cultural lag"). Diese mögliche Diskontinuität kennzeichnet lediglich eine von vielen Möglichkeiten zeitlich gegeneinander verschobener Wandlungsprozesse innerhalb einer Gesellschaft; schon Ogburn hat seine Entdeckung des "cultural lag" als keineswegs ausschließliche Erklärung von sozialem Wandel angesehen. Eine aktuelle Form solcher Diskontinuität ist z. B. die Diskrepanz zwischen wirtschaftlichem Wachstum im

Nachfragebereich einerseits und technischem Fortschritt andererseits, mit möglichen Konsequenzen in bezug auf die Absatzsituation von Unternehmungen oder die Lage auf dem jeweiligen Arbeitsmarkt. Bereits hier sei vermerkt, daß die unterschiedliche Entwicklung gesellschaftlicher Teilbereiche und die daraus resultierenden Spannungen und Ungleichgewichte eine wichtige Erklärungsgrundlage für den Ablauf „gesamtgesellschaftlicher" Wandlungsprozesse abgeben und den Ansatzpunkt struktureller Maßnahmen im Zuge möglicherweise geplanten Wandels zu liefern vermögen.

Wenn wir nun schon wissen, daß verschiedene Teilbereiche der Gesellschaft in unterschiedlichem Maße dem sozialen Wandel unterliegen: wer definiert dann, ob und in welchem Grade und in welcher Richtung sich eine Gesellschaft gewandelt hat? Wer befindet darüber, welche Teilsysteme der Gesellschaft wandlungsrelevant sind und welche nicht? Wer schätzt aus welcher räumlichen, zeitlichen und sachlichen Distanz das Ausmaß der Veränderung angemessen ein? Eine mögliche Stütze zur Beantwortung dieser Fragen ist die Unterscheidung zwischen Prozessen des Wandels innerhalb eines sozialen Systems und Wandlungen des Systems selber (vgl. u. a. Parsons), wobei unter Soziologen eine Präferenz dafür besteht, nur den letztgenannten Typ sozialer Veränderung im engeren Sinn als „sozialen Wandel" zu bezeichnen. Nach übereinstimmender Konvention würden beispielsweise solche Vorgänge wie Moden, Konjunkturschwankungen usw. nicht im Zentrum der Analyse sozialen Wandels stehen. Wer aber kann sagen, ob solche inneren Vorgänge nicht gerade Prozesse des sozialen Wandels des Gesamtsystems oder wichtiger Teilsysteme einleiten? Die Unterscheidung sagt also nichts darüber, ob und welche inneren Wandlungserscheinungen (z. B. Innovationen, Revolutionen) zum Wandel der Gesellschaft führen. Ein anderes Problem hinsichtlich der genannten Unterscheidung liegt darin, daß es schwierig ist, zu ermitteln, ob und unter welchen Umständen der Wandel eines Teilsystems, etwa des Systems sozialer Schichtung oder aber eine „partielle Modernisierung" als „Wandel *im* System" oder als

„Wandel *des* Systems" anzusehen ist, wobei sich der Systembegriff noch dazu auf sehr verschiedenartige Sachverhalte (z. B. Gesamtgesellschaften, politische Systeme usw.) beziehen kann. Einige dieser Schwierigkeiten können natürlich ausgeräumt werden, wenn wir die Ausgangslage A mit einem Zielzustand Z vergleichen, aber auch dann stellt sich das Problem der Messung (vgl. Kap. 2.4) und der Interpretation, d. h. der Einschätzung dieses Unterschiedes als Wandel geringen oder bedeutenden Ausmaßes.

Daß die Beurteilung sozialer Wandlungsprozesse eine Frage der „Perspektive" des Forschers ist, hat L. H. Warshay herausgestellt:

> Perspective breadth is seen as affecting the likelihood of the actor's recognizing and distinguishing between significant change and mere fluctuation and between long-term and short-term change. (Warshay, 1964, S. 339)

Nun kann diese Perspektive natürlich auch zum Maßstab des Handelns für geplanten sozialen Wandel sowohl im Hinblick auf die Motivation als auch in bezug auf die Effizienz gemacht werden, sofern die strukturellen Ausgangsbedingungen des Systems bekannt sind. Mit der Wahl der jeweiligen Perspektive hat es auch zu tun, ob wir sozialen Wandel als langfristigen Wachstumsprozeß oder als tiefgreifende Strukturveränderung ansehen wollen oder ob wir beides verquicken müssen.

Wenn nun schon die Wahl der Perspektive in weitem Ausmaß die Signifikanz sozialen Wandels zu „bestimmen" vermag, so gilt dies sicherlich auch für spezifische Perspektiven, die z. B. einmal die ökonomische oder technische, die soziale oder kulturelle Dimension in den Vordergrund rücken oder zum anderen beim Individuum selbst ansetzen (Änderungen von Einstellungen, Motivationen, Wertorientierungen usw.). Dabei ließe sich argumentieren und auch empirisch feststellen, daß die Veränderung etwa des motivationalen Systems bestimmte Konsequenzen auf die sozial-strukturelle Dimension haben wird (und vice versa), doch dürfte es sich hier um ein empirisches Problem und nicht um eine vorgängig bestimmte zwangsläufige Interdependenz oder gar einseitige Kausalität handeln. Diese möglichen Interdependenzen, die im konkreten Anwendungsfall zu spezifizieren und zu gewichten sind, bestehen gewöhnlich zwischen der sozialen Struktur („Struktur" hier allgemein verstanden als Gesamtheit relativ konstanter Beziehungen zwischen Teilen eines Ganzen) sowie der ökonomisch-technischen Struktur (als „Unterbau") einerseits und den jeweiligen Kulturmustern oder Wertorientierungen andererseits, die man auch als „kulturelle Struktur" (gewissermaßen als „Oberbau") verstehen kann. Eingespannt in dieses Determinantennetz sind Individuen oder Gruppen als „Handelnde", deren „personale Struktur" (Motivationsstruktur, Persönlichkeitsstruktur, Verhaltensstruktur) in gewisser Weise die Spiegelung der Umweltstrukturen sind, die jedoch – mit mehr oder weniger großer Effizienz – auch ihrerseits wiederum auf die Gestaltung dieser Umwelt einzuwirken vermögen:

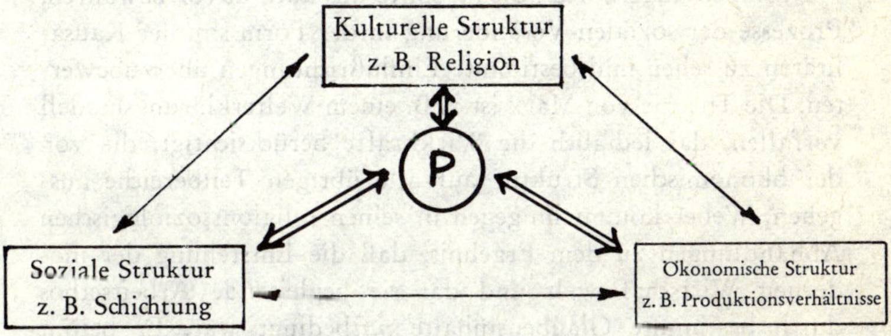

Abb. 1. Interdependenzen zwischen Struktur und Verhalten

Definitionen des sozialen Wandels setzen innerhalb eines solchen komplexen Interdependenzverhältnisses meist sehr einseitige Schwerpunkte; sie „setzen jeweils ein bestimmtes Verständnis der Natur jener relativ stabilen Einheiten voraus, deren Veränderung als sozialer Wandel bezeichnet wird" (Zapf, 1971, S. 13 ff.; für eine Übersicht solcher Begriffsbestimmungen vgl. ebenda, S. 13). Wenn etwa Parsons den Wandel in der Struktur eines sozialen Systems als Wandel seiner normativen Kultur definiert oder darin verursacht sieht (Parsons, 1961), so verlagert er damit den Schwerpunkt seiner Betrachtung auf das gesamtgesellschaftliche Wertsystem, also auf die kulturelle Struktur. Wenn Karl Marx die geschichtliche Entwicklung als Folge der Veränderung der Produktionsverhältnisse ansieht, so wird die ökonomische Struktur zum „primum movens“ des sozialen Wandels. Wenn Dahrendorf (1959) unter sozialem Wandel die Veränderung des Personals in den Führungspositionen von Herrschaftsverbänden versteht, so setzt er den Schwerpunkt seiner Betrachtung auf personale Struktur. Heintz (1958; 1974) – und mit ihm die meisten Soziologen – lokalisieren den Brennpunkt sozialer Wandlungen innerhalb der „sozialen Struktur“. Die soziologischen Auffassungen in diesem Bereich sind jedoch deshalb nicht konsistent, weil verschiedene Autoren meist auch von unterschiedlichen Strukturbegriffen ausgehen.

Das oben angeführte Schema sollte uns auch davor bewahren, Prozesse der sozialen Veränderung in der Form simpler Kausalitäten zu sehen und bestimmte Einflußrichtungen überzubewerten. Die Theorie von Marx ist z. B. einem Welterklärungsmodell verfallen, das lediglich die Wirkkräfte berücksichtigt, die von der ökonomischen Struktur auf alle übrigen Teilbereiche ausgehen. Weber kommt hingegen in seinen religionssoziologischen Abhandlungen zu dem Ergebnis, daß die Entstehung der modernen Wirtschaftswelt und das sie begleitende Arbeitsethos durch bestimmte Glaubensinhalte *mit*bedingt war. Er betont also die Einflußrichtung, die von der kulturellen Ebene auf die ökonomische Struktur ausgeht. Barnett schließlich – um ein drittes Beispiel zu nennen – sieht in Innovatoren, “change agents”, “agents of social control” und Führungspersonen eine entscheidende Quelle, um sozialen Wandel an strategisch wichtigen Punkten einzuleiten. Es dürfte daher im Prinzip möglich sein, bestimmte Theorien sozialen Wandels innerhalb unseres Schemas zu lokalisieren und ihren möglicherweise begrenzten Stellenwert auszumachen.

Auch dürften wir nun in der Lage sein, anhand unserer Skizze die möglichen Inhalte oder Bereiche sozialen Wandels genauer festzulegen. Sie betreffen

(1) die *kulturelle Struktur,* z. B. Wandel der Wertorientierungen, Weltperspektiven, Glaubens- und Wissensinhalte, der Symbole usw.

(2) die *soziale Struktur,* d. h. etwa Wandel von Schichtungsstrukturen, Wandel familialer Strukturen usw.

(3) die *ökonomische Struktur,* d. h. etwa Wandel der Produktions- und Konsumtionsverhältnisse, Wandel betrieblicher Organisationsformen usw.

(4) die *personale Struktur,* z. B. der Sozialisationsformen, Steigerung der Leistungsmotivation, Veränderungen des Verhaltens, der Zielvorstellungen usw.

Diese Einteilung entspricht weitgehend der von Smelser (1968, S. 200 ff.), der folgende Inhalte von Wandlungsvorgängen unterscheidet:

"changes in social structures" (also z. B. Schichtungsverhältnisse und ökonomische Strukturen),

"changes in cultural patterns" (z. B. Wertorientierungen und Wissensinhalte),

"changes in rates of behavior" (z. B. Wahlverhalten oder Kriminalitätsraten),

"changes in aggregated attributes" (z. B. Altersverteilung oder Berufszugehörigkeit).

Meist folgen Soziologen auch irgendwelchen Ad-hoc-Klassifizierungen, insbesondere wenn sie bestimmte Teilbereiche sozialen Wandels oder der Modernisierung herausgreifen, die sie für besonders relevant halten (vgl. hierzu Kap. 4.2.3).

1.2. Formen sozialen Wandels

Wir können Wandel auf verschieden dimensionierte Bereiche beziehen – in der Diskussion über Inhalte des sozialen Wandels hatten wir einige dieser Bereiche bereits kurz umrissen – und auf diese Weise sehr verschieden breite Felder gesellschaftlicher Veränderung abstecken. So ließe sich ein Wandel der Bevölkerungsstruktur ebenso zum Gegenstand beschreibender oder erklärender Analyse machen wie Veränderungen in der Produktionsweise oder Strukturwandlungen im Bereich der Familie. Die Veränderung der Arbeitsmotivation oder der Arbeitszufriedenheit mag in ähnlicher Weise analysiert werden wie veränderte Selbstmordraten oder das Ansteigen der Jugenddelinquenz.

Es empfiehlt sich also zunächst, Ordnungskriterien für die verschiedenen Formen des sozialen Wandels zu entwickeln, also sie z. B. nach ihrem Bereich, nach ihrer „Reichweite", nach ihrem „Umfang" oder aber auch nach ihrer „Bedeutsamkeit" für das soziale System zu unterscheiden. Insofern ist häufig von begrenztem oder unbegrenztem, *partiellem* oder *totalem* Wandel die Rede, in etwas anderer Sinngebung auch von sukzessiven oder durchlaufenden Veränderungen. Jenseits der beschreibenden Ebene sind solche Unterscheidungen nützlich für die Formulierung von Hypothesen. So behaupten etwa Duncan und Blau beim Studium der sozialen Mobilität, daß ein Ansteigen der Mobilität auf einem bestimmten Sektor die Wahrscheinlichkeit des Ansteigens der Mobilität auf anderen Sektoren nach sich ziehe. In ähnlicher Weise weist Myrdal auf kumulative Prozesse hin, indem jeder Wandel an einem Ort sofort Veränderungen an anderen Orten eines Systems zur Folge habe. Theoretiker, die der Idee des Gleichgewichts anhängen (z. B. Parsons, Heintz), gehen gleichfalls davon aus, daß Veränderungen in bestimmten Teilsystemen Tendenzen zur Änderung in anderen Teilsystemen auslösen oder aber Tendenzen zur Bewältigung solcher Änderungen einleiten, so daß es langfristig zu einem neuerlichen Gleichgewichtszustand kommt.

Eine zweite Unterscheidung, die zum Teil mit der eben erörterten konvergiert, ist die Trennung zwischen Wandlungsvorgängen *geringerer* oder *größerer* Reichweite. Wandlungen kleinen Formats sind selten Gegenstand expliziter Untersuchungen unseres Forschungsbereiches gewesen (vgl. jedoch: Moore/Feldman [Hrsg.], 1962; Moore, ³1973; Zaltman [u. a.], 1973), obgleich sich wiederholt gezeigt hat, daß sukzessive Änderungen dieser Art langfristig kumulative Effekte haben können, sofern sie in die gleiche Richtung wirken. Hier wäre insbesondere an Wandlungen im Gefüge sozialer Gruppen oder an Veränderungen der organisationalen Struktur zu denken, also an Prozesse, die nahezu unmerklich vonstatten gehen, die jedoch unter bestimmten Bedingungen Wandlungen größeren Ausmaßes einleiten können.

Bei der Analyse dieser Vorgänge wird auch sichtbar, daß jene (seit Comte) überlieferte Tradition, wonach die gesellschaftliche Wirklichkeit analytisch als soziale „Statik" und „Dynamik" zu beschreiben und zu erklären sei, nicht so verstanden werden kann, daß die Theorie des sozialen Wandels nun ausschließlich dem Bereich der sozialen Dynamik zugeschrieben werden könne. Dies gilt darum nicht, weil auch in angeblich „stationären" oder „statischen" Systemen immer soziale Prozesse ablaufen, die „dynamisch" sind (vgl. Parsons, 1961, König, 1967). Insofern gilt es genau zu klären, welche Prozesse innerhalb eines sozialen Systems Wandlungen der Sozialstruktur in welchem Ausmaß bewirken.

Eine dritte wichtige Unterscheidung bezieht sich auf die Frage, inwieweit sozialer Wandel kontrolliert abläuft. Geläufige Unterscheidungen sind die zwischen *geplanten* und *ungeplanten*, geregelten und ungeregelten Veränderungen, und in etwas anderer Ausdeutung ist auch von „reversiblen" im Gegensatz zu irreversiblen gesellschaftlichen Prozessen die Rede. Diese Unterscheidung ist deshalb wichtig, weil die Diskussion über sozialen Wandel heute vielfach von dem Gedanken getragen wird, gesellschaftliche Prozesse seien „machbar", steuerbar und planbar. Sicherlich gilt, daß kurzfristige Strategien, die Veränderungen geringer Reichweite anstreben, größere Aussicht auf Erfolg haben und daß langfristige Strategien oder gar Utopien oftmals die Grenzen des „Machbaren" übersehen und die Konsequenzen und Nebenwirkungen ihrer Bemühungen nur nebelhaft oder ganz und gar falsch einschätzen. Es wird daher notwendig sein, Möglichkeiten und Grenzen der Steuerungsfähigkeit von sozialem Wandel klarzustellen. Im dritten Kapitel werden wir uns dieser Frage ausführlicher zuwenden.

Eine vierte, uns bedeutsam erscheinende Form des sozialen Wandels unterscheidet nach der Plötzlichkeit seines Auftretens. Plötzliche und abrupte Wandlungen, wie sie etwa Marx in den Vordergrund stellt, sind deutlich unterschieden von allmählichen, evolutionären Prozessen, wie sie etwa der Funktionalismus als typisch beschreibt. Da beide Wandlungserscheinungen, *evolutionäre* und *revolutionäre*, empirisch vorkommen, bleibt zu prüfen, ob diese so unterschiedlich sind, daß wir zwei Theorien benötigen, oder ob es möglich ist, einen dieser Prozesse als Sonderfall des anderen zu sehen. Für diese Annahme spricht, daß gewaltsame und revolutionäre Änderungen letztlich auf evolutionären Prozessen gründen (können), die möglicherweise bei Überschreiten bestimmter „Schwellenwerte" auftreten. Auch dieser Frage werden wir uns später noch etwas ausführlicher zuwenden.

Nachdem wir einige der wichtigsten Unterscheidungen über mögliche Formen des sozialen Wandels diskutiert haben, die – wie wir gesehen haben – meist auch zugleich unterschiedliche Schwerpunkte der jeweiligen Forschungsansätze involvieren, wollen wir nun einige *Verlaufsformen* erörtern, die sozialer Wandel annehmen kann, und die – je nach wissenschaftlichem Ansatz – als mehr oder weniger „typisch" für gesellschaftliche Entwicklung angesehen werden können. Verlaufsmodelle implizieren Annahmen oder Befunde über gewisse Richtungen, die sozialer Wandel „typischerweise" nimmt, und ihre Bestimmung bezieht sich entweder auf die Vergangenheit (die Veränderung hat die Richtung R eingeschlagen) oder aber auf die Zukunft (die Veränderung wird in Richtung R erfolgen). Wir wollen formal – ohne der inhaltlichen Diskussion vorzugreifen – vier Haupttypen solcher Verlaufsformen unterscheiden (für weitergehende Darstellungen vgl. Moore, [3]1973, S. 66), denen sich wiederum ganz bestimmte theoretische Vorstellungen oder Beschreibungen zuordnen lassen.

Die meisten beschreibenden Aussagen, die bestimmte Entwicklungstendenzen darstellen, gehen explizit oder implizit von all-

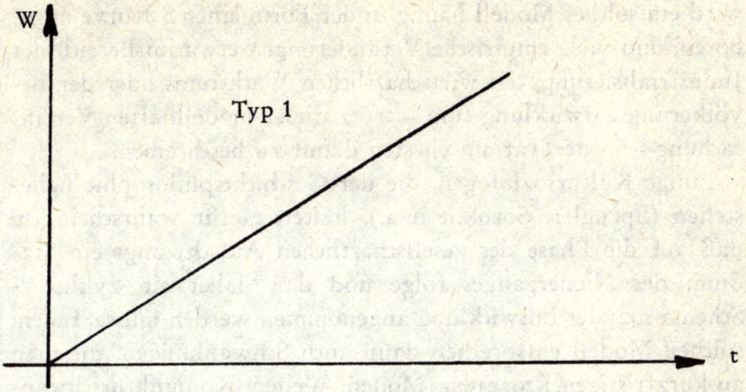

Abb. 2. Linearer Verlauf

mählichen und durchgängigen Entwicklungen aus (z. B. Tendenz der Säkularisierung, Differenzierung, Rationalisierung usw.). Die Gestalt eines solchen Trends wird häufig variiert durch die Annahme, daß sich Entwicklungen meist in bestimmten Stufen bzw. Phasen (z. B. Zivilisationsstufen) vollziehen. Auch wird die starre Linearität häufig abgemildert durch exponentielle Versionen, indem ein erst allmählicher Beginn der Entwicklungstendenz mit später einsetzendem progressivem Verlauf postuliert wird. Da die Bäume bekanntlich nicht in den Himmel wachsen,

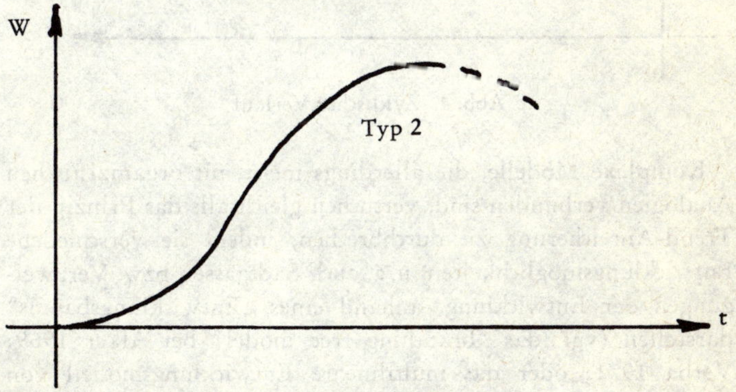

Abb. 3. S-förmiger Verlauf

wird ein solches Modell häufig in der Form einer S-Kurve angeboten, und viele empirische Veränderungen etwa im Bereich der Industrialisierung, des wirtschaftlichen Wachstums oder der Bevölkerungsentwicklung sind – trotz dieser modellhaften Vereinfachung – in der Tat am ehesten damit zu beschreiben.

Einige Kultursoziologen, die der Geschichtsphilosophie nahestehen (Spengler, Sorokin u. a.), halten es für wahrscheinlich, daß auf die Phase des gesellschaftlichen Aufschwungs ein Stadium des Niederganges folge und daß daher ein zyklisches Schema sozialer Entwicklung angenommen werden müsse. Einem solchen Modell entsprechen dann auch Schwankungen, die man an kurzfristigen Prozessen (Moden, Wellen, Konjunkturschwankungen usw.) ebenfalls beobachten kann.

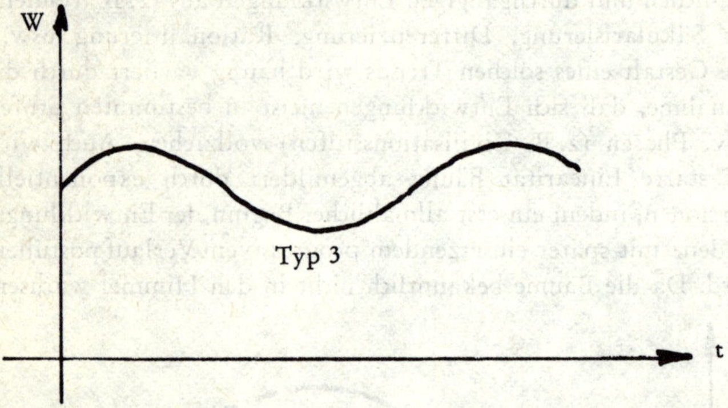

Abb. 4. Zyklischer Verlauf

Komplexe Modelle, die allerdings meist mit organizistischen Analogien verbunden sind, versuchen gleichfalls das Prinzip der Trend-Anreicherung zu durchbrechen, indem sie verschiedene Entwicklungsmöglichkeiten, u. a. auch Sackgassen bzw. Verzweigungen der Entwicklung, anhand eines „Entwicklungsbaums“ darstellen (vgl. das “branching tree model” bei Alker 1969; Verba 1971; oder das multilineare Entwicklungsmodell von Steward 1960).

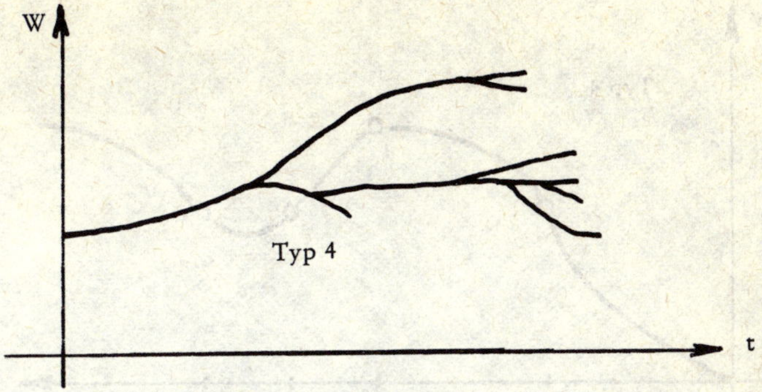

Abb. 5. Multilinearer Verlauf

Es fragt sich nun, welche der genannten Prototypen von Verlaufsformen sozialen Wandels ein „angemessenes" Bild gesellschaftlicher Entwicklung bieten. Diese Frage kann ohne theoretische Annahme und empirisches Studium nicht entschieden werden. Ebenso ist es notwendig, den Inhalt des behaupteten Wandels (z. B. Differenzierung, Säkularisierung, Rationalisierung usw.) genau zu spezifizieren, um den behaupteten Tendenzverlauf nachzeichnen und überprüfen zu können (vgl. hierzu Kap. 3.2). In keiner Weise kann davon ausgegangen werden, daß eine dieser Verlaufsformen für alle sozialen Veränderungen typisch ist. Im Zuge der Entwicklung kann nämlich angenommen werden, daß sich in jeder Entwicklungsphase die Bedingungen ändern, die den weiteren Verlauf u. U. neu strukturieren. So mag etwa eine bestimmte Wandlungstendenz (z. B. Urbanisierung, Kontraktion der Familie etc.) unter bestimmten Bedingungen B_1 einen exponentiellen Verlauf nehmen, an dessen Ende Bedingungen B_2 auftreten, die einen stagnierenden oder abfallenden Verlauf einleiten. Mit anderen Worten: Sozialer Wandel eines bestimmten Typs kann die Ursachen seiner eigenen Existenz in Frage stellen bzw. die Basiskonditionen für Wandel eines ganz neuen Typs liefern. Die Kumulation verschiedener Entwicklungstrends mit unterschiedlichen Konsequenzen mag dann zu einem qualitativen Umschlagspunkt führen.

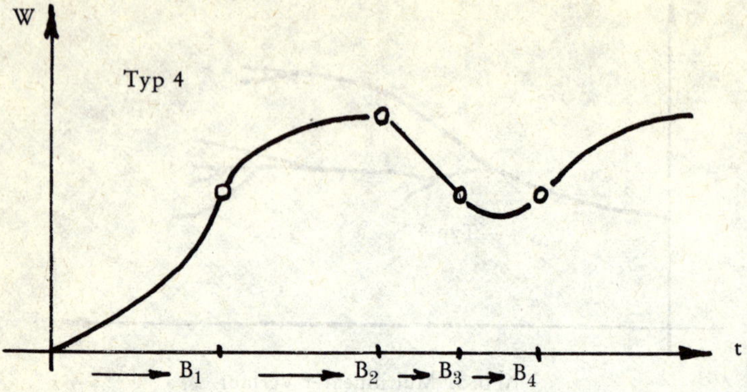

Abb. 6. Bedingungs-Verlauf

Wir stellen damit einen *„Bedingungsansatz"* vor, der nicht – wie etwa das "branching tree model" – entscheidungsorientiert ist, sondern der jeweils neue Ausgangslagen unter veränderten Bedingungen für neue Entwicklungen vorsieht. Vielleicht wird hier der Fehler sichtbar, den die Erbauer sog. „Welt-Modelle" immer wieder aufs neue machen: daß sie Entwicklungen *ad infinitum* fortschreiben, ohne die möglichen oder wahrscheinlichen Umschlagspunkte zu bedenken.

1.3. Tendenzen sozialen Wandels

Wir erinnern uns, daß viele Forscher beim Studium sozialen Wandels explizit oder implizit bestimmte vordefinierte Richtungen unterstellen, daß die jeweilige soziale Veränderung eine – gewissermaßen im geheimen Bauplan angelegte – immanente Entwicklungslogik als vorgegebenes Programm enthält, die dann im Laufe der Zeit nur „entwickelt" wird. Hierzu hatten wir bemerkt, daß es notwendig ist, Aussagen über Verlaufsformen in Bedingungsaussagen umzuwandeln, also zu spezifizieren, unter welchen konkreten Bedingungen welche Formen und Richtungen des Wandels im Hinblick auf genau zu umreißende Sachverhalte auftreten. Meist jedoch werden Trend-Aussagen oder die Analyse von Tendenzen nicht in theoretischer Absicht formuliert oder nur mit sehr vagen Vorstellungen über die möglichen Ursachen solcher Entwicklungen verknüpft; sie dienen vielmehr durchweg der *Beschreibung* sozialer Wandlungsprozesse, die sich in mehr oder weniger langen Intervallen abgespielt haben oder künftig abspielen werden. Einige dieser Darstellungen von Entwicklungstendenzen sind jedoch mit bestimmten Theorie-Entwürfen verbunden, welche dann häufig als „Generalnenner" der gesellschaftlichen Entwicklung konzipiert sind. Als solche „universellen" Prozesse sozialer Veränderung werden insbesondere genannt:

(1) die *Differenzierung* (bei vielen „Neo-Evolutionisten"),
(2) die *Komplexisierung* (in der älteren Evolutionstheorie),
(3) die *Säkularisierung* (etwa bei Howard Becker),
(4) die *Rationalisierung* (z. B. bei Weber, Ginsberg oder Elias),
(5) die *Modernisierung* (als universelles Kennzeichen neuzeitlicher Entwicklung).

Daneben werden als speziellere Entwicklungsprozesse in der Literatur u. a. genannt: Industrialisierung, Technisierung, Automatisierung, Arbeitsteilung; weiter die Universalisierung, Depersonalisierung, Formalisierung, Bürokratisierung; die Alphabetisierung, Urbanisierung, Außenlenkung, Konsum- und Leistungsorientierung; sodann die Mobilisierung, Egalisierung, Nivellierung und Demokratisierung; schließlich das Wirtschaftswachstum und die Bevölkerungsexpansion, die Umweltbeeinträchtigung und natürlich immer wieder das Absinken der allgemeinen Moral.

Diese Aufzählung allein zeigt, daß sich aus sehr generellen Konzeptionen fast beliebig viele spezielle Prozesse ableiten lassen, daß umgekehrt aus dem Universum vorhandener und möglicher, sich teilweise überlagernder Entwicklungstrends für jeden etwas „Passendes" vorhanden ist und daß sich sozialer Wandel in bezug auf seine Analyse und Deutung offensichtlich als genügend plastisch erweist, um das historische Material dem Zugriff der jeweils gewählten Belichtung gefügig zu machen.

Sicherlich ist evident, daß die genannten Tendenzen nicht sämtlich auf einer Ebene liegen und daß sie unterschiedlich ausgedehnte Sachverhalte umgreifen. Verschiedentlich werden einige dieser Tendenzen zu bestimmten „Syndromen" oder „Clustern" zusammengefaßt, indem man etwa festlegt, daß die Tendenz der Differenzierung, Technisierung, Industrialisierung und Rationalisierung künftig unter dem gemeinsamen Nenner „Modernisierung" behandelt werden soll. Andererseits werden jedoch auch kausale Verknüpfungen hergestellt, indem etwa behauptet wird: „Urbanisierung führt zur Modernisierung der Lebensstile", oder ausgesagt wird: „Als Faktoren der Säkularisierung können vor allem die Rationalisierung und die Urbanisierung angesehen werden". Nicht immer ist dabei klar, ob es sich wirklich um kausale oder vielleicht doch nur um definitorisch-klassifikatorische Aussagen handelt, und nur allzu oft geraten solche Sätze in die Nähe der Tautologie, sofern nämlich nicht spezifiziert wird, was genau unter „Säkularisierung" oder „Rationalisierung" usw. verstanden wird und wie beides unabhängig voneinander gemessen werden kann.

Hinzu kommt ein Zweites. Viele „Tendenzanalytiker" arbeiten mit einem sehr einfachen Entwicklungsmodell, nämlich dem Modell einer unilinearen Veränderung, die als kontinuierliche Veränderung im Zeitablauf interpretiert wird. Daß Tendenzen dieser Art „gebrochen" oder „stufenartig" auftreten können, wird zwar gelegentlich konzediert, jedoch werden Devolutions- oder Ent-Differenzierungsvorgänge als höchst lästige und allenfalls vorübergehende Randerscheinungen in das Sammelbecken der Entwicklungsstörungen geworfen. Als Beispiel solch „gebrochener Entwicklungen" mag hier Durkheims Kontraktionsgesetz im familialen Bereich dienen, wobei sich gezeigt hat, daß es sich bei der Kontraktion auf die « famille conjugale » eben nicht um ein universelles Entwicklungsprinzip handelt.

Des weiteren erstrecken sich viele empirisch ermittelte oder theoretisch bestimmte Tendenzen oft nur auf Teilbereiche, und werden zudem auch noch häufig von durchaus gegenläufigen Vorgängen überlagert. Myrdals Paradigma von den kumulativen Prozessen, die innerhalb der gesellschaftlichen Teilsysteme gewissermaßen infizierend wirken, mag unter bestimmten Bedingungen zutreffen, unter anderen Bedingungen (z. B. subkulturelle Abkapselung) in die Irre führen. So bedeutet eine Tendenz der Egalisierung im familialen Bereich keineswegs automatisch, daß diese auch in wirtschaftlichen Betrieben stattfinden wird – und umgekehrt. Offensichtlich ist dies eine Frage bereichsspezifischer Normen, und man kann nicht von vornherein unterstellen, daß Konvergenz und Konsistenz dann doch irgendwann eintreten werde. Subkulturelle Differenzierung bedeutet auch, daß einige Tendenzen in bestimmten Gruppen, Schichten, Altersklassen oder Rollenbereichen vorkommen mögen, in anderen jedoch nicht. Auch ist denkbar, daß sich bestimmte Entwicklungstrends (z. B. Machtakkumulation, Ausweitung der Autonomie usw.) auf Kosten anderer Bevölkerungsgruppen oder Schichten abspielen.

Eine vierte wichtige Einschränkung scheint uns in folgendem zu liegen: Entwicklungstrends vergleichen oft Unvergleichbares, weil z. B. Sachverhalte im Kontext des Mittelalters eine andere Bedeutung haben als heute oder in irgendeiner Zukunft. So sprechen viele Beobachter langfristiger Entwicklungen von einer historischen Tendenz zum Konformismus (vgl. hierzu die Zusammenstellung von Lipp, 1975). Winston White fragt treffend, wie es denn möglich sei, Konformität von heute mit jener zu vergleichen, die früher bestanden habe und verweist hierbei auf die höchst komplexen Erscheinungsformen sozialer Konformität (für einen Überblick vgl. Wiswede, 1976). Was berechtigt uns denn eigentlich, den „außengeleiteten“ Menschen (im Sinne von Riesman) für konformer oder konformistischer zu halten als den „innengeleiteten“ früherer Epochen, der aus innerer Überzeugung und stark verinnerlichten Verhaltensmustern heraus agierte? Bereits die primitive Unterscheidung zwischen innerer und äußerer Konformität (Anpassungskonformität) würde solche Verwechslungen vermeiden helfen.

Ein letzter Punkt in diesem Zusammenhang: Manche Entwicklungen spielen sich gewissermaßen nur partiell an der Oberfläche ab, so daß der Beobachter, zumal aus zeitlicher Entfernung, oft lediglich periphere Erscheinungen erfaßt, deren tiefere Dimension ihm verschlossen bleibt. Einige Aspekte dieser Kritik mögen z. B. auf Max Webers „Rationalisierung" zutreffen. Sicherlich ist richtig, daß diese Tendenz im Zusammenhang mit der Bürokratisierung, zunehmender „Rechenhaftigkeit" und „Machbarkeit der Sachen" (Freyer) auf Elemente der sozialen Struktur (z. B. auf Organisationsformen) anwendbar ist, jedoch bleibt offen, ob hierdurch auch die Ebene des Verhaltens erreicht wird. So könnten etwa zwei unterschiedliche Aussagen zugleich gelten (vgl. Wiswede, 1972):

H 1 Je mehr Rationalität als Norm und Wert in einer Gesellschaft institutionalisiert ist, desto wahrscheinlicher ist es, daß diese Norm internalisiert und Bestandteil der Motivation von Individuen wird.

Und im (vielleicht scheinbaren) Widerspruch hierzu:

H 2 Je mehr Rationalität als Norm und Wert institutionalisiert ist, desto eher wird das Individuum versuchen, nicht-rationale Handlungen nachträglich zu „rationalisieren".

Es scheint also, daß die von Weber – und übrigens auch nachdrücklich von Freud – beschworene Rationalitätsanreicherung des Verhaltens empirisch nicht ohne Bedenken auszuweisen ist und daß rationale Stimuli der Umwelt insbesondere in ihrer massierten Einwirkung irrationale Gegenströmungen (z. B. Okkultismus, Astrologie, Fantasy- und Science-fiction-Literatur, Dänikens Märchen usw.) entfachen oder gar ein latentes disruptives Potential eröffnen, das uns in seinen kollektiven Formen (z. B. Lynchjustiz, Gewalt und Sadismus, politischer Terror) immer wieder aufs neue überrascht.

1.4. Typologien sozialen Wandels

Ein ähnliches Vorgehen wie das Herausarbeiten von Entwicklungstendenzen kennzeichnet die Konstruktion bestimmter Typologien, die in der Erforschung des sozialen Wandels meist als

Entwicklungsstadien verstanden werden (zur Tradition solcher Typologien vgl. Bendix, 1968; Novotny, 1971; Verba, 1971; Sodeur, 1974). Flora (1974, S. 22) betont, daß Typologien der genannten Art eine Vorstufe zur Theoriebildung darstellen, wobei er – im Einklang mit anderen Modernisierungsforschern – genauer zwischen Typologien, Stadien und Modellen zu unterscheiden sucht (vgl. hierzu Kap. 4.2.2). Wichtiger jedoch als diese begrifflichen Abgrenzungen erscheint uns die Frage, wie die jeweiligen Forscher bei der Konstruktion ihrer (Ideal)typen tatsächlich vorgehen, um den genauen Stellenwert des jeweiligen typologischen Konzepts zwischen nominalistischer Definition und theoretischer Aussage zu lokalisieren (vgl. zur wissenschaftslogischen Analyse des Typusbegriffs seit Max Weber: Hempel/Oppenheim, 1936; Hempel, 1952; Lazarsfeld, 1962; Tiryakian, 1968; Watkins, [2]1972; Ziegler, 1973). Uns scheint, daß typologische Analysen in dreifacher Hinsicht verwendet werden:

(1) in begrifflich-definitorischer Sicht, als sog. „künstliche" Typen, die nichts anderes als komplexe Begriffe sind,
(2) in deskriptiver Sicht, als Reduzierung von Varianz oder „Verdichtung" eines Merkmalsraumes zur (vereinfachenden) Beschreibung von Sachverhalten, die ansonsten komplexer sind,
(3) in theoretischer Sicht, als sog. „natürliche" Typen, bei deren Konstruktion bereits empirische Zusammenhänge berücksichtigt wurden, und die Erklärungen darüber bereitstellen, wie die verschiedenen Stadien miteinander verbunden sind.

Sowohl die deskriptive als auch die theoretische Formulierung von Entwicklungsstadien hat die Frage zu beantworten, welches die zugrundeliegende Dimension des Modells ist und wie die Abgrenzung der einzelnen Stadien möglich sein soll (vgl. Verba, 1971).

Das spezifische methodologische Problem der Typologien resultiert aus der Subsumierung konkreter Fälle unter einen Prototyp, die eine Interpretation der Daten als „typische" Merkmale und eine Unterscheidung allgemeiner und spezifischer Merkmale erfordert: Wie groß dürfen die Unterschiede zwischen konkreten Fällen sein, die unter denselben Typ gefaßt werden? (Flora, 1974, S. 103)

Die meisten Typen sind daher nicht sehr präzise, sondern werden – nach Lazarsfelds Formulierung – an den Rändern unscharf.

Ungeachtet dieser Problematik ist nun bei den zahlreichen, in der Literatur vorfindbaren typologischen Analysen keineswegs klar, welchen Stellenwert die jeweilige Klassifizierung im einzelnen hat, wobei die Intention manchen Verfassers möglicherweise überzogene Ansprüche in bezug auf den Erklärungswert reflektieren mag. Dies gilt insbesondere auch für die oft übliche Darstellung dichotomer Schemata, die als einander ausschließende Gegensätze angesehen werden (z. B. Gemeinschaft vs. Gesellschaft; Tradition vs. Moderne). Es dürfte sich unter diesem Aspekt empfehlen, die Dichotomie in eine Trendaussage umzuwandeln (z. B. Vergesellschaftung, Modernisierung), um zu zeigen, daß die miteinander angeblich konkurrierenden Beziehungen *fortgesetzt gegenwärtig* sind (vgl. Etzioni, 1966; Moore, [3]1973), wenn auch in je spezifischem Einschmelzungsverhältnis. Die meisten Dichotomien lassen sich daher ohne Informationsverlust als graduelle Trendaussagen verstehen; wir greifen einige davon heraus:

„primäres System – sekundäres System" (Freyer)
„Gemeinschaft – Gesellschaft" (Tönnies)
„Vergemeinschaftung – Vergesellschaftung" (Weber)
"folk society – urban society" (Redfield)
« solidarité méchanique – solidarité organique » (Durkheim)
"rank society – stratified society" (Morton)
"sacred society – secular society" (H. Becker).

Viele Autoren bevorzugen – gewissermaßen als Übergang zur Trendbetrachtung – eine Dreiteilung, wobei in einigen Fällen die jeweils gewählte Dimension gewahrt und die „Unilinearität" beibehalten bleibt, z. B. in der Stufenfolge „vorindustriell – industriell – postindustriell" (D. Bell), « civilisation primaire – secondaire – tertiaire » (Fourastié), „traditional – transitional – modern“ (Lerner u. v. a.). In anderen Fällen wird die Eindimensionalität aus mehr oder weniger einleuchtenden Gründen verlassen, z.B. in den Stufenfolgen „ideationell – idealistisch – sensualistisch“ (Sorokin);“ familistic – contractual – compulsory” (gleichfalls Sorokin); „traditionsgeleitet – innengeleitet – außengeleitet“ (Riesman); „Traditionskultur – Arbeitskultur – Konsumkultur“ (Wiswede); „vorhochkulturell – traditional – liberal kapitalistisch“ (Habermas); „archaische Systeme – regionale Hochkulturen – moderne Gesellschaften“ (Luhmann) usw. Hinzu kommen Mehrstufen„theorien“, wie sie in der Kultursoziologie und in der Geschichtsphilosophie entwickelt wurden, sowie Mehrstufenkonzepte und komplexere Stadienmodelle aus dem Bereich der Modernisierungsforschung, etwa „Phasen der wirtschaftlichen Entfaltung“ oder „Stadien politischer Entwicklung“, die dann oft in anspruchsvollerer Weise mit erklärenden Aussagen verknüpft sind.

Die *dichotomische* Analyse von Gesellschaften ist in neuerer Zeit von Parsons (1965; 1966, dt. 1975) anhand seiner “pattern variables” (Alternativen der Orientierung) weiterentwickelt worden. Hierbei scheint es sich vor allem um eine Fortsetzung zweier Ansätze zu handeln, die mit den genannten Entwicklungslinien „Gemeinschaft“ zu „Gesellschaft“ bei Tönnies, und « solidarité méchanique » zu « solidarité organique » bei Durkheim verknüpft sind (vgl. hierzu auch: Flora, 1974, S. 24 f.; Kiss, 1976, S. 159 f.). Im erstgenannten Falle handelt es sich um zunehmende Formalisierung und Organisierung sozialer Bereiche; im Falle Durkheims geht es um bewußt gesteuerte Prozesse der Interdependenz, vor allem als Ergebnis wachsender Arbeitsteilung, die die gegenseitige Abhängigkeit und Verbundenheit vergrößert und die Notwendigkeit der Reglementierung verstärkt.

Parsons begreift die dichotomischen Idealtypen primär als analytische Begriffspaare, um konkrete Sozialbeziehungen oder historische Gesellschaften als empirisch vorkommende Mischformen zu begreifen. Die “pattern variables” sind für Parsons Orientierungsalternativen, die auf drei verschiedenen Betrachtungsebenen anwendbar sind: auf der Ebene des *personalen* Systems liefert das Schema ein Grundmuster sozialer Handlungs- bzw. Entscheidungsalternativen; auf der Ebene des *sozialen* Systems definieren diese Alternativen Orientierungsmöglichkeiten in spezifischen Rollenbeziehungen; auf der Betrachtungsebene des *kulturellen* Systems dienen die "pattern variables" schließlich zur Beschreibung von Wertungsalternativen. Dieser letztgenannte Aspekt scheint im Vordergrund zu stehen, wenn Parsons vorschlägt (1964), die genannten Orientierungsalternativen für den Vergleich traditioneller (vorindustrieller) und moderner (industrieller) Gesellschaften heranzuziehen und Zwischenstufen in der Kennzeichnung des spezifischen „Profils" einer Gesellschaft festzuhalten.

traditional (vorindustriell)	*modern* (industriell);
Affektivität	affektive Neutralität
Kollektivbezogenheit	Selbstbezogenheit
Partikularismus	Universalismus
Zuschreibung	Leistung
Diffusität	Spezifizität

Dabei geht es in der ersten Alternative um die Frage, ob ein Individuum in seinem Verhalten in unkontrollierter Weise auf die Befriedigung expressiver, gegenwärtiger Bedürfnisse drängt oder ob es zu disziplinierten, möglicherweise zukunftsorientierten Handlungen neigt ("affectivity – affective neutrality"). Im zweiten Fall steht zur Debatte, ob kollektive Interessen im Vordergrund stehen oder aber die Verfolgung privater, eigennütziger Anliegen ("self orientation – collectivity orientation"). Erfolgt die Orientierung an den Interessen und Normen ganz spezifischer Personen oder Gruppen im Gegensatz zu allgemein gültigen universalistischen Normen, Wertmaßstäben oder Gesetzen, dann ist hiermit eine dritte alternative Wahlentscheidung gegeben ("universalism – particularism"). Ein Objekt kann für Handelnde ferner aufgrund seiner sozial vordefinierten Eigenschaften oder aber aufgrund seiner Leistungsergebnisse relevant sein ("ascription – achievement"). Soziale Beziehungen können schließlich – das wäre die fünfte Alternative – funktional diffus, wenig spezialisiert und differenziert sein, während sie andererseits in klar abgegrenzte, spezifische Rollenmuster einmünden können, die nicht konfundieren.

Zumindest im Hinblick auf die zweite und die letzte Alternative sind jedoch die historischen Entwicklungslinien keineswegs klar. So kann das Pattern-Paar Kollektiv- bzw. Selbstorientierung nicht eindeutig als Gradmesser der Begünstigung oder Beeinträchtigung wirtschaftlicher Entwicklung angesehen werden. Es zeigt sich beispielsweise, daß sich gerade in dieser Hinsicht die beiden größten Industrienationen der Erde, die Vereinigten Staaten und die Sowjetunion, auf kontroverse Wertorientierungen stützen. Kluckhohn (1963) kritisiert daher an Parsons, daß er letztendlich doch der Denktradition „Gemeinschaft und Gesellschaft" verhaftet bleibe, die ein großes Terrain der empirischen Welt durch ein "necessarily limited conceptual framework" (S. 243) bearbeiten wolle. Dies zeigt deutlich die Grenzen der typologischen Analyse, auch wenn sie nach mehreren Dimensionen hin differenziert wird.

2. ANALYSE SOZIALEN WANDELS

2.1. *Traditionen der Forschung*

Eine wesentliche Wurzel moderner Auffassungen über sozialen Wandel liegt sicherlich in der Beschäftigung mit dem Aufstieg und Niedergang bestimmter Kulturen. Man kann diese Ansätze als *geschichtsphilosophisch-kultursoziologisch* verstehen. Obgleich sich die einzelnen Vertreter solcher Entwürfe (z. B. Spengler, Toynbee, Sorokin, Rüstow, Freyer, Elias u. a.) ausdrücklich auch als Soziologen verstanden haben, sind sie doch für das gegenwärtige Verständnis von Soziologie ein wenig „randseitig" geworden – man denke etwa an Sorokin, der noch vor kaum drei Jahrzehnten der meistgelesene Soziologe gewesen ist –, was sicherlich mit einem gewissen Verlust der historischen Perspektive sowie der fehlenden Neigung, sich heute mit ausgesprochen kultursoziologischen Problemen zu beschäftigen, zusammenhängt. Für die genannten Autoren ist demnach kennzeichnend, daß sie die Problematik sozialen Wandels aus der fundierten Kenntnis historischer Ereignisse angehen, dann aber – mit Ausnahme von Elias – doch zu relativ einfachen Denkschemata (z. B. Zyklentheorien) Zuflucht nehmen oder aber den Fortgang der Entwicklung letztlich (im Sinne der leider entschwindenden Vergangenheit) negativ bewerten (drastisch bei Sorokin; subtiler und mit einem Hang zur aristokratischen Nostalgie bei Freyer).

Eng mit dieser Tradition verbunden bleibt letztlich auch der klassische *Evolutionismus* (Morgan, Tyler, Spencer), der einen allumgreifenden unilinearen Entwicklungsprozeß zu beschreiben und vorauszusagen glaubte. Nach Comte läuft der „Fortschritt" der Menschheit naturnotwendig so ab, daß das „metaphysische" Stadium zugunsten eines „religiösen" Stadiums verlassen wird, das wiederum in ein „positives", d. h. rationalistisch-wissenschaftliches Stadium einmündet. Spencer versteht Evolution als universellen Differenzierungsprozeß, ausgehend von unzusammenhängender Gleichartigkeit hin zu zusammenhängender Ungleichartigkeit, demnach als Vorgang, der einer (physikalisch definierten) Entropie entgegengerichtet ist. Trotz seines anderen Ausgangspunktes muß auch Marx, zumindest unter dem Aspekt der teleologisch vorausbestimmten Entwicklung, als evolutionistisch angesehen werden (vor allem unter dem Einfluß von Morgan), denn auch er sieht als Endziel seiner Eschatologie die schließlich klassenlose und von allen sozialen Zwängen befreite Gesellschaft (vgl. Kap. 4.3.1).

Bei Marx kommt jedoch noch eine andere Perspektive zum Tragen, die uns später noch ausführlicher beschäftigen wird: die Idee des Kampfes und des Konflikts als Auslöser gesellschaftlicher Veränderungen. War es bei Marx der Klassenkampf, bei Gumplowicz der Rassenkampf, so wird für einige neuere Forscher (Dahrendorf, Rex, Lenski u. a.) der soziale Konflikt zum *primum movens* der sozialen Entwicklung. Andere Theoretiker, die sich dem historischen Materialismus eines Marx verpflichtet fühlen, betonen die ökonomische Basis sozialen Wandels (z. B. Hahn, Tjaden) und versuchen, diesen „dialektisch" zu begreifen.

Während man solchen Denkern wie Marx, Spencer, Comte usw. gerne die „finalen" Entwicklungstheorien zuordnet, werden meist Durkheim, Pareto und Max Weber insofern als „wissenschaftlicher" eingestuft, weil sie Wandlungen nicht durch finale Entwicklungsgesetze, sondern kausal als Folge endogener Kräfte oder exogener Störungen erklärt haben (vgl. Zapf, 1971, S. 12). Diese vereinfachte Formel („final" vs. „kausal"), die in neuere Schriften über sozialen Wandel Eingang gefunden hat, ist jedoch kaum haltbar; Zapf schränkt denn auch sofort ein:

> Durkheims soziale Arbeitsteilung, Paretos Elitenzirkulation, Webers okzidenteller Rationalisierungsprozeß sind keineswegs frei von historisierenden Elementen; und im Werk von Comte, Spencer oder Marx finden wir theoretische Ansätze, die heute erneut ihre Aktualität erweisen. (S. 13)

Diese Aktualität scheint am ehesten durch die Renaissance evolutionistischer Ansätze gegeben, wie sie vor allem im Gefolge der funktionalistischen Tradition heute als *„Neo-Evolutionismus“* in Erscheinung tritt (z. B. Parsons, Eisenstadt, Steward, in Deutschland z. B. Luhmann). Angeblich hat diese neue Konzeption jene Schwächen abgestreift, die den älteren Evolutionstheorien anhafteten. Die Wege, die hierbei beschritten werden, sind unterschiedlich. Während der Gedanke der Multilinearität von Theoretikern wie Eisenstadt oder Steward explizit zum Programm erhoben wird, scheint Parsons dazu zu neigen, zwar multiple Ursprünge der Gesellschaftsentwicklung zu unterstellen, darüber hinaus jedoch anzunehmen, daß mit fortwährender Entfaltung von Sozialsystemen eine Tendenz zur Unilinearität entsteht. Da die neo-evolutionäre Perspektive heute neben und mitsamt der Modernisierungsforschung die Hauptkomponente der soziologischen Diskussion über sozialen Wandel darstellt, wird darauf noch ausführlicher einzugehen sein.

Eine wesentliche Verbindungslinie des anderen Zweiges der Forschungsentwicklung, der *Modernisierungsforschung,* zum „Neo-Evolutionismus“ besteht darin, daß viele Funktionalisten sich zugleich als Vertreter von Modernisierungstheorien begreifen (z. B. Parsons, Smelser, Eisenstadt). Des weiteren ist für die meisten Ansätze aus dem Bereich der Modernisierungsforschung die Verwendung des Systemkonzepts zentral, jedoch keineswegs immer mit dessen funktionalistischen Implikationen (z. B. Deutsch, Heintz), sondern als Ausdruck dessen, was heute „allgemeine Systemtheorie“ (vgl. Buckley, 1967) genannt wird. Die Modernisierungsforschung, welche durch „theoretische Inkohärenz“ (Flora) und Inkonsistenz gekennzeichnet ist, war parallel mit ihrer wachsenden Bedeutung ebenfalls umfangreicher Kritik ausgesetzt (vgl. Bendix, 1966; Hörning, 1976), doch hat sie höchst wünschenswerte und vielfach überfällige Beiträge zur Problematik der Messung und des Vergleichs geliefert sowie eine Anzahl höchst bemerkenswerter (wenn auch im einzelnen zu kritisierender) empirisch vergleichender Forschungsergebnisse mit konkretem zeitlich-räumlichem Bezug erbracht.

Bei allem scheint die makrosoziologische sowie die „strukturelle“ Betrachtungsweise vorherrschend. Forschungsergebnisse, die am konkreten Verhalten des Menschen, seinen Vorstellungen, Persönlichkeitsstrukturen, Motivationen usw. ansetzen, sind verhältnismäßig selten. Im Rahmen der Modernisierungsforschung konzentrieren sich McClelland, Hagen und Inkeles auf konkretes Verhalten, und in der neueren Diffusions- und Innovationsforschung, die sich im Anschluß an Kroeber und Barnett entwickelt hat (etwa Rogers, Havelock u. a.), sind ähnliche verhaltensorientierte Konzepte zentral. Auch wurden gelegentlich „handlungstheoretische“ Ansätze, die von „sinnvollen“ intentionalen Handlungsbezügen ausgehen, diskutiert, und Forscher von ansonsten unterschiedlicher Ausrichtung wie Martindale und Habermas fühlen sich solchen Konzepten verpflichtet. Neuerdings werden in verstärktem Maße auch lerntheoretische Modelle (z. B. Kunkel, 1970) diskutiert, und man wird abwarten müssen, ob sich hier eine fruchtbare Alternative zur vorwiegend „holistisch“ verfahrenden „strukturellen“ Betrachtungsweise bietet.

2.2. *Fallgruben der Forschung*

Die folgenden Ausführungen machen zusammenfassend auf einige Implikationen aufmerksam, die mit bestimmten Richtungen der Erforschung sozialen Wandels verbunden sind und die gelegentlich zu verhängnisvollen Fehlentwicklungen geführt haben oder führen können. Eine wichtige Konsequenz solcher Fehlentwicklungen kann in einer *Ideologisierung* liegen: Sozialer Wandel würde in der Folge nach Kategorien untersucht und eingestuft, die aus der Sicht ganz bestimmter Interessenlagen wünschenswert sind.

Eine der wichtigsten Fallgruben bei der Erforschung sozialer Wandlungserscheinungen ist die *organizistische Analogie* (oder Homologie). Nach ihr unterliegt sozialer Wandel gleichen oder ähnlichen Entwicklungsgesetzen wie das Wachstum von Organismen; Strukturen und Abläufe seien nach denselben Kriterien angemessen beschreibbar, die die Biologie vorgibt. Nun betrachtet der sog. „Neo-Evolutionismus" die organizistische Perspektive aus zwei Gründen als überwunden. Einmal – so wird behauptet – bestehe die organizistische Analogie nur noch formal, nicht dagegen mehr inhaltlich. Zum zweiten wird der Inhalt des organizistischen Urteils spezifiziert (vgl. Parsons, 1964; 1966; 1968; Eisenstadt, 1964), indem „fortgeschrittenere" Gesellschaften durch größere „generalisierte Anpassungskapazität" und „strukturelle Sensitivität" gegenüber weiteren Problembereichen charakterisiert werden. Ob dadurch allein bereits das organizistische Vorurteil abgebaut ist, bleibt fraglich. Die häufige Bezugnahme der strukturell-funktionalen Schule auf Cannons Buch ›The wisdom of the body‹ läßt zumindest daran zweifeln. Möglicherweise reflektieren bereits zentrale Begriffe wie „Wachstum" oder „Differenzierung" perspektivistische Einengungen der Betrachtungsweise, in der Strukturveränderungen, die nichts mit Wachstum oder Differenzierung zu tun haben (z. B. soziale Konflikte, Revolutionen usw.), nur noch als Störfaktoren der Entwicklung fungieren (vgl. zur funktionalistischen Perspektive Kap. 4.1).

Im Hinblick auf die *Wachstumsthese* bietet Nisbet (1969, S. 166 ff.) eine systematische Analyse möglicher Fallgruben. Nach Nisbet ergeben sich sechs problematische Annahmen, wenn die Metapher des „Wachstums" auf Prozesse sozialen Wandels angewandt wird, nämlich: daß Wandel (a) „natürlich" sei (Stabilität sei unnatürlich), (b) daß der Wandel das existierende System erhalte, (c) daß der Wandel immanent sei, das heißt, die Quellen des Wandels seien „systemintern", (d) daß Wandel die kontinuierliche Abfolge kleiner, vorhersagbarer Schritte sei, (e) daß Wandel logisch notwendig sei, d. h., daß er eine festgelegte Richtung habe, und (f) daß er schließlich durch einen kleinen Satz von uniformen Ursachen ausgelöst werde.

Eine oft diskutierte Fallgrube bei der Analyse des sozialen Wandels ist deren *teleologische* (finale, eschatologische) Ausrichtung. Zwar hat man sich daran gewöhnt, beim Studium des sozialen Wandels zwischen kausalen und finalen Theorien zu unterscheiden, doch zeigt bereits eine oberflächliche Analyse von Schriften, die sich einer kausalen Forschungsrichtung verpflichtet glauben, daß auch in vielen dieser Ansätze teleologische und historizistische Komponenten enthalten sind. Dies dürfte – wenn auch in abgeschwächter Form – für den eben angesprochenen „Neo-Evolutionismus" ebenso gelten wie für einige Varianten der Modernisierungsforschung: Im ersten Falle ist Entwicklung schlichtweg auf ein entfaltetes, voll integriertes und differenziertes System hin ausgerichtet, im Falle der Modernisierungsforschung auf eine Gesellschaftsform, die so aussieht, wie man sich eine voll entfaltete modernisierte Gesellschaft eben vorstellt (vgl. Kerr, 1964). Der Prototyp eschatologischer Interpretation ist jedoch in den historischen Endzeit-Modellen gegeben, von denen das Marx'sche Erklärungsmodell soziologisch das wichtigste und bekannteste ist: Geschichte als Klassenkampf mit dem Zielzustand der klassenlosen Gesellschaft. Wird dieser Zielzustand im Sinne eines deterministischen Systems interpretiert, dann beruht die logische Erklärung auf der Annahme (vgl. Hempel, 1965), daß zukünftige Ereignisse kausale Wirkung auf erklärungsbedürftige Sachverhalte in der Gegenwart haben. Daß ein solches Erklärungsschema höchst fragwürdig ist, braucht nicht besonders betont zu werden (vgl. zur marxistischen Perspektive Kap. 4.3.1).

Eng verwandt mit der teleologischen oder eschatologischen Sichtweise ist ein Effekt, den wir als *Chronozentrismus* ("temperocentrism" bei Coughenour/Stephenson, 1972, S. 92) bezeichnen möchten. Gemeint ist der Umstand, daß Zeitgenossen dahin tendieren, ihrer Gegenwart eine besonders herausragende Bedeutung einzuräumen, die sich in travialen Äußerungen so artikuliert: „Wir stehen am Beginn einer neuen Ära ..." „Dies ist die Stunde ..." „Ein neues Zeitalter bricht an" „Eine Ära ist zu Ende gegangen" usw. Hans Freyer (1955) hat in diesem Sinne einmal recht anschaulich von einem Nadelöhr-Effekt gesprochen, der darin besteht, daß jede Zeit sich als Übergangsphase begreift, der im Hinblick auf das Kommende ganz besondere Bedeutung beizumessen sei. Ein solcher Nadelöhr-Effekt, mag er auch auf einem chronozentrischen Vorurteil begründet sein und mit zeitlichem Abstand ganz anders beurteilt werden, hat sicherlich stimulierende Bedeutung für Planungsabsichten: denn wenn dieser Nadelöhr-Effekt in der Vorstellung der Planer zutrifft, dann ist es an der Zeit, die „Weichen der künftigen Entwicklung" hier und jetzt zu stellen, also z. B. neue politische Strategien für den Umweltschutz jetzt zu entwickeln. Gelegentlich erweist es sich dann auch, daß der Zeitpunkt des effizientesten Einsatzes solcher Strategien bereits verpaßt ist.

Wichtiger und sicherlich auch verhängnisvoller als das chronozentrische Vorurteil erweist sich die *ethnozentrische* Perspektive, indem etwa die eigene Gesellschaft oder Gesellschaften westlichen Typs zum Maßstab der Entwicklung gemacht werden. Diesen Vorwurf müssen sich insbesondere einige Vertreter der „älteren" Modernisierungsforschung (z. B. Kerr, 1964; Gellner, 1964; Black, 1966; Allen, 1971, Lipset, 1963) gefallen lassen (vgl. kritisch hierzu: Bendix, 1966; Bühl, 1970; Hörning, 1976). Die ethnozentrische Perspektive besteht in einer weitgehend unangemessenen Generalisierung aus westlicher, meist amerikanischer, Erfahrung und Interessenlage. Solcherart zum Maßstab erhoben, erscheinen modernisierte Gesellschaften in ihrer intensivsten Ausprägung als anzustrebendes Utopia, dem nachzueifern nicht nur das Recht, sondern gewissermaßen die Pflicht aller „Zurückgebliebenen" ist. Aus dieser Sicht können vorhandene Gesellschaften sehr simpel danach skaliert werden, welche Entwicklungsstufe sie gegenwärtig haben, wie „primitiv" sie noch sind und welchen Weg sie noch vor sich haben. Es ist wohl einsichtig, daß eine solche Betrachtungsweise ein handfestes Werturteilt impliziert, das dem Lebensstil und den Wertvorstellungen unserer westlichen Gesellschaft unter allen Bedingungen Priorität einräumt. Neuere Beiträge zur Modernisierungsforschung versäumen nicht, regelmäßig auf die „ethnozentrische Fallgrube" zu verweisen, mit dem Hinweis, daß dies im eigenen Ansatz vermieden worden sei. Doch scheint partiell immer noch die Anmerkung von Coughenour und Stephenson zu gelten, die feststellen: "The western and historical biases of our concepts and measures of modernity ... is frequently lamented, but rarely corrected." (Coughenour/Stephenson, 1972, S. 92; vgl. auch Hauser, 1965).

Eng damit verbunden ist der Gedanke der Zwangsläufigkeit solcher Entwicklungen auch gegen den erklärten Willen der Regierenden oder der Bevölkerung. Aspekte dieses Problems werden im Rahmen der *Konvergenzthese* diskutiert (vgl. beispielhaft: Hollander, 1969; Feldman/Moore, 1965; Kerr, 1964). Danach wird unterstellt, daß auch bei Einschlagen verschiedener Entwicklungswege dem Industrialismus Strukturgesetzlichkeiten immanent sind, die auf eine allmähliche Eliminierung ganz bestimmter Alternativen und kraft der dem Industriesystem immanenten Logik zwangsläufig auf ähnliche bis gleiche Gesellschaftsformen hinauslaufen. Es ist müßig, auf dieser allgemeinen Ebene über die Stichhaltigkeit einer solchen Aussage zu befinden. Wichtiger wäre u. E., die Konvergenzhypothese nicht als vorgängiges Leitprinzip einzuführen, sondern empirisch Ausmaß und Angriffspunkte der Konvergenz zu messen, um danach erneut Hypothesen zu formulieren, die spezifiziertere Aussagen darüber enthalten, unter welchen Bedingungen in welchen Bereichen Konvergenz auftritt und in welchen nicht (vgl. hierzu: Weinberg, 1969; Baum, 1974; Hörning, 1976). Als apriorische Annahme erscheint uns die Konvergenzthese deterministisch und entschieden zu pauschal, zumal sie sich auf Prozesse bezieht, die vielfach erst in entfernter Zukunft ablaufen.

Wiederum eng verbunden mit der Konvergenzthese und dem ethnozentrischen Vorurteil scheint uns eine simplifizierende Annahme in der Vorstellung zu liegen, daß „Tradition" und „Modernität" den Charakter von zwei *exklusiven* Systemen haben (vgl. kritisch hierzu: Bendix, 1966). Diese beiden kontrastierenden Gesellschaftsordnungen haben sich als Idealtypen gewissermaßen verselbständigt: Modernisierung verläuft danach in der Weise, daß traditionale Elemente systematisch abgebaut werden, „moderne" Elemente dagegen simultan zunehmen.

Wird „Modernität" als singuläres letztes Stadium normiert und somit die Zukunft mit Erreichen einer modernen industrialisierten Gesellschaft abgeschlossen, dann kann der Prozeß der „Modernisierung" eben nur heißen: Schaffung spezifischer Voraussetzungen durch die „noch nicht modernen" Gesellschaften, damit sich deren Wandel vom unterentwickelten „System der Tradition" zum voll entfalteten „System der Moderne" zu vollziehen vermag. (Hörning, 1976, S. 11 f.)

Dieser Ansatz zeigt dann in keineswegs ideologiefreier Weise auf, was die zurückgebliebenen Gesellschaften alles aufgeben und über Bord werfen müssen (z. B. ihre dumme Religion, ihren Hang zur Kontemplation, ihre Stammesriten, ihre Form des Zusammenlebens z. B. in Großfamilien usw.) und was sie alles zu unternehmen haben, um möglichst bald in die Gemeinde der „entwickelten" Gesellschaften aufgenommen zu werden.

Die Annahme der Exklusivität beider Teilsysteme impliziert dann zugleich einen *Transitional-Effekt,* der darin besteht, den Wandel von der Tradition zur Moderne lediglich als Übergangsphase mit allen damit verbundenen Friktionsstörungen zu begreifen. Das gesamte Spektrum zwischen den exklusiven Systemen muß daher zwangsläufig als lediglich „transitorisch" angesehen werden; solche Gesellschaften sind dann „partiell modern" (vgl. zum Begriff: Bendix, 1966; Rüschemeyer, 1971). Diese Eindimensionalität und Einsilbigkeit der Betrachtung ist wahrscheinlich eine « terrible simplification », die sich verhängnisvoll einmal dahingehend auszuwirken vermag, daß sämtliche Erscheinungsformen des Konflikts in solchen transitionalen Gesellschaften – wie Verlust der Wertorientierung, Verhaltensunsicherheiten, Produktionsstörungen usw. – nach diesem Erklärungsschema behandelt und als lediglich vorübergehende Friktionsstörungen interpretiert werden. Die implizite Annahme, daß diese und ähnliche Konflikte im Utopia der vollkommen modernisierten Industriegesellschaft dann entfallen, dürfte nach dem Stand unseres bisherigen empirischen Wissens vollständig falsch sein. Vermutlich – und das sei hier zugestanden – haben die dann auftauchenden Konflikte einen anderen Charakter oder einen neuen Stellenwert; möglicherweise äußern sie sich in der Kriminalität oder Selbstmordrate, oder Friktionsstörungen verlagern sich von der Produktions- in die Konsumtionssphäre usw.

Zum anderen wird dieses lineare Entwicklungsdenken den Blick für Prozesse der „Devolution“ nicht gerade schärfen: Prozesse, die der linearen Entwicklung entgegengerichtet sind (z. B. Verländlichung, das Entstehen neuer Religionen, Tendenzen zum Totalitären und Autokratischen, Erscheinungen der Diskriminierung usw.), werden gleichfalls nur als Störungserscheinungen des univalenten Kaleidoskops zurechtgeschüttelt.

Coughenour und Stephenson (1972, S. 88) weisen auf den Fehlschluß hin, daß das logische Arrangement von Idealtypen eine gültige Beschreibung aktueller Abfolgen sozialen Wandels abgeben könnte. Darüber hinaus machen sie mit Bezug auf Bendix (1966/67) auf die folgenden Fehlschlüsse aufmerksam, die bei der typologischen Analyse historischen Wandels häufig gemacht werden: (a) Traditionale und moderne Gesellschaften erscheinen voll ausgebildet. In diesem Sinne werden die Attribute beider Typen von Gesellschaften als „gleichberechtigte“ Komponenten angesehen – während faktisch einige Attribute „früh“ und andere „spät“ im historischen Prozeß auftreten. (b) Traditionale und moderne Gesellschaften seien intern homogen und wechselseitig konsistent, d. h., generalisierte substantielle Beziehungen verbänden diese entsprechenden Attribute. Tatsächlich jedoch ist die Annahme der Existenz solcher Korrelationen problematisch; diese kann sogar zwischen bestimmten Variablen inexistent sein. (c) Traditionale und moderne Gesellschaften seien sich selbst erhaltende Einheiten, die sich nur einer internen Dynamik entsprechend wandelten, – wohingegen tatsächlich externe Faktoren und unvorhergesehene Ereignisse den „Gang der Geschichte“ zu verändern vermögen. (d) Traditionale und moderne Gesellschaften bestünden aus wechselseitig exklusiven, konflikthaft einander gegenüberstehenden Einheiten sozialer Institutionen, so, daß eine totale Transformation der vormodernen Gesellschaft stattfindet. Natürlich bestehen im Gegensatz zu einer solchen Annahme in allen Gesellschaften sowohl neue wie alte Elemente, und die Geschwindigkeit des Wandels hängt oft davon ab, wie alte Institutionen für neue Zwecke eingesetzt und genutzt werden können.

Die transitionale Perspektive geht ferner davon aus – und das ist ja auch die theoretische „Begründung“ für das Auftreten von Instabilität und Konflikt in dieser Übergangsphase – daß lediglich die beiden „polaren“ Systeme einen Gleichgewichtszustand repräsentieren.

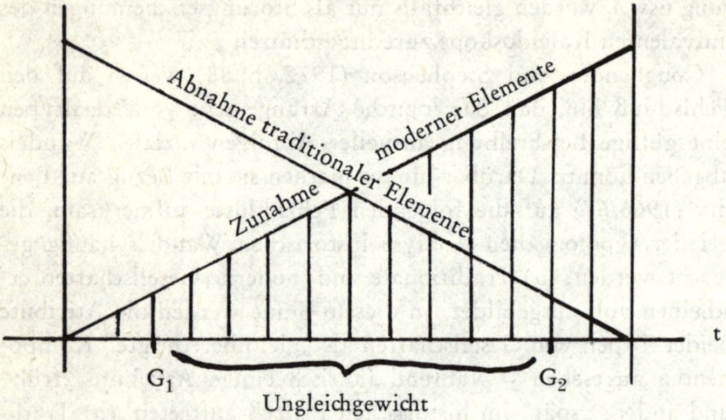

Abb. 7. Transitionale Perspektive

Auf dem Wege vom Gleichgewichtszustand G_1 (traditionale Gesellschaft) zu G_2 (modernisierte Gesellschaft) durchschreite jede Gesellschaft zwangsläufig eine Zone des Ungleichgewichts (UG). Dieser Gedanke exklusiver Gleichgewichte findet sich zunächst bei T. Parsons (1968), der darauf verweist, daß sich lediglich in traditionellen und modernen Gesellschaften typische Kombinationen struktureller Differenzierung und funktionaler Integration finden lassen, die zur Konsistenz des Systems führen. Der gleiche Gedanke durchzieht wie ein roter Faden die meisten Analysen transitionaler Gesellschaften aus dem Bereich der Modernisierungsforschung (vgl. z. B. Fourastié, 1963; Lerner, 1966; Huntington, 1968), deren Instabilität ausschließlich in der beschriebenen Weise als transitionaler Effekt analysiert wird.

Uns scheint, daß in diese höchst problematische Annahme exklusiver Gleichgewichte alle bisher besprochenen Fallgruben der

Forschung – wenn auch in verschleierter, bisweilen abgeschwächter oder relativierter Form – einmünden und sich zu einem Paradigma ausformen, das für die Systemtheorie charakteristisch zu sein scheint: Die Systemperspektive läuft nämlich Gefahr, Gesellschaft in ihrer Systemhaftigkeit zu hypostasieren und von den Individuen vollends abzulösen, die letztendlich Gesellschaft als Gesellschaft konstituieren. Es ist daher nur folgerichtig, wenn aus der Systemlogik heraus Entwicklungstendenzen deduziert werden, in der Menschen und Gruppen, Mächte und Interessen, Absichten und Zielvorstellungen keinen Platz mehr haben oder allenfalls als beschleunigende oder retardierende Komponenten einer vorab bereits festgelegten eindimensionalen Programmatik und Richtung des sozialen Geschehens angesehen werden (vgl. zur ausführlichen Diskussion Kap. 4.1 und 4.2). Die Systemperspektive steigert in unzulässiger Weise den Sachzwang-Charakter des sozialen Wandels und sieht den Menschen – wenn überhaupt – nur noch als Betroffenen, kaum jedoch als Träger dieses Wandels.

2.3. *Struktur genetischer Erklärungen*

Gemeinsam mit der Geschichtsforschung stellt sich für die Analyse des sozialen Wandels das Problem, ob diese sich in der deskriptiven oder „verstehenden“ Weise mit einmaligen, einzigartigen Ereignissen zu befassen habe oder ob es möglich sei, Erklärungen aufgrund nomologischen Wissens zu erbringen, d. h. allgemeine Gesetze auf historische Ereignisse anzuwenden. Die Tradition des Historismus hat diese letztgenannte Möglichkeit lange genug verneint; erst in neuerer Zeit scheint sich hier ein Wandel anzubahnen. Demgegenüber schien die Tradition der Erforschung sozialen Wandels vielmehr einem Hang zur vorschnellen Formel, zur flinken Welterklärungstheorie verfallen zu sein, gepaart mit linearem Entwicklungsdenken, eschatologischen oder chiliastischen Vorstellungen und wenig Verständnis für die Polyvalenz historischer Situationen (vgl. vermittelnd: Wehler,

1973; 1975). Immerhin wird heute unter dem Einfluß wissenschaftslogischer Einsichten von vielen Geschichtsforschern zugestanden, daß historische Phänomene unter Bezugnahme auf allgemeine Gesetze oder theoretische Prinzipien erklärt werden können.

Vermittelnde Ansätze sehen in der Formulierung zeit-raumgebundener Theorien das angemessene Vorgehen einer Soziologie des sozialen Wandels. Diese – von Hans Albert so genannten – „Quasi-Theorien" beanspruchen Gültigkeit in bezug auf ein bestimmtes soziales und kulturelles Milieu, aber eben nicht darüber hinaus. Diese „Quasi-Theorien" sind nichts anderes als historisch oder strukturell relativierte Theorien; ihre Bestandteile sind Quasi-Gesetze und die in ihnen auftretenden Faktoren relativer Invarianz „Quasi-Konstanten". So könnte beispielsweise eine Theorie formuliert werden, die lediglich für industrielle Systeme gilt. In ähnlicher Weise wäre von etlichen Beiträgen der Modernisierungsforschung zu behaupten, daß sie in den meisten Fällen lediglich Prozesse erklären, die bestimmte historische Phasen der Industrialisierung betreffen.

Nun läßt sich aber zeigen – und dies ist insbesondere das Verdienst der Hempelschen Analysen – daß die relative Konstanz in bestimmten raumzeitlichen Ereignissen vermutlich auch in *allgemeinen Gesetzmäßigkeiten* begründet ist, die eben unter den in diesem Ausschnitt vorliegenden Bedingungen die jeweils behaupteten Konsequenzen haben. Das logische Schema einer solchen Erklärung lautet also:

(1) Empirischer Sachverhalt: Im raumzeitlichen Ausschnitt A (z. B. im Westdeutschland der Nachkriegsjahre) ist das Ereignis E (z. B. Demokratisierung) aufgetreten.

(2) Allgemeine Gesetzesaussage: Immer dann, wenn in einer Gesellschaft die Merkmale M_1, M_2, M_3 . . . (z. B. keine Arbeitslosigkeit, Motivation zur politischen Beteiligung usw.) gegeben sind, dann tritt mit hoher Wahrscheinlichkeit das Ereignis E (z. B. Demokratisierung) auf.

(3) Historische Ableitung: Im Ausschnitt A (z. B. im Westdeutschland der Nachkriegsjahre) liegen Bedingungen vor,

die durch die Merkmale M_1, M_2, M_3 repräsentiert sind; also ist E (z. B. Demokratisierung) zu erwarten.

Wandel kann in diesem Zusammenhang sowohl die abhängige als auch die unabhängige Variable darstellen. Die beiden Fälle lassen sich formal etwa in der folgenden Weise umschreiben:

(A) Wenn in einer Gesellschaft mit den Merkmalen M_1, M_2, M_3 ... M_n die Bedingungen B_1, B_2 ... B_m gegeben sind, dann vollzieht sich mit hoher Wahrscheinlichkeit ein Wandel in Richtung R.

(B) Wenn sich in einer Gesellschaft mit den Merkmalen M_1, M_2, M_3 ... M_n Wandel in Richtung R vollzieht, dann sind Konsequenzen K_1, K_2 ... K_m wahrscheinlich.

Ein bedeutsamer Einwand könnte sein, daß in historischen Zusammenhängen kaum je alle relevanten Merkmale und Bedingungen erhoben werden können, so daß die hier vorgeschlagene Vorgehensweise zwar logisch überzeugend, praktisch jedoch nicht durchführbar ist. Die jeweils vorliegende konkrete historische Situation sei so komplex und nur aus ihrer Totalität heraus verstehbar, so daß deren zersetzende Auflösung in Teilkomponenten lediglich einen Aspekt, möglicherweise gar einen irrelevanten Aspekt, beleuchte.

Ein konkretes Beispiel mag dies erläutern. Bekanntlich besteht eines der Hauptanliegen der Soziologie sozialen Wandels traditionellerweise darin, zu erklären, welche Bedingungen zur Entfaltung des Industrialismus und des „kapitalistischen Systems" in den westlichen Ländern geführt haben. Bei Durchsicht der Literatur lassen sich mindestens die folgenden Antecedensbedingungen finden, die diesen Prozeß angeblich initiiert haben:

(1) die Persönlichkeitsauffassung der vorreformatorischen im Gegensatz zur calvinistischen Version des Christentums und deren Aufwertung von Beruf, Arbeit und Leistung als „gottgefälliges Werk",

(2) Veränderungen der vorherrschenden Philosophie, insbesondere die veränderten Persönlichkeitsauffassungen der Renaissance und der Aufklärung,

(3) rationale Staatsverwaltung und merkantilistische Volkswirtschaft mit der Folge der Machtkonzentration in Verbindung mit einem konkurrierenden Pluralismus der europäischen Staaten,
(4) demokratische Revolutionen in England und Frankreich sowie die damit verbundene politische Freisetzung von Initiative und Mobilität der Bevölkerung,
(5) kumulative Innovationen im technischen Bereich und dadurch ermöglichte neue Organisationsformen, z. B. der Fabrik als angemessener Betriebsform,
(6) die Aufwertung von Arbeit und Beruf durch die mittelalterliche Kaufmanns- und Handwerkerschaft sowie ihr Kampf um persönliche Freiheit und Berufsverbandsfähigkeit.

Die Liste dieser „Faktoren“ oder „Hintergründe“ ließe sich sicherlich fortsetzen. Sie zeigt immerhin, daß einer strikten kausalen Analyse des sozialen Wandels enge Grenzen gesetzt sind. Es ist daher nicht verwunderlich, daß die bisher vorliegenden Entwürfe zu Theorien sozialen Wandels sowie deren Anwendung auf konkrete historische Ereignisse den strengen Kriterien einer echten nomologischen Theorie kaum entsprechen und daß sie – weil historische Situationen sich mit ihren möglicherweise relevanten Bedingungen in der Regel nicht nachvollziehen und damit auch nicht systematisch variieren lassen – einer empirischen Überprüfung oftmals entzogen sind. Es handelt sich also bei Erklärungen sozialen Wandels meist um außerordentlich „weiche“ Theorien oder, wie Hempel es ausdrückt: um Erklärungsskizzen. Diese sind – nach Hempel – eine Kombination deskriptiver Elemente mit gesetzmäßigen Aussagen, auf die häufig nur angespielt wird. Oftmals verzichtet der Geschichtsforscher auch darauf, diese Gesetzmäßigkeiten explizit zu nennen, sei es aus dem Grunde, daß ihm die Logik seiner Beweisführung nicht klar ist oder sei es deshalb, weil es sich um „Gesetzmäßigkeiten“ handelt, die ihm (zu Recht oder zu Unrecht) als trivial erscheinen. Goldstein (1969) hat gegen Popper (1957) betont, daß solche Gesetzesaussagen keineswegs notwendig trivial sein müssen. Der Vorwurf der Trivialität müßte nämlich sonst die gesamte Sozialwissenschaft treffen, sofern sie sich anschickt, Erklärungen für das Auftreten bestimmter Ereignisse zu bieten.

Viele Soziologen würden der hier gegebenen Argumentation jedoch nicht folgen und sich eher jenem Verfahren anschließen, das hier als „historische Methode" kritisiert wurde. Anhänger der historischen Schule, Vertreter der „verstehenden" Soziologie oder Verfechter einer „dialektischen" Soziologie insistieren auf der historischen Einbettung von Ereignissen und behaupten deren Einzigartigkeit und Unwiederholbarkeit. Bereits Max Weber betonte, daß seine Erkenntnisabsicht nicht auf allgemeine Gesetze, sondern auf die Besonderheiten bestimmter historisch-kultureller Erscheinungen gerichtet sei. Auch „moderne" Handlungstheoretiker würden das je Spezifische historischer Situationen hervorheben und versuchen, deren Einmaligkeit verstehend und deutend nachzuvollziehen (vgl. kritisch zur Handlungstheorie Kap. 4.4.1).

Die Frage, was es mit dem „Sinn" einer Handlung auf sich habe, beschäftigt seit Webers grundlegenden Arbeiten zu diesem Thema immer wieder die Gemüter (vgl. zur Kritik der „Sinn-These" insbesondere: Abel, 1964; Cunningham, 1972; Nagel, 1972). Soziales Handeln ist schon von Max Weber als subjektiv sinnvolles, d. h. an einem subjektiv gemeinten Sinn orientiertes und nur dadurch verstehbares Verhalten angesehen worden. Erst die Erfassung des vom handelnden Subjekt gemeinten Sinns erschließe adäquat den Zugang zu einem Verhalten, das sich an einer vom Handelnden selbst gedeuteten Situation ausrichtet. Wenn wir also sozialen Wandel auf handlungstheoretischer Ebene deuten wollen, müssen wir den subjektiven Sinn derjenigen erforschen, die diesen Wandel eingeleitet haben. Ein solches Programm wirft jedoch eine Reihe von Schwierigkeiten und Unstimmigkeiten auf, von denen wir einige herausgreifen.

Nach der Erkenntnisabsicht der hermeneutischen Wissenschaft ist die Erforschung sozialen Verhaltens durch eine Beobachtungssprache und die Formulierung von Aussagen vermittels nomologischer Hypothesen ausgeschlossen. Schon Weber beginnt mit der Frage: „Welche Motive bestimmten und bestimmen die einzelnen Funktionäre und Glieder [der Gesellschaft; d. Verf.], sich so zu verhalten, daß sie entstand und fortbesteht?" (M. Weber, ^{4}1956, S. 9). Motive sind bei Weber mit sinnhaften Handlungsabsichten gleichzusetzen, und darin besteht ein wesentlicher Unterschied gegenüber einem energetischen Motivbegriff, wie er vor allem in der Psychologie entwickelt worden ist. Schon hier fragt sich, warum soziale Sachverhalte – wie auch sozialer Wandel – lediglich mit einer ganz bestimmten Motivklasse erklärt werden soll, nämlich vermittels jener Klasse, die „sinnhaften" Beweggründen entspringen. Denn diese Auffassung verbannt jede Theorie des Verhaltens, die auf den Gebrauch subjektivsinnhafter Motivationsbegriffe verzichtet, aus dem Bereich der Soziologie, was zweifellos eine höchst willkürliche Einschränkung des Verständnisses von Soziologie bedeutet (vgl. Hempel, 1952).

Es bleibt noch zu überlegen, ob der Motivbegriff bei Weber mit einer kognitiven Version der Psychologie identisch ist. Hier lassen sich eher Punkte der Übereinstimmung finden, doch zeigen die Äußerungen Webers, daß der von ihm bevorzugte Motivbegriff noch enger gefaßt und vom Sinnkonzept nicht getrennt werden kann. Weil aber nicht klar wird, was genau unter „sinnhaftem Handeln" (in Gegensatz zu sinnlosem Handeln?) verstanden werden kann, bleibt die Forderung auch relativ inhaltsleer, der Forscher müsse Idealtypen des Handelns konstruieren und in deren Rahmen versuchen, beobachtbares Verhalten aufgrund bestimmter Sinnzusammenhänge zu verstehen. Ein Sozialwissenschaftler, der soziale Phänomene verstehen möchte, muß sich imaginativ mit den Beteiligten identifizieren und die Situation, mit der sie konfrontiert sind, mit ihren Augen sehen; ein Gedanke, der dann später bei Mead mit der Konzeption des "taking the role of one another" konsequent weiterverfolgt wird.

Der hermeneutische Anspruch führt demnach – in Anwendung auf Vorgänge des Wandels – zu einem Erkenntnisprogramm, individuelle und ihrem Wesen nach einmalige historische Zusammenhänge forschend zu verstehen. Es wird behauptet, daß Sinnhaftigkeit eine wesentliche Eigenschaft sozialen Verhaltens sei, das aufgrund dieser Eigenschaft einer streng kausalen Erklärung entzogen sei. Diese Festlegung impliziert damit bereits eine Kritik an allen „nicht-verstehenden Sozialwissenschaften", die als „behavioristisch" eingestuft werden. Nun haben Soziologen, wenn sie gegen *den* Behaviorismus zu Felde ziehen, von diesem häufig eine Vorstellung, die vermutlich bereits zur Mitte dieses Jahrhunderts nicht mehr adäquat gewesen wäre und vielleicht den fossilen Behaviorismus eines Watson noch empfindlich getroffen hätte.

In diesem Zusammenhang verdienen zwei Punkte unsere besondere Beachtung. Es handelt sich einmal um die Frage, ob wir die psychischen Prozesse anderer Menschen – die noch dazu in ferner Vergangenheit gelebt haben – nachvollziehen *können* und *müssen*, um ihr Verhalten zu verstehen und daher voraussagen zu können. Beantworten wir zunächst die Frage, ob es möglich ist, den „Sinn" einer Handlung in eindeutiger Weise zu bestimmen. Um das phänomenologische Urteil in irgendeiner Weise zu begründen, muß der Forscher auf seine eigenen Bewußtseinsinhalte zurückgreifen und diese mit den vermeintlichen Bewußtseinsinhalten anderer vergleichen. Hierbei entsteht jedoch folgendes Problem: Seine Bewußtseinsinhalte sind nicht die meinen, sie können allenfalls intuitiv erschlossen werden, soweit sie mir nicht ganz und gar unzugänglich sind; ich kann sogar sinnvoll bestreiten, daß er welche hat, selbst wenn er beteuert, er habe welche. Es fragt sich also, wie aus dieser Sicht die *Intersubjektivität* gewahrt werden soll. (Hier steht übrigens der Historismus vor der gleichen Kardinalfrage, der sich schon die Phänomenologie seit Husserl immer wieder entzogen hat.) Gewiß betont Habermas, ein moderner Vertreter der hermeneutischen Soziologie, daß in irgendeiner Weise die Intersubjektivität der Aussagen gewahrt werden müsse (vgl. Habermas, 1970; 1971), jedoch erfahren wir nichts über ein konkretes Verfahren, wie dies gewährleistet sein solle. Der vage Hinweis darauf, daß man zur Überprüfung der historischen Rekonstruktionsversuche auf die „Hervorbringung kompetent sprechender oder handelnder Subjekte" (Habermas, 1971, S. 175) zurückgreifen müsse, fordert die Frage heraus, wie man denn nun eigentlich feststellen kann, wer im Einzelfall „kompetent" spricht oder handelt. Die Frage also, ob ein hermeneutisch-phänomenologisches Vorgehen intuitiver oder einfühlender Sinndeutung möglich ist, muß daher dann verneint werden, wenn ein strenger Maßstab intersubjektiver Überprüfung von Aussagen angelegt wird.

Versuchen wir nun die zweite Frage zu beantworten, ob wir die psychischen Prozesse in Bewußtseinsinhalten anderer Menschen nachvollziehen müssen, um zu angemessenen Aussagen über soziale Sachverhalte und Prozesse zu gelangen.

Ein Historiker muß nicht fähig sein, Hitlers Wahnsinnstaten im Geiste nachzuvollziehen, oder gar Hitler selbst zu sein, um kompetent über Hitlers Aufstieg und historische Bedeutung schreiben zu können. [...] Man kann in der gleichen Weise wissen, daß ein Mensch Angst hat oder eine Menschenmenge von Haß erfüllt ist, ohne diese Angst oder diesen Haß in der Vorstellung nachzuvollziehen, wie man wissen kann, daß ein Mensch wegläuft oder eine Menge ihn verfolgt, ohne im Geiste die Beine bewegen zu müssen. (Nagel, ²1972, S. 78)

Für die Richtigkeit einer Strukturanalyse des Mythosinhaltes, wie sie Claude Lévi-Strauss durchgeführt hat, ist es irrelevant, ob die Mitglieder der betreffenden Gesellschaften diese Rekonstruktionen nachvollziehen und selbst die Übereinstimmung mit ihren Mythen prüfen; für die Richtigkeit der Darstellung gewisser Stileigentümlichkeiten Webernscher oder Bachscher Musik mit Hilfe von Übergangsmatrizen ist es irrelevant, ob Webern oder Bach oder ein Musikkenner die Theorie der Markoffketten versteht und selbst nachprüfen, ob die generierten Melodien so klingen, als ob sie von Webern bzw. Bach komponiert worden wären. Nirgendwo muß man sich auf das Regelbewußtsein derer stützen, die das betreffende Regelsystem beherrschen. (Ziegler, 1973, S. 42)

Wissenschaftliche Analyse besteht demnach aus Operationen, die der *Beobachter* vollzieht und nicht der Akteur.

Es scheint also, daß der Inhalt sinnhafter Erklärungen aus nichts anderem besteht als aus Verhaltensmustern (d. h. kognitiven oder motivationalen Zuständen), die die Sozialpsychologie seit langem als intervenierende Variablen untersucht. Das Vorliegen solcher intervenierender Variablen bedeutet daher, daß von einem Individuum oder von einer Gruppe in einer definierten Situation ein bestimmtes Verhalten mit mehr oder weniger großer Wahrscheinlichkeit auftreten wird. Die Auflösung des Wortes „Sinn" bedeutet also eine Bezugnahme auf psychische Sachverhalte, die sehr wohl der nomologischen Interpretation offenstehen. Ebenso bedarf die Hermeneutik als Disziplin technologischen Charakters (vgl. Albert, [2]1972; Abel, 1964) selbst der theoretischen Grundlegung, weil sie an den strukturellen Beschaffenheiten der Objektbereiche anknüpfen muß, die wiederum nur der nomologischen Analyse zugänglich sind. Cunningham ([2]1972) hat darauf hingewiesen, daß es aus dieser Sicht irreführend sei, zwischen Tatsachen und Bedeutungen so zu unterscheiden, als wären diese wissenschaftslogisch jeweils gesondert zu behandeln. Bedeutungen – auch Symbole, Sinnzusammenhänge, Alltagswissen usw. – sind Bewußtseinsinhalte, also ebenfalls *Tatsachen* und als solche zu analysieren. In diesem Zusammenhang sei etwa an die erfolgreichen Versuche der Sozialpsychologie erinnert, Theorien des Alltagswissens (sog. „naive" Verhaltenstheorien) zu entwickeln (z. B. die Theorie der Personenwahrnehmung oder die verschiedenen Konsistenzmodelle). Sinnhaftigkeit mag eine wesentliche Eigenschaft sozialen Verhaltens sein; auf keinen Fall ist sie jedoch der kausalen Analyse entzogen.

Betrachten wir zum Schluß die wichtigsten Konsequenzen, wie sie sich aus einem Vergleich zwischen phänomenologisch-hermeneutischen Ansätzen und den gebräuchlichen Methoden der Geschichtswissenschaft ergeben. Hier zeigt sich eine gewisse Übereinstimmung mit gewichtigen Traditionen der Geschichtsforschung, welche auf die Einmaligkeit der historisch-gesellschaftlichen Wirklichkeit abstellen und nomologisches Wissen über historische Zusammenhänge ablehnen. Solche Traditionen des „Historismus" waren seit jeher mit dem hermeneutischen Motiv verbunden, im Rahmen der Geschichtswissenschaft lediglich individuelle Zusammenhänge in ihrer Einzigartigkeit forschend zu verstehen.

Dieses Geschichtsverständnis impliziert nicht nur einen Verzicht auf nomologische Aussagen, sondern handelt sich eine Reihe von schwer zu lösenden Problemen ein, die insbesondere in die Frage der jeweils kompetenten und intersubjektiv prüfbaren Resultate einmünden, also Fragestellungen, vor die sich die phänomenologische Analyse schon immer gestellt sah, ohne sie je befriedigend beantworten zu können. Eine logische Analyse jener „Sinnzusammenhänge" und deren Rückführung auf Tatsachen im Sinne des kausal Erforschbaren zeigt jedoch, daß nomologisches Wissen über diese Zusammenhänge und Bedeutungen möglich ist, sofern man sie als Tatsachen und nicht als „subjektive Privatheit" jenseits von Tatsachen analysiert.

2.4. Messung sozialen Wandels

Die Problematik sozialen Wandels gilt unter vielen Soziologen u. a. deshalb als "the weakest branch of sociological theory" (Martindale), weil häufig versäumt wurde, auf die Frage der Messung gesellschaftlicher Entwicklung und Veränderung Aufmerksamkeit zu verwenden. Forscher wie Ogburn, Sorokin oder McClelland haben vielbelächelte Versuche der Messung unternommen, aber vielleicht war – worauf Dahrendorf (1969, S. 1014) verweist – dieses Lächeln ein wenig voreilig. In neuerer Zeit ist die Lösung der Meßproblematik insbesondere im Rahmen der Modernisierungsforschung vorangetrieben worden (z. B. von Galtung, Deutsch oder Heintz), indem man versuchte, angemessene Indikatoren sozialer Entwicklung zu konzipieren (für eine neuere Diskussion vgl. etwa: Zapf/Flora, 1971; Flora, 1974).

Die Messung sozialen Wandels sieht sich einer Vielfalt von Meßebenen ausgesetzt – und dementsprechend auch einer Vielfalt von Meßproblemen. Eine wichtige und oftmals eine offene Frage bleibt hier die Ermittlung und quantitative Umsetzung solcher Wandlungsvorgänge, die vorrangig *qualitativer* Natur sind. Es ist verhältnismäßig einfach, die Urbanisierungs- oder Alphabetisierungsrate eines Landes zu erheben, jedoch ist es zweifellos schwieriger – weil komplexer – den Demokratisierungsgrad einer Gesellschaft festzustellen oder gar subtilere Sachverhalte wie ein unterschiedliches Ausmaß an „Empathie“, ein etwaiges Ansteigen der „Außenlenkung“ oder eine mögliche Zunahme der Konformität zu ermitteln.

Ein weiteres grundsätzliches Problem besteht in jedem Falle darin, einen Prozeß sozialen Wandels in seiner Totalität zu bestimmen; das heißt einmal, Anfangs- und Endpunkt zu bestimmen, und zum anderen, alle die Faktoren zu identifizieren, die diesen Wandel verursacht haben und ihn in seinem weiteren Ablauf beeinflussen. Ein Beispiel mag dies verdeutlichen: Wann begann „eigentlich“ der Prozeß der Veränderung von der Großfamilie hin zur „modernen“ Kleinfamilie? Und: Ist dieser Schrumpfungsprozeß heutzutage im großen und ganzen abgeschlossen, oder ist der in Ländern wie Deutschland beobachtbare Trend zum „Minuswachstum“ in den Reproduktionsraten eine konsequente Weiterentwicklung dieser Tendenz? Könnte es sein, daß dasselbe Phänomen (die über mehrere Generationen hinweg tendenziell schrumpfende Familiengröße) zu unterschiedlichen historischen Zeitpunkten unterschiedliche Ursachen hatte, was gleichwohl aber zu demselben Ergebnis führte? Häufig wird sich daher die Sozialforschung damit behelfen, *relative* Veränderungen zu messen und zu untersuchen, wobei die „äußeren Meßpunkte“ oft nur nach Gesichtspunkten der Plausibilität bzw. Praktikabilität ausgewählt werden (können).

Weiterhin bestehen Meßprobleme schon deswegen, weil das existierende Instrumentarium empirischer Sozialforschung zwar mit Bezug auf die Gegenwart vergleichsweise gut entwickelt ist, es sich bei über längere Zeit erstreckenden Prozessen jedoch nur in eingeschränktem Maße anwenden läßt. Die „klassischen“ Techniken empirischer Sozialforschung – Befragung, Beobachtung, Experiment, Inhalts- und Dokumentenanalyse – haben diesbezüglich höchst unterschiedliche Anwendungsmöglichkeiten und -probleme.

Dabei kann davon ausgegangen werden, daß Prozesse sozialen Wandels als Forschungsthema eher rückblickend als vorausschauend erkannt und für die Sozialforschung thematisiert werden. Hierdurch ergibt sich, daß häufig zu den eigentlichen „Startpunkten" von Wandlungsprozessen keine originären und systematisch Bezug nehmenden Befunde und Daten zur Verfügung stehen. Um diese Schwierigkeit zu überwinden, hilft man sich häufig damit, daß man sekundäranalytisch „ähnliche" Datensätze zu Rate zieht, die sich zu jenem Zeitpunkt – wenngleich oft mit anderer Fragestellung – mit der zu diskutierenden Problematik befaßten. Hieraus ergeben sich dann allerdings wiederum Probleme der Vergleichbarkeit mit dem zum heutigen Zeitpunkt angewandten Instrumentarium und den heutigen Fragestellungen.

Um nun bei solchen Problemstellungen nicht grundsätzlich auf die Technik der Befragung verzichten zu müssen, wird häufig versucht, die Problematik dadurch zu überspielen, daß man die Befragten selbst eine Rückschau versuchen läßt; etwa so: „Wenn Sie einmal versuchen zurückzudenken, als dieser Prozeß für Sie begann . . ." Diese Technik birgt jedoch vielerlei Probleme möglicher Verzerrung in sich; abgesehen von der nicht kalkulierbar verteilten Fähigkeit objektiven Rückerinnerungsvermögens ist hier häufig auch entweder mit einem „Rosa-Brille-Effekt" bzw. einem „Grauschleier-Effekt" zu rechnen. Zudem ist evident, daß sich ein solches Verfahren nur für höchst kurzfristige Wandlungsvorgänge sinnvoll anwenden läßt. Für die Techniken der Beobachtung und des Experiments lassen sich im Prinzip recht ähnliche Einschränkungen erkennen.

Somit bleibt von den „klassischen" Techniken offensichtlich einzig die der Inhalts- und Dokumentenanalyse übrig, um historische und langfristig angelegte Prozesse sozialen Wandels empirisch annähernd exakt erfassen und analysieren zu können. Aber auch hier besteht das Problem der zeit- und materialgerechten Ausdeutung, und auch hier muß mit der Einschränkung gerechnet werden, daß sich das verfügbare Material mit Blick in die Vergangenheit „ausdünnt". So lassen sich z. B. demographische Entwicklungen im „vorstatistischen Zeitalter" so lange noch halbwegs gut nachvollziehen, als z. B. in den verschiedenen

Kirchspielen wenigstens über so wesentliche Einschnitte wie Geburt, Heirat und Tod Buch geführt wurde. Für weiter zurückliegende Epochen lassen sich oft nur noch vergröberte Schätzungen anstellen. Grundsätzlich hat die Dokumentenanalyse mit zwei Problemstellungen zu kämpfen – speziell, wenn es sich um historisch weiter zurückliegende Probleme handelt: Oft waren diese Dokumente in bestimmter Weise „gemeint" und daher tendenziös. Biographisches Material (Tagebücher etc.) ist z. B. häufig durch subjektive Interessen und Rationalisierungen gefärbt. Zum anderen bleibt die Auswahl verfügbarer Dokumente einseitig: diese wurden durchweg nur über solche Anlässe und Persönlichkeiten angelegt, die nach damaligem Verständnis als besonders herausragend, bemerkenswert und dementsprechend dokumentationswürdig empfunden wurden, bzw. von Personen verfaßt, die die Muße und die Fähigkeiten zu solcher Arbeit hatten. Dies mögen zwar oftmals interessante Informationen über damalige Bedeutsamkeiten sein, die jedoch in sich eine Verzerrung darstellen und nur zu häufig verhindert haben, daß für theoretisch-systematische Fragestellungen unter heutigen Gesichtspunkten ausreichendes und objektives Material zur Verfügung steht.

Wie es scheint, besteht eine bestimmte Eignungsbeziehung zwischen bestimmten Themenstellungen und bestimmten Formen der Erfassung und der Messung entsprechender Daten. So läßt sich unschwer eine Verbindung herstellen zwischen der Entwicklung demographischer Tatbestände und einer statistischen Buchführung und Fortschreibung, ein Zusammenhang zwischen Wandel in den Wertorientierungen und Meinungsforschung, eine Verbindung zwischen historischen Analysen und Dokumentenforschung sowie eine Verbindung zwischen Diffusionsforschung und Techniken der Beobachtung und des Experiments. Mit Hinblick auf die jeweils angewandten Methoden und damit auch die entsprechenden Meßprobleme drängt sich jedoch dabei oftmals der Eindruck auf, daß gerade hier im obigen Sinne die Themen ihre Methoden suchen und die Methoden ihre Themen – letzteres in dem Sinne, daß Methodenspezialisten jeweils *die*

Themen als interessante Aspekte sozialen Wandels herausgreifen, die von ihrem Instrumentarium her noch adäquat behandelt werden können.

Bei Wandlungsprozessen, die schon stattgefunden haben, mag die Meßproblematik auf den ersten Blick einfach erscheinen, da doch der Prozeß in seinem vollen Ablauf „überschaubar" und nach vorwissenschaftlichem Verständnis „bekannt" ist. Doch dieser Schluß wird sich häufig als voreilig herausstellen, wenn man bedenkt, daß es *eine* Sache ist, z. B. von so allgemein anerkannten, großdimensionierten Prozessen des sozialen Wandels zu sprechen, wie etwa der „Industrialisierung" oder der „sozialen Mobilität der Landbevölkerung in Richtung Stadt" im 19. Jahrhundert – und eine *andere* Sache, dies in exakten Daten und mit detaillierten Zahlenreihen von der Qualität zu belegen, wie sie sonst in sozialwissenschaftlichen Analysen der Jetztzeit üblich sind. Hier besteht das Problem der Datenlücke; das Meßproblem ist vorrangig ein *Datenproblem* im Sinne ihrer Verfügbarkeit.

Wenn wir des weiteren an weitläufige Prozesse des sozialen Wandels im Sinne politisch-geistiger Entwicklungen denken, wie ein solcher etwa im Begriff des „Demokratisierungsprozesses westlicher Industriegesellschaften" apostrophiert wird, dann wird hier zum Problem der empirischen Forschung, aufgrund welcher Kriterien man denn das eine Land in seiner diesbezüglichen Entwicklung vor einem anderen plazieren und einstufen bzw. in ein und demselben Land Stufen der Entwicklung in diesem Sinne konstatieren könnte: hier wird das Meßproblem des sozialen Wandels vorrangig zu einem *Indikatorenproblem.*

Wenn wir schließlich berücksichtigen, daß Indikatoren im Verlauf des Wandlungsprozesses und/oder im internationalen Vergleich einem Bedeutungswandel unterliegen können, dann wird das Meßproblem des sozialen Wandels ein *Operationalisierungsproblem.* Auch hierzu lassen sich viele Beispiele in der Realität finden: Wenn wir z. B. im Sinne der Konsumsoziologie in den 50er Jahren in der Bundesrepublik Recherchen unternahmen und dabei feststellten, daß ein gewisser Anteil von Haushalten über „Luxusgegenstände" verfügt wie Spülmaschinen, Fernsehgeräte, Tonbandgeräte und Filmkameras, und wir dann zum selben Thema heute Untersuchungen vornehmen, so werden wir einmal die allgemeine Verbreitung dieser Güter feststellen, aber damit auch, worauf es uns hier ankommt: dieser „Warenkorb" ist heute nicht mehr gut zur Operationalisierung von „Luxus" verwendbar.

Operationalisierungs- und Indikatorenprobleme stellen sich im übrigen insbesondere beim interkulturellen Vergleich: Eine Untersuchung etwa, die den sozialen Wandel des Phänomens „Armut" im internationalen Vergleich untersuchen wollte, müßte einmal in Rechnung stellen, daß „Armut" kulturell unterschiedlich definiert ist, und daß zum anderen die Fixierung eines international standardisierten Warenkorbs als absoluter Meßpunkt schon deswegen häufig fehlschlägt, weil viele Güter (noch?) nicht wirklich international verbreitet sind oder andererseits von Land zu Land bzw. auch pro Land für unterschiedliche Zeitpunkte kulturell verschieden bewertet und nach den Dimensionen „Existenzminimum" – „Wohlstand" – „Luxus" höchst unterschiedlich eingestuft werden.

Die Messung sozialen Wandels ist schließlich ein *technisch-analytisches Problem:* Je leistungsfähigere Datenbanken bestehen und je ausgefeilter die Computerprogramme werden, desto mehr wird es möglich sein, die Vielzahl von Variablen, die ja in der Realität in einem sehr komplexen Wechselspiel zu bestimmten neuen sozialen Zuständen führen, in ihren wechselseitigen Interrelationen und gegenseitigen Beeinflussungen messen zu können. So wurden Wissenschaftler z. B. erst durch die Entwicklung solcher Verfahren wie Pfadanalyse, multipler Regressionsanalyse oder auch der Mehrebenenanalyse in die Lage versetzt, die exakte Erforschung komplexer Wandlungsprozesse zu versuchen, die mit dem Instrumentarium simpler Korrelationsanalysen nicht befriedigend angegangen werden konnten.

Die Messung sozialen Wandels ist weiterhin ein *Problem der zeitlichen Dimension,* und dies in mehrfacher Hinsicht: Zum einen lassen sich die Ursprünge und Anfänge von Wandlungsprozessen nicht mehr befriedigend empirisch erfassen, die „in grauer Vorzeit“ liegen; zum anderen läßt sich häufig nicht absehen, wie lange ein bestimmter Prozeß noch in die Zukunft reichen wird und wann er dort abgeschlossen sein wird; zum dritten ist häufig bei der Beurteilung der Gegenwart nicht klar zu entscheiden und zu bestimmen, welche Relation der aktuelle Standort in der historischen Entwicklung des Wandlungsprozesses hat: Bei der Entwicklung von Konjunkturkurven etwa läßt sich nun einmal schlecht feststellen, ob wir uns gerade auf einem „Gipfel“ der Entwicklung befinden oder in der „Talsohle“ – bzw. auf dem Wege und in welcher Entfernung zu einem solchen Punkt.

In diesem letztgenannten, aber auch in einem weiteren Sinne ist die Messung sozialen Wandels ein *Bewertungsproblem*, das wir in ähnlicher Form bereits bei der Diskussion des „Inhalts“ sozialen Wandels angesprochen hatten. Oft bleibt daher zu fragen: Handelt es sich bei dem betrachteten Tatbestand nun um eine Situation sozialen Wandels, oder nicht doch um eine solche der Stagnation und des Gleichgewichts? Dieses Problem besteht auch weiter, nachdem die Fallgruben der Benutzung von Begrifflichkeiten wie „Fortschritt“ oder „Evolution“ vermieden worden sind. Einmal müssen wir fragen: Ab wann eigentlich bemühen wir unseren Terminus des „sozialen Wandels“ zur Kennzeichnung eines Tatbestands? Ist eine solche Bezeichnung schon gerechtfertigt, wenn eine bestimmte Gruppe von Menschen ihr Verhalten ändert, oder, wenn es sich um die Veränderung „gesamtgesellschaftlicher Dimensionen“ handelt? Zum anderen müssen wir im Auge behalten: Reale Präsentationen wechseln, das „soziale Phänomen“ kann jedoch nach wie vor dasselbe sein. Wenn wir z. B. das soziale Phänomen des „Generationenkonflikts“ zum Thema machen, dann stellen wir etwa fest, daß es zu Beginn dieses Jahrhunderts die „Jugendbewegung“ gab mit Gruppierungen wie „Wandervogel“ und „bündischer Jugend“, daß in den 50er Jahren die „zornigen jungen Männer“ auftauchten und Ende der 60er Jahre die Studentenrevolten, die „außerparlamentarische Opposition“ oder die „Hippies“. In bezug auf die „Jugendbewegung“ könnten wir nun zu dem Urteil kommen, daß diese in den 30er Jahren im großen und ganzen ihr Ende fand, und somit eine bestimmte Form sozialen Wandels. Mit Bezug auf den „Generationenkonflikt" jedoch läßt sich mit ziemlicher Bestimmtheit feststellen, daß dies ein Problem ist, welches bei sich wandelnden Formen über die Zeit hinweg verblüffend ähnliche Inhalte und Themen hatte und aller Voraussicht nach haben wird, wobei man sogar in vordergründig anderen Formen noch Parallelen suchen und finden könnte, wie etwa bei einem Vergleich von „Jugendbewegung", „flower generation", „hippies" und ähnlichen Formationen. Hierbei sollte nun auch deutlich werden, daß die Messung sozialen Wandels auch ein *Problem der Abstraktions- bzw. der Generalisierungsebene* ist. So läßt sich etwa auf der Meßebene der formalen Varianten in unserem Beispiel (Jugendbewegung etc.) erheblicher Wandel feststellen, während dies nach dem abstrakteren Konzept des „Generationenkonflikts" kaum der Fall sein dürfte.

Das Meßproblem sozialen Wandels ist schließlich auch insofern ein *Auswahlproblem* und, wenn man so will, damit gleichzeitig auch ein *Bewertungsproblem,* als es häufig schwierig ist festzulegen, welches die notwendigen und welches die hinreichenden Variablen zur Bestimmung eines solchen Wandlungsprozesses sind. Zur Beschreibung des „Demokratisierungsprozesses westeuropäischer Industriegesellschaften" etwa wird häufig das Kriterium der Einführung des allgemeinen Wahlrechts angeführt. Wenn dieses Kriterium allein ausreichte, so wäre der angesprochene Wandlungsprozeß „relativ" kurzfristig in den jeweiligen Ländern über die Bühne gegangen – und hätte eben durch die Einführung des allgemeinen Wahlrechts auch schon seinen Abschluß gefunden. Mit diesem rein formalen Akt ist aber noch in keiner Weise der Wandlungsprozeß angesprochen, der in den Grundeinstellungen der Menschen in diesen Epochen vor sich ging. Privilegierte versuchten ihre Vorzugsstellung in der über Generationen gewohnten Weise weiter auszunutzen, und frühere Domestiken konnten es sich nicht so schlagartig zu eigen machen, daß sie nun ihren „Herrschaften" gleichgestellt sein sollten. Die Tatsache schließlich, daß bis in heutige Zeiten und Gesellschaftsformen rudimentäre Relikte z. B. ständestaatlicher Gruppierungen (und damit differentielle Privilegien) erhalten geblieben sind, zeigt, wie langfristig ein solcher Prozeß angelegt ist und weiter wirkt. Wenn man als Forscher nicht der Gefahr erliegen will, die verfügbaren Indikatoren für die Sache selbst zu nehmen, dann wird man um die Diskussion dieses Problems bei dem jeweils angesprochenen Prozeß sozialen Wandels nicht herumkommen.

Mit diesen beispielhaften Überlegungen ist schon mit angesprochen, was als ein generelles und herausragendes Problem gerade der Thematik „Sozialer Wandel" anzusehen sein dürfte: Während sich die meisten Untersuchungen im Rahmen sozialwissenschaftlicher Forschung mit feststellbaren Phänomenen der Jetztzeit auseinandersetzen, hat es die Analyse sozialen Wandels permanent mit Veränderungen im Zeitablauf zu tun, die bedeutsame Probleme heraufbeschwört, was die Einstufung des Vorgangs als „sozialen Wandel" überhaupt rechtfertigt und was schließlich die konkrete Auslegung, Interpretation und Bewertung solcher Veränderungen anbelangt. Abgesehen von kurzfristigen Umwälzungen wie solchem Wandel, der bedingt ist durch große Katastrophen, durch politische Revolutionen oder durch unvorhergesehene Naturereignisse, ist sozialer Wandel im Verständnis der meisten Sozialwissenschaftler auf einen längeren Zeitraum hin angelegt. Je mehr also ein Forscher daran interessiert ist, über große Entwicklungen sozialen Wandels nachzudenken, desto mehr wird er automatisch mit den oben beschriebenen Meßproblemen im Rahmen historischer Vergleiche konfrontiert werden. Dies ist nicht nur im Sinne der Rückwärtswendung zutreffend: Es liegt in der Natur der Sache, daß auch darüber nachgedacht wird, wie sich die in der Gegenwart anzutreffenden Strukturen in der Zukunft noch vorfinden lassen bzw. in welchem Maße sie sich in dieser Richtung verändern werden. Mit dieser Frage der Messung *künftiger* Entwicklungen wollen wir uns im nächsten Abschnitt befassen.

3. PROGNOSE SOZIALEN WANDELS

3.1. Erfassung künftiger Entwicklung

Prognose und Planung sozialen Wandels setzen voraus, daß geeignete Methoden existieren, um Entwicklungen, die in der Vergangenheit stattgefunden haben und/oder in der Gegenwart stattfinden, auch in die Zukunft hinein projizieren zu können, bzw. solche Entwicklungen, die erst in der Zukunft entstehen, schon in der Gegenwart antizipatorisch zu erfassen. Überlegungen über „zukünftigen sozialen Wandel“ sind grundsätzlich mit der Schwierigkeit konfrontiert, daß konkret feststellbare Indikatoren für den in der Zukunft liegenden Zeitpunkt noch nicht bestehen; eine Messung im eigentlichen exakten Sinne kann demnach in dieser Richtung nicht erfolgen.

Die Tatsache, daß zukünftige Entwicklungen daher nur mehr oder minder „begründet spekulativ“ erfaßt werden können, drängt natürlich alle Ansätze, die sich mit zukünftigen Entwicklungen auf wissenschaftliche Weise auseinandersetzen wollen, in die Position, ihre Aussagen als „plausible Vermutungen“ verteidigen und von reiner „science fiction“ abgrenzen zu müssen, oder, wie Popper sagen würde: Es ist im Einzelfall schwierig, echte Prognosen von „Prophetien“ zu unterscheiden.

Die Auseinandersetzung mit der Zukunft kann auf drei Ebenen geschehen: Zum ersten – und dies ist vermutlich der einfachste Weg – können Aussagen darüber versucht werden, welche Sachverhalte sich auch in der Zukunft so gestalten werden, wie sie dies in der Gegenwart tun – wenn nicht umwälzende, unvorhergesehene Ereignisse auftreten, welche sämtliche Rahmenbedingungen der in Frage stehenden Sachverhalte annulieren. Es handelt sich hier also um das, was Daniel Bell (1967) mit „strukturellen Gewißheiten“ benannt hat, die im Prinzip auf der logischen Gleichwertigkeit von *Erklärung* und *Prognose* beruhen. Kennen wir nämlich die relevanten Randbedingungen, so können wir damit ein Ereignis sowohl erklären wie auch voraussagen. Die Schwierigkeit ist nur: Im Sinne unseres *Bedingungsansatzes* wissen wir speziell in der Zukunftsperspektive nicht genau, welche Randbedingungen zum Zeitpunkt $t_1, t_2 \ldots t_n$ vorliegen, so daß unsere Aussage im Ausmaß dieser Ungewißheit „konditional" wird.

Zum zweiten können Aussagen darüber versucht werden, welche weitere Veränderung bestimmte Entwicklungen in der Zukunft noch nehmen werden, deren veränderlicher (Trend-) Verlauf sich schon in Vergangenheit und Gegenwart abgezeichnet hat. (So stellen sich uns heute mit einiger Berechtigung die Fragen: Werden wir in Zukunft in voller Wucht die folgenden Entwicklungen zu spüren bekommen, die sich heute schon als soziale Probleme ersten Ranges abzeichnen, wie etwa: Jugendarbeitslosigkeit, akademisches Proletariat, Bildungsexplosion, Bevölkerungsexpansion in den unterentwickelten Ländern und „negatives Wachstum" in den „hochentwickelten" Ländern? Oder können diese Tendenzen gestoppt, vielleicht sogar umgedreht werden, oder „laufen sie sich tot"?)

Zum dritten – und dies ist sicher das problematischste – können Aussagen darüber versucht werden, ob es vielleicht in der Zukunft Wandlungsprozesse geben wird, die zu diesem späteren Zeitpunkt erst einsetzen und die heute auch ansatzweise noch nicht beobachtbar sind. Der Versuch einer solchen „Prognose zukünftigen sozialen Wandels" setzt sicher schon zu einem gewissen Grade „seherische" Gaben und die „visionäre Selektion" des Potentiellen voraus.

Mit dieser Problematik der Erfassung und Prognose künftiger Entwicklung befaßt sich in jüngerer Zeit zunehmend eine Spezialdisziplin, die sich unter der Kennzeichnung „Zukunftsforschung" oder „Futurologie" etabliert hat (der letztere Begriff wurde erstmalig von Ossip K. Flechtheim 1943 geprägt); nach Kurt Sontheimer handelt es sich dabei um „von wissenschaftlich ermittelten Tatsachen ausgehende Konstruktionen, welche eine mögliche Zukunft mit Phantasie und intellektueller Redlichkeit vorausdenken“ (1965, S. 29). Diese Mischung aus Spekulation und Wissenschaftlichkeit läßt die Zukunftsforschung zweifellos einerseits als einen Sonderfall wissenschaftlichen Bemühens erscheinen. Andererseits wird deutlich: Die Basierung auf wissenschaftlich ermittelten Tatsachen bedeutet, daß vorzugsweise nur über die Weiterentwicklung von solchen Tendenzen „rational spekuliert“ wird, die in der Gegenwart schon existieren und die hier empirisch erfaßt werden können. Der „Typ 2“ unserer eingangs aufgeführten drei Alternativen dominiert also ganz offensichtlich.

Die Versuche, solche künftigen Tendenzen zu erfassen, haben zur Entwicklung einiger spezifischer Techniken und Methoden geführt, z. B. Methoden der intuitiven oder erforschenden Vorschau, letztere entweder „fortschreitend“ (z. B. Trendextrapolation), „normativ“ (z. B. lineare Programmierung) oder „rückkoppelnd“ (z. B. Regelkreise), wobei dann im Idealfall wie bei einem Regelkreis Trendprognose, Zielformulierung und zielgerichtete Planung sich korrigieren und beeinflussen. Diese „feed-back-models“ sind jedoch noch in der Entwicklung begriffen und müssen in ihrer Technik vorläufig noch aus Elementen der normativen und der fortschreitenden Vorausschau zusammengesetzt werden (für eine ausführlichere Darstellung dieser Techniken vgl. Kohler/Nagel, 1968, S. 27–38).

Die wohl bekannteste und sicher auch am häufigsten angewandte Technik ist die der Trend-Extrapolation: Entwicklungen, die sich schon in der Vergangenheit abgezeichnet und bis in die Gegenwart fortgesetzt haben, werden „in die Zukunft hinein verlängert“ – in der Annahme, daß sich die Entwicklung so, wie sie sich schon bisher abgezeichnet hat, kontinuierlich weiter in die Zukunft hinein fortsetzen wird.

Offensichtlich ist die Anwendung dieser Technik je nach Themenbereich unterschiedlich gerechtfertigt: So scheint sie (oder schien sie zumindest bis vor einiger Zeit noch) relativ gut anwendbar etwa für die Entwicklung des „demographischen Buddet“, aber weniger gut anwendbar z. B. zur Ermittlung von politischen Einstellungen. Der Versuch etwa, Ende der 60er Jahre eine Trendfortschreibung der Zuwachsraten von NPD-Wählern vorzunehmen, die zu diesem Zeitpunkt relativ starke Zuwachsraten aufwiesen, hätte für die 70er Jahre ein ausgesprochen irreführendes Bild geliefert.

Sicher ist es so, daß bei einer solchen (Trend-)Extrapolation in die Zukunft hinein der Zeitfaktor von Bedeutung ist – und dies in doppelter Hinsicht: Einmal erscheint es bedeutsam, ob dieser Trend schon weit in der Vergangenheit zurückliegend begonnen hat, ob er also zur Jetztzeit schon voll etabliert und „ausgereift" ist – mit anderen Worten: ob bezüglich dieses Trends bereits Lernerfahrungen vorliegen, oder ob er sich gerade erst aufbaut und noch unstetig ist, man also seinen „Steigungs"- bzw. „Variationsfaktor" bisher noch nicht sicher berechnen kann. Dieser Variationsfaktor kann im übrigen sehr unterschiedliche Formen annehmen und muß trotzdem keine „beliebige" und unstetige Größe sein: So kann die bisherige Entwicklung einen unilinearen oder kurvilinearen Verlauf ausweisen, mit progressiven, degressiven oder proportionalen Zuwächsen, oder mit einem mehr oder minder konstanten „Oszillationsfaktor" um eine feste Achse (vgl. z. B. die Kondratjeffschen oder andere Konjunkturzyklen in den Wirtschaftswissenschaften). Alle diese Faktortypen liefern eine Grundlage zur mathematisch/statistischen Extrapolation in die Zukunft unter der „ceteris paribus-Bedingung", und wenn der Trend, wie gesagt, schon lange genug zu beobachten gewesen war. Andererseits vermittelt natürlich das „Alter" eines Trends auch keine garantierte Sicherheit des Schlusses auf die Zukunft: In manchen Fällen kann dies auch ein Kriterium für die „Ermüdung" dieser Entwicklung sein und dafür, daß dieser Trend „ausläuft" und zu Ende geht.

Zum zweiten ist der Zeitfaktor auch in die Zukunft hinein von Bedeutung: So ist die Qualität der Extrapolation sicher eine andere, ob man kurz-, mittel- oder langfristige Prognosen unternimmt. Die Definition dieser Fristigkeiten einschließlich solcher „qualitativen Umschlagspunkte" ist allerdings bereichsspezifisch verschieden. So war es etwa bis vor einiger Zeit im

Rahmen der Wirtschaftswissenschaften bei der Bestimmung von Konjunkturzyklen üblich, etwa bis zu 3 Jahren noch als kurzfristig, 5 bis 7 Jahre schon als mittelfristig und einen über Zehnjahresabstand schon als langfristig einzustufen. Es ist offensichtlich, daß z. B. für so lange angesetzte Trends wie den der demographischen Entwicklung ganz andere Fristigkeiten angesetzt werden müssen: Hier kann und wird man in den Größenordnungen verschiedener Generationen denken, wobei jede mit etwa 25 bis 30 Jahren angesetzt werden kann. Eines dürfte an diesen Beispielen deutlich werden: Der Unsicherheitsfaktor nimmt in die Zukunft hinein gesehen in jedem Falle zu, wenngleich auch unterschiedlich „progressiv", und in dem einen Falle kontinuierlicher, im anderen stufenweise und sprunghaft.

Schließlich ist auch zu sehen, daß die ausschnittsweise Extrapolation einzelner Entwicklungen insofern irreführend sein kann, als häufig bestimmte sozialwissenschaftlich relevante Trends sich als „Resultante" aus einer Vielzahl z. T. durchaus zueinander gegenläufiger Entwicklungen ergeben. Um dies an einem Beispiel zu verdeutlichen: Der Trend der Bevölkerungsentwicklung für die Wohnbevölkerung der Bundesrepublik Deutschland stagniert und ist wahrscheinlich längerfristig rückläufig. In diese Entwicklung gehen offensichtlich die folgenden – z. T. konträr gerichteten – Einzelentwicklungen ein:

(1) Die Motivation zu einer bestimmten Kinderzahl hat sich sukzessive verändert.
(2) Der Zustrom von Flüchtlingen und Aussiedlern aus den Ostgebieten ist seit den 60er Jahren zurückgegangen.
(3) Wenn die typischerweise kinderreichen Gastarbeiter nicht miteingerechnet werden, ist die Tendenz des negativen Trends noch drastischer.
(4) Die Säuglingssterblichkeit konnte nicht in dem Maße verringert werden, wie die Alterssterblichkeit hinausgeschoben werden konnte, also die Lebenserwartung zunahm.
(5) Die Erleichterung der legalen Abtreibung hat zu einem Teil dazu geführt, daß weniger Kinder ausgetragen und geboren werden.

(6) Die Methoden der Empfängnisverhütung sind in dem letzten Jahrzehnt problemloser und medizinisch sicherer geworden, so daß die geborenen Kinder ausschließlicher als früher nur „Wunschkinder“ sind.

(7) Jeder Steuerzahler bekommt für jedes Kind Kindergeld; diese Zahlungen wurden in letzter Zeit erhöht.

(8) Nach dem Wiederaufbau der Bundesrepublik Deutschland steht wieder mehr Wohnraum zur Verfügung.

(9) Im sozialen Wohnungsbau wurden und werden finanziell schwachen Familien preisgünstige Wohnungen angeboten.

(10) Eine höhere Kinderzahl schlägt quantitativ eher bei den unteren Bevölkerungsschichten zu Buch. In dem Maße, wie bei hochentwickelten Industriegesellschaften tendenziell Mittelschichts-Lagen zunehmen und Unterschichts-Lagen abnehmen, werden auch verstärkt mittelständische Wertorientierungen dominant.

(11) Einstellungsmäßige Umweltfaktoren wie generelle Kinderfreundlichkeit oder -feindlichkeit schlagen zu Buch.

(12) In dem Maße, wie die Rolle der berufstätigen Frau als attraktive Alternative zur Rolle von Hausfrau und Mutter bewertet wird, ändert sich die Einstellung zur Kinderzahl, wenn nicht sogar zum Reproduktionsverhalten als solchem.

(13) In Wohlstandsgesellschaften ist „Luxusdenken“ typischer geworden, was zu einer Orientierung analog dem “deferred gratification pattern” konträr ist, wie es wiederum für das Aufziehen von Kindern notwendig wäre.

Dieses eine Beispiel mag genügen, um die Komplexität und partielle Widersprüchlichkeit vieler sozialer Trends aufzuzeigen und die Problematik „naiver Trendextrapolationen“ zu verdeutlichen. Auch ist festzuhalten: Das Kaleidoskop der für den weiteren Verlauf bestimmter Trends relevanten *Bedingungen* ändert sich ständig, so daß der von uns postulierte „Bedingungsansatz“ zur Ermittlung von Tendenzen (vgl. Kap. 1.3) auch die Möglichkeiten und Grenzen der Trend-Extrapolation umreißt. Die Existenz „stabiler Trends“ ist offensichtlich die Ausnahme.

Diese Problematik, zukünftige Entwicklungen mit Hilfe traditionell/statistischer Verfahren wie Trend-Extrapolationen anzugehen, wurde seit längerem von Sozialwissenschaftlern erkannt (vgl. u. a. W. S. Ogburn, 1964; A. Kühn, 1970; R. L. Henshel, 1971; Kutsch, 1974). Auch war offensichtlich, daß die Technik der Trend-Extrapolation im Falle unseres „Typs 3“, des Falles, wo Entwicklungen noch keine „Vergangenheit“ haben, sondern sich erst in der Zukunft manifestieren, nicht anwendbar war. Etliche Analytiker gingen daher dazu über, im Sinne der oben angeführten Definition den Anteil an „rationaler Phantasie“ gegenüber den konservativ/exakten Vorgehensweisen zu vergrößern, zumal Techniken für den nicht oder nur schlecht quantifizierbaren Bereich entwickelt werden mußten. In diesem Sinne haben sich etwa Autoren versucht wie Bertrand de Jouvenel (1967), W. E. Moore (1966), Dennis Gabor (1963) und vor allem Kahn und Wiener (u. a. 1968) – letztere mit der vielleicht spektakulärsten Konzeptionen im Rahmen solcher Techniken, dem „szenario writing“. Der bedeutsame Unterschied gegenüber „traditionellen“ Versuchen der Trend-Extrapolation liegt darin begründet, daß sich die Analytiker nicht mehr auf *einen* Trend festlegen. Vielmehr werden verschiedene alternative Ausgangskonstellationen fixiert; „pro Konstellation“ werden alternative Konsequenzen und Wandlungsprozesse formuliert (analog Alternativplänen durch Generalstäbe), und zwar als „Drehbuch“ möglicher zukünftiger Entwicklungen von prinzipiell gleicher Wahrscheinlichkeit – eben auf der Ausgangslage solcher jeweiliger Konstellationen. Diese Form von Alternativprognosen vermeidet nun sicher die Probleme einer eng festgelegten Trend-Extrapolation bzw. erscheint adäquat für die Bereiche, in denen kein Datenmaterial für Trend-Extrapolationen vorliegt; andererseits sind hierbei kaum Angaben über die Wahrscheinlichkeiten möglich, daß „szenario 1“ mit höherer Sicherheit eintritt als „szenario 2“ oder „szenario 3“.

Um unter anderem diese Frage besser beantworten zu können, wurde unter dem Namen „Delphi-Methode“ von Norman Dalkey und Olaf Helmer eine neue Technik entwickelt: Hierbei werden Experten in mehreren Wellen über ihre Einschätzung der Situation befragt; in jede jeweils neue Befragungsrunde werden die Informationen aus der davorliegenden Stufe eingegeben, so daß sich die Diskussion immer mehr auf die verbleibenden kontroversen Aspekte konzentriert (vgl. hierzu B. Kohler/R. Nagel, 1968, S. 30 ff.). Diesen und weiteren Methoden ist jedoch eines gemeinsam: Sie sind versuchsweise Ansätze, das Datendefizit in der Zukunft zu überspielen, indem etwa Erfahrungen über bisherige Gesetzmäßigkeiten ähnlicher Verläufe zu Rate gezogen werden und/oder Expertenwissen und/oder wahrscheinlichkeitstheoretische Überlegungen und/oder Imagination, Intuition und „rationale Phantasie" – und selbstverständlich auch Kombinationen dieser Alternativen.

Gerade mit Hinblick auf solche „unorthodoxen" Wege wurde die Frage nach deren Theoriebezug laut. So wurde zunehmend die Frage diskutiert, wie solche „theoriefreien" Prognosen im Vergleich zu „theoriegebundenen", exakt aus bisherigem Wissen abgeleiteten Prognosen zu bewerten seien. Popper (1965, S. 117) unterscheidet in diesem Sinne „unbedingte Prognosen" (im Sinne solcher Zukunftsvisionen auf der Basis rationaler Phantasie) von den „bedingten", aus Theorien abgeleiteten Prognosen. Die Meinungen hierzu sind kontrovers (vgl. Galtung, 1967; Harder, 1959; Popper, 1965; Herz, 1971; Radnitzki-Törnebohm, 1971), und die Diskussion hat sich noch keineswegs in der einen oder anderen Richtung abgeklärt. Jedoch scheint sich jede Prognose mit wachsender Entfernung von erklärungskräftigen Theorien in bloße „Prophetie" zu verwandeln, auch wenn sie manchmal das aktuelle Handeln zu stimulieren vermag.

3.2. *Tendenzen künftiger Entwicklung*

Das akademische Interesse an der Erforschung zukünftiger Zustände ist in der Nachkriegszeit stark gestiegen und hat – wie bereits erwähnt – zur Etablierung eigener Spezialbereiche geführt. Wie wir aufzeigen konnten, wurde im Rahmen solcher systematischen Bemühungen viel Aufmerksamkeit darauf verwandt, adäquate Techniken zur Erfassung von « futuribles » (Bertrand de Jouvenel), von „möglichen Zukünften" zu entwickeln.

Welcher Art nun sind die Tendenzen, die aufgrund solcher Prognosetechniken erwartet bzw. „erkannt" wurden? Der Schwerpunkt der bislang erarbeiteten Tendenzen liegt ganz eindeutig bei makrosoziologischen Themen. Hier handelt es sich etwa um Beiträge, die im Rahmen modernisierungstheoretischer Überlegungen erarbeitet wurden (vgl. Kap. 4.2), aber auch um allgemein/politologische Beiträge, die etwa Veränderungen der strategischen Macht- und Marktpositionen in der internationalen Konstellation diskutieren: So ist beispielsweise eine wichtige These, daß die politische Bipolarität der Systeme zunehmend durch ein Konzept der Multipolarität ersetzt wird (Waltz, 1964; Hahnrieder, 1965; Rosencrance, 1966). Ein anderes Thema ist die Frage einer möglichen Konvergenz zwischen Gesellschaften ansonsten unterschiedlicher Ausrichtung (vgl. Kap. 1.3 sowie 3.3), wobei man heute dazu neigt, bereichsspezifisch (politisch, wirtschaftlich usw.) zu argumentieren und pauschale Urteile zu vermeiden. Divergenzen werden vor allem darin gesehen, daß die Kluft zwischen armen und reichen Ländern zusehends größer wird. So konstatiert Jochimsen: „An die Stelle des Ost-West-Konflikts und neben ihn tritt zunehmend ein Nord-Süd-Konflikt" (1969, S. 98). Ähnlich bedeutsam sieht auch Herman Kahn diese neue „Front" (1972), die schon Ragnar Nurkse als „Teufelskreis" einstufte: die Kluft zwischen „arm" und „reich" werde schon durch die wachsende Diskrepanz zwischen zunehmend attraktiven Konsumzielen und geringerer Sparneigung in „unterentwickelten" Ländern zwangsläufig immer größer.

Bei diesen Darstellungen gehen häufig vorzugsweise politische und wirtschaftliche Perspektiven ineinander über, die aber allesamt auf die großen Spannungslinien abstellen, die für die Zukunft zu erwarten oder zu befürchten sind: Als solche werden mit Vorrang thematisiert die Front zwischen den kapitalistischen und sozialistischen Ländern, diejenige zwischen den armen und reichen Ländern, sowie diejenige zwischen den verschiedenen Rassen und großen ethnischen Volksgruppen – um nur einige der großen „cleavages" zu nennen.

Im Rahmen theoretischer Grundkonzeptionen und -modelle wurden bislang für die Zukunft generelle „Tendenzen" beschrieben, die seitdem weitgehend die Diskussion bestimmt haben: So stellt etwa Fourastié (1963) für die Zukunft der hochentwickelten Gesellschaften fest, daß diese nach den Phasen der Dominanz des primären (landwirtschaftlichen) und des sekundären (industriellen) Sektors zur Dominanz des tertiären (Dienstleistungssektors) hin sich fortentwickeln werden.

Rostow (1971) formuliert in der Weiterentwicklung seines Stufenmodells gesellschaftlicher Entwicklung in einer sechsten Phase die zukünftige Tendenz und generelle Orientierung aller hochentwickelten „reifen" Gesellschaften unter dem Schlagwort „Suche nach Lebensqualität". Diese Neuorientierung bewertet er sehr generell; er sieht in ihr "the first major discontinuity since take-off" (S. 253). Andere Autoren sprechen davon, daß sich eine „postkapitalistische", „postindustrielle" Gesellschaft entwickeln werde (z. B. D. Bell, 1975; Kahn/Wiener, 1971; Riesman, 1966; Merelman, 1975; neuerdings: Kern, 1976). Wieder andere Autoren meinen dagegen, daß die Unterscheidung zwischen einer „industriellen Gesellschaft" einerseits und einer „nachindustriellen Gesellschaft" andererseits nicht gerechtfertigt sei, „da die ‚nachindustriellen' Konstellationen ja offensichtlich auch weiterhin von einem sie tragenden industriellen System abhängig sind" (vgl. P. L. Berger, B. Berger u. H. Kellner, 1973, S. 93). Parsons (1972) ist sogar der Meinung, daß diese Schwelle des Übergangs zu einer „postmodernen Gesellschaft" noch keineswegs erreicht oder auch nur in Sicht ist, so daß es entschieden zu früh sei, Aussagen über eine solche „postmoderne Gesellschaft" zu machen.

Die konkreten Tendenzen in der Entwicklung heutiger Gesellschaften werden sehr kontrastreich beschrieben: Die optimistischen Prognosen eines Herman Kahn und die pessimistischen

Ausblicke der MIT-Studie (Club of Rome; vgl. Meadows, 1972 und Mesarovic/Pestel, 1974) umschreiben gegensätzliche Positionen: das Schlaraffenland einer Überflußgesellschaft auf der einen, das „Nullwachstum“ – bedingt vor allem durch die uneingeschränkte Nutzung von Rohstoffen und wachsende Umweltprobleme – auf der anderen Seite (vgl. kritisch zur MIT-Studie: W. L. Oltmans, 1974). Den neuralgischen Punkt solcher und ähnlicher Weltmodelle berührten wir schon: Er scheint darin zu liegen, daß sie auf dem *Bedingungsgefüge der Jetztzeit* gründen und Gefahr laufen, daß eine Änderung der Randbedingungen (vgl. Abb. 6) die Prämissen des Modells zunichte macht und den weiteren Verlauf kaleidoskopartig umstrukturiert. In den vorliegenden Studien vermischen sich daher Prognose und Spekulation, aber ihr faktischer Einfluß auf die künftige politische Gestaltung (z. B. im Energiebereich) mag durchaus groß genug sein, um die künftige Entwicklung in „erwünschtere“ Bahnen zu lenken.

3.3. Planung künftiger Entwicklung

Die fatalistische Einstellung früherer Jahrhunderte in bezug auf die Zukunft, die „im Dunkeln liegt“, hat mehr und mehr einer veränderten Einstellung Platz gemacht: In dem Maße, wie Techniken der Vorschau entwickelt und Tendenzen künftiger Entwicklungen systematisch zu prognostizieren versucht wurden, entwickelten sich auch Bestrebungen, zukünftige Zustände nicht nur zu wünschen – das gab es immer schon –, sondern auf wissenschaftlich abgesicherter Basis auch zu planen. Gerade in bezug auf die „entwickelten Gesellschaften“ stellt W. E. Moore fest (1967, S. 158/9): „Daß man auf das Lösen von Problemen eingestellt ist und daß man den absichtlich herbeigeführten Wandel bejaht, ist ein recht allgemeines Kennzeichen der vollindustrialisierten Gesellschaften ...“ (vgl. hierzu auch Kohn/Latzelsberger, 1977, zum Gutachten der Kommission für wirtschaftlichen und sozialen Wandel).

Während Planung zur „Jetzt-Zeit" rationales Handeln im Rahmen einer Mittel-Zweck-Relation beinhaltet, wobei die Wahlalternativen meistenteils bekannt sind oder im Prinzip bekannt sein können, ist gerade dies bei der Planung zukünftiger Entwicklung meist nur unzureichend gegeben. Wenngleich auch häufig die direkt angesprochenen Einzelaspekte abschätzbar erscheinen mögen, so ist dies bei den Rahmenbedingungen kaum der Fall, welche sehr wohl wieder auf den eigentlich geplanten Tatbestand einwirken.

Unter diesen Umständen kann Planung somit nicht mehr allein in Dimensionen von Wahlverhalten und Entscheidungslogik begriffen werden und adäquat vonstatten gehen; hier sind mehr und mehr Aspekte einer „Erfindungslogik" einzubeziehen – zunehmend in dem Maße, wie die Planung in die Zukunft hineinreicht (vgl. G. L. S. Shakle, 1961). Und dies läßt uns wieder auf die obenerwähnten Techniken zurückkommen: Genauso, wie z. B. die „Delphi-Methode", das "brainstorming", das „szenario-writing" oder eine der anderen benannten Methoden als Techniken der Erforschung von zukünftig wahrscheinlichen Zuständen entwickelt wurden, genauso können sie – ungeachtet ihrer Problematik und Fragwürdigkeit im einzelnen – auch zur Planung von Zukunftsentwürfen eingesetzt werden.

Dabei stellen sich einige grundsätzliche Fragen:

(1) Wer plant?
(2) Wessen und welche Aspekte der Zukunft werden geplant?
(3) Wer plant welche Zukunftsbereiche?
(4) Wieweit in die Zukunft hinein reicht die Planung?
(5) Welche Möglichkeiten zur Durchsetzung ihrer Intentionen haben die Planenden?
(6) Zu welchem Grade ist gesichert, daß die „ceteris-paribus"-Kondition für den durch die Planung überbrückten Zeitraum gilt, daß sich also die Rahmenbedingungen der Planung nicht ändern?
(7) Gibt es Erfahrungswerte über im Prinzip ähnlich dimensio-

nierte Planungen, über ähnliche Zeiträume hinweg, die in der Vergangenheit vorgenommen wurden?

(8) Wie wirkt sich Planung als solche auf das „Eintreffen" der jeweils beabsichtigten Wirkung aus?

Es ist offensichtlich ein Unterschied, ob die Zukunft z. B. einer Gemeinde von alteingesessenen Bürgern geplant wird oder von „Zugezogenen", von Bürgerinitiativen oder vom Bürgermeister und den herrschenden Parteien und Führungsgruppen. Ferner ist es sicher ein Unterschied, wie weit in die Zukunft hinein zu planen ist – wobei die „Gefahr" sich häufig exponentiell erhöht, daß die relevanten Rahmenbedingungen sich ändern.

Um dies an einem Beispiel zu illustrieren: Die Rentenversicherung ist in der Bundesrepublik Deutschland in der Weise konzipiert, daß jeweils der arbeitende Teil der Bevölkerung die Beträge für diejenigen aufbringt, die aus dem Arbeitsleben ausgeschieden sind. Nun werden sich die Rahmenbedingungen in den nächsten – sagen wir, drei bis fünf Jahren – nicht grundsätzlich ändern, und das geplante Konzept kann vermutlich so lange in der alten Form noch beibehalten werden. In der weiteren Zukunft werden jedoch folgende Änderungen in den Rahmenbedingungen wahrscheinlicher, die dazu führen können, daß das ganze Konzept zu überdenken ist und die diesbezügliche Planung anders zu erfolgen hat:

(1) Die Arbeitslosenquote wird nur schwer unter 1 Million zu senken sein – und zeigt vielleicht sogar steigende Tendenz.
(2) Die Ansprüche auf Rentenerhöhung kommen „automatisch" und „regelmäßig".
(3) Die Sozialbeiträge der arbeitenden Bevölkerung können nicht in dem Maße erhöht werden, wie die Erwartungen auf Rentenerhöhungen steigen.
(4) Die Lebenserwartung alter Menschen nimmt zu.
(5) Aufgrund der geringeren Geburtenzahlen wachsen der Arbeitswelt zahlenmäßig geringere Alterskohorten zu, als andererseits Personen ausscheiden und in das Rentnerdasein überwechseln.

Insofern also kann die größere Zeitspanne eine Kumulation von Trends bedeuten, die, jeder für sich genommen, handhabbar bzw. kalkulierbar erscheint, die jedoch durch diese Kumulation ein grundsätzliches Überdenken der bisherigen Planung notwendig machen können.

Schließlich ist auch die „Verfügbarkeit" über die in die Planung einzubeziehenden Faktoren von Bedeutung: Ein Beamter etwa kennt seine Einkünfte und kann auf dieser Basis mit relativ guter Sicherheit sein weiteres Konsumverhalten planen. Ein Spitzenpolitiker kann zwar planen, seinen Teil dazu beizutragen, daß das internationale Wettrüsten eingedämmt wird, aber er muß die vielfältigsten rationalen und irrationalen „Gegenkräfte" in Rechnung stellen, sowohl auf der Seite der „Gegner" wie u. U. sogar auf seiten der „Falken" im eigenen Lager, worauf er nur begrenzt oder gar keinen Einfluß hat.

Um die offensichtlich große Vielfalt der denkbaren Planungsdimensionen besser in den Griff zu bekommen und die damit jeweils verbundene unterschiedlich große Unsicherheitsmarge einzugrenzen, konkretisiert F. H. Tenbruck (1972, S. 145) den Begriff der Planung für sozialwissenschaftliche Themenstellung wie folgt:

Unter Planung seien hier ausdrückliche und begründete Festlegungen von Zielen und zugehörigen Mitteln verstanden, welche das zukünftige Verhalten eines angebbaren Personenkreises im Sinne optimaler Zielerreichung vorgreifend, ausdrücklich und effektiv regeln und koordinieren wollen. Die Träger von Planungen müssen also über das für die Zielerreichung erhebliche Verhalten bestimmter Personen, wie auch gegebenenfalls erforderliche Sachmittel disponieren können.

In dieser Definition stecken schon einige Einschränkungen: Hier wird nur von dem zukünftigen Verhalten eines Personenkreises gesprochen; auch engt Tenbruck Planung so ein, daß nur *die* Fälle einbezogen werden, in denen Durchsetzungsmacht involviert ist. In Negativabgrenzung bedeutet dies auch, daß nicht zukünftige „Zustände" im allgemeinsten Sinne angesprochen sind (etwa: „menschenwürdigere Lebensbedingungen"), sondern eben nur Verhalten; es bedeutet, daß nicht so sehr die Individualplanung des einzelnen Menschen etwa im Sinne seiner Berufskarriere oder seines Konsumverhaltens zur Debatte steht, sondern vielmehr, daß eine Minimalaggregation von relevanten Individuen („angebbarer Personenkreis") angesprochen ist; und es bedeutet schließlich, daß Tenbruck nicht Fälle „ohnmächtiger Planung" im Sinne hat, wo Menschen zwar ihre Zukunft planen, wo sie aber in keiner Weise die nötigen Durchsetzungsmöglichkeiten haben („Disposition über das relevante Verhalten und die erforderlichen Sachmittel"). Endlich klingt hier auch eine Tendenz zur Professionalisierung und Arbeitsteiligkeit an: Besondere Zielgrößen sind die Gruppen von Personen, die als „Träger von Planungen" für andere, „angebbare Personenkreise" Planungen entwerfen und die sie dann auch durchsetzen, also eben höchst offizielle und hauptamtliche Planer. Der Typ von Planung, der hier angesprochen ist, läßt sich also etwa mit der Arbeit von Planungsstäben einer Regierung identifizieren, wenn größere Einheiten angesprochen werden sollen, oder im kleineren Maßstab etwa mit der Arbeit von Planungsgruppen innerhalb eines Großbetriebes für die Koordination der Belegschaft.

Je rigider also ein solches Konzept von Planung ausfällt, desto mehr erscheint hier der Zufall ausgeschlossen, oder das, was bei einem uneingeschränkten Gebrauch des Wortes Planung noch mitgedacht wird: daß nämlich Planung auch fehlschlagen kann. So sieht dies jedoch nur auf den ersten Blick aus. Auf den zweiten Blick wird deutlich, daß auch „professionelle Planungsstäbe" unterschiedliche Bereiche nur unterschiedlich gut in den Griff bekommen – solche, bei denen Planung und Kontrolle nicht in dieser engen Verbindung vorliegen. So besteht z. B. nach Tenbruck

... Grund für die Annahme, daß in gewissen Bereichen Entwicklungen prinzipiell unvorhersehbar sind. Das gilt vorzüglich für das Feld der Werte und Ideen. Zu jeder gegebenen Situation äußerer Lebensumstände und gesellschaftlicher Bedingungen ist eine prinzipiell unbegrenzte und deshalb unvorhersehbare Zahl von Wert- und Ideensystemen möglich, die als funktionale Äquivalente der Situation gleichermaßen genügen, durch ihre unterschiedlichen konkreten Inhalte jedoch verschiedene

Bewertungen der Situation und verschiedene geschichtliche Kräfte darstellen. (1972, S. 153/4)

Auch ist zu sehen, daß bestehende Werthaltungen planenden Eingriffen entgegenstehen können, so daß soziale Veränderungen am leichtesten dann durchsetzbar sein dürften, wenn sie mit diesen Orientierungen kompatibel sind – oder, in psychologischer Sprache: wenn sie im Rahmen der kognitiven Konsistenz verbleiben.

Gerade wenn wir „Planung“ im Tenbruckschen Sinne nur auf Verhalten und menschliches Handeln beziehen, so ist u. E. eine weitere Einschränkung bedeutsam: Ganz offensichtlich ist der Typ von Handeln, der sich als rational-planender bezeichnen läßt, nur einer unter mehreren; so gibt es auch affektives, emotionales, expressives, gewohnheitsmäßiges und habituelles Handeln; letzteres nimmt wahrscheinlich rein quantitativ den größten Teil der Aktivitäten im Alltagsleben ein: Unreflektierte Gewohnheiten als funktionale Äquivalente von Instinkten sind häufig geradezu als Voraussetzung für einen reibungslosen Ablauf von Handlungen und für das Zusammenleben von Menschen aufzufassen. Somit erscheint uns Tenbrucks Abgrenzung zwar verständlich in dem Wunsch, Eindeutigkeit zu erzeugen und die Sicherheit der Realisierung von Planungen zu erhöhen; andererseits wird hierdurch u. E. ein Großteil von Planungsalternativen ausgeblendet, die sehr wohl sozialwissenschaftlich relevant bleiben.

Hinzu kommt ein weiteres: Planung und ihre Realisation geschieht nicht im „luftleeren Raum“. So besteht ein wesentliches Problem der Prognose und Planung künftiger Entwicklung u. a. darin, daß allein schon durch die Tatsache, daß planend über bestimmte Bereiche nachgedacht wird, sich deren Szenerie verändert – und dies häufig auch in Fällen, in denen noch kein konkreter Entschluß gefaßt wurde. Solche Effekte mögen sich im Sinne einer "self-fulfilling-prophecy" oder einer "self-defeating-prophecy" auswirken.

Ferner kann es sein, daß bestimmte Planungen unerwartete bzw. nicht kalkulierte Nebenwirkungen haben, die *so* bewußt und direkt nicht geplant worden waren. So untersucht man etwa im Rahmen der Organisationssoziologie die nicht-intendierten Folgen zielgerichteter Handlungen. Diese unbeabsichtigten Konsequenzen entstehen nicht allein deshalb, weil soziale Zielvorstellungen häufig nur diffus formuliert werden oder oft einen gewissen „Leerformel"-Charakter aufweisen („eine bessere Zukunft"; ein „menschenwürdigeres Dasein"; „mehr Demokratie"; „mehr Freiheit" usw.), sondern auch darum, weil Wirkungen multivalent sind, für einige Bevölkerungsgruppen vorteilhaft, für andere negativ sein können und weil im Zeitablauf die „negativen" Begleitfolgen die beabsichtigten „positiven" Wirkungen bei weitem überwuchern können.

Das Ausmaß der Planung und die Einschätzung der Planbarkeit gesellschaftlicher, insbesondere auch wirtschaftlicher Verhältnisse wird in starkem Maße ideologisch gefärbt. Während man in planwirtschaftlichen Gesellschaftssystemen mit unterschiedlichem Erfolg versucht, langfristige Strukturpläne zu erstellen und auch Details dem starren Reglement zu unterwerfen, verläßt man sich in verkehrs- oder marktwirtschaftlichen Organisationssystemen mehr auf die – hier möglicherweise umgekehrt überschätzten – selbstregulierenden Kräfte, deren Wirksamkeit eine wie immer auch geartete Gleichgewichtsvorstellung zugrunde liegt. Die Frage, welchem Regelungstyp die Zukunft gehört, läßt sich wohl nicht undifferenziert beantworten, ohne die jeweils vorliegende sozial-strukturelle und motivationale Infrastruktur zu kennen. Immerhin läßt sich auch hier eine gewisse Tendenz zur Konvergenz beobachten, indem in beiden Gesellschaftstypen Elemente der jeweils anderen einwandern und zunehmend als „systemverträglich" angesehen werden. Eines jedenfalls zeichnet sich ab: Geplanter sozialer Wandel ist heute in jedem Gesellschaftstyp mehr oder weniger stark organisiert und institutionalisiert (vgl. W. E. Moore, 1971, S. 182 f.), auch wenn der Grad der Zentralisierung solcher Planungsinstanzen aus ideologischen und/oder rationalen Gründen jeweils unterschiedlich ausfallen mag.

4. THEORIEN SOZIALEN WANDELS

4.1. *Funktionalismus und Neo-Evolutionismus*

4.1.0. Vorbemerkung

Die funktionalistische Version des Neo-Evolutionismus kann heute als eine der Hauptströmungen bei der theoretischen Diskussion des sozialen Wandels gelten. Ihre Hauptvertreter sind Parsons, Smelser, Eisenstadt und – mit Einschränkungen – W. B. Moore sowie – mit deutlicher Akzentverlagerung – Niklas Luhmann. Die geistigen Wurzeln dieser Richtung lassen sich unschwer von Durkheim über die amerikanische "cultural anthropology" (Malinowski, Radcliffe-Brown) bis hin zu Parsons, Merton und Levy verfolgen. Die strukturell-funktionale Theorie hat seit ihren ersten Formulierungen in den vierziger und fünfziger Jahren (vgl. insbesondere Parsons, 1951) eine Reihe von Metamorphosen durchgemacht (vgl. insbesondere Merton, [3]1968), deren wichtigste in unserem Zusammenhang darin zu sehen ist, daß Parsons sich in den sechziger Jahren zum Fürsprecher eines „post-linearen Sozialevolutionismus" gemacht hat (vgl. die der folgenden Diskussion zugrundeliegenden Arbeiten von Parsons, 1960; 1961 a; 1961 b; 1964; 1966; 1971), wobei er – in nicht ganz einsichtiger Weise – seine Rückkehr zu "Weberian as distinct from Durkheimian interests" betont, weil angeblich Weber bereits den Weg des post-linearen Evolutionismus beschritten habe (Parsons, 1966).

Wir betrachten im folgenden zunächst das funktionalistische Paradigma, erörtern sodann die wichtigsten kritischen Punkte hinsichtlich der Erklärungsleistung solcher Ansätze und diskutieren schließlich, inwieweit die strukturell-funktionale Theorie zur Erklärung sozialen Wandels beitragen kann.

In erster Annäherung läßt sich das funktionalistische Konzept in der folgenden Weise beschreiben: Man untersuche den *Beitrag*, den ein soziales Element zum Gelingen des Ganzen stiftet und habe damit den Schlüssel zur Einsicht in die Existenz dieses Elements in der Hand. Die strukturell-funktionale Theorie befaßt sich also im wesentlichen mit den Funktionen struktureller Elemente innerhalb sozialer Systeme. Nun gibt es über die Struktur sozialer Systeme ähnlich divergente Auffassungen wie über den Funktionsbegriff selbst. Es besteht bisher weder eine präzise und übereinstimmend akzeptierte Definition des funktionalistischen Begriffs „soziales System", noch gibt es über die Formulierung der vier Problemlösungsbereiche ("adaptation", "goal attainment", "integration", "pattern maintenance") hinaus explizit formulierte Hypothesen über „funktionale Imperative" oder „funktionale Erfordernisse". Weder gibt es genauen Aufschluß über den Stellenwert und die Kompensationsfähigkeit sogenannter „Mechanismen", die unabhängig vom menschlichen Willen die funktionsnotwendigen Elemente hervorbringen, noch gibt es eindeutige Hypothesen zum Konzept des „Überlebens" sozialer Systeme oder deren Einheiten (vgl. zur Kritik dieser Begrifflichkeiten: Carlsson, 1965; Zetterberg, 1962; Nagel, 1956). Die Unklarheit zentraler Begriffe des Funktionalismus erschwert die logische Einordnung und Bewertung seiner Aussagen ganz außerordentlich.

Nagel betont (1956), daß die funktionalistische Analyse nur bei der Untersuchung zielgerichteter Systeme angewendet werden kann, die zur *Selbstregulierung* neigen. Nagels Analyse der Struktur funktionalistischer Aussagen ist für uns von zentraler Wichtigkeit, weil sie einen Schlüssel zum Verständnis jener Überlegungen bietet, die im Rahmen der funktionalistischen Theorie sozialen Wandel zumindest logisch möglich machen. Nagels Modell stellt eine Formalisierung einer biologischen Theorie dar, da die Merkmale funktionalistischer Aussagen der Biologie der *logischen* Struktur ihrer Aussagen nach auf den Funktionalismus der Soziologie gleichermaßen zutrifft. Danach besteht ein funktionales (auch selbstregulierendes) System (S) aus zwei Arten von Variablen:

(1) unabhängige Variablen: "goal states" (G)

(2) abhängige Variablen: "state variables" (A, B, C)

(G) ist ein Merkmal des Systems, das konstant ist oder das aufrechterhalten werden soll. Die Zustandsvariablen A, B, C ... können nun innerhalb gewisser empirischer Grenzen variieren. Werden die "safe-limits", d. h. bestimmte Sicherheitsgrenzen für (G) überschritten, so wird die Variation einer oder mehrerer

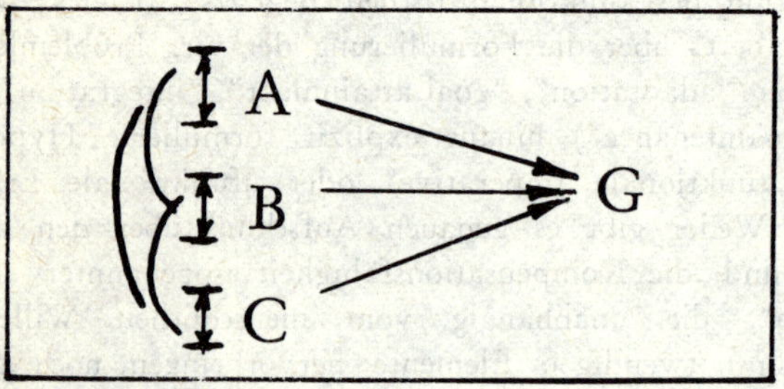

Abb. 8. Variation von Zustandsvariablen

Zustandsvariablen durch eine kompensierende Veränderung (oder Anpassung) anderer "state variables" ausgeglichen. Das funktionale System (S) besitzt also gewisse „Mechanismen", die die Variation der Zustandsvariablen kompensieren und zur Aufrechterhaltung von (G) beitragen. Überschreitet jedoch eine Zustandsvariable einen Extremwert, tritt keine Kompensation ein; die Konsequenz ist, daß die Beziehung zwischen den abhängigen und den unabhängigen Variablen nicht mehr besteht: (G) wird nicht wieder hergestellt.

Die Analyse Nagels zeigt, daß sich funktionalistische Aussagen mit Prozessen der beschriebenen Art in selbstregulierenden Systemen befassen, d. h. letztlich, daß sich das Anwendungsgebiet der strukturell-funktionalen Theorie auf solche Systeme bezieht, die aufgrund von Selbstregulierungsmechanismen dazu tendieren, ein bestimmtes Gleichgewicht aufrecht zu erhalten.

Hieran schließt sich dann die häufig von Soziologen vorgebrachte Kritik (vor allem Dahrendorf, 1958 u. a.), daß der Funktionalismus sozialen Wandel nicht erklären könne. Vorgeschaltet bleibt hier die Frage, ob der Funktionalismus *überhaupt* etwas erklären kann, denn es ist sicherlich unbefriedigend, daß etwas durch eine Folge seiner selbst erklärt wird (vgl. Hempel, 1959). In Nagels Formalisierung ist auch keineswegs die Frage problematisiert, wie eine Einheit A, B, C ... erklärt wird durch den Beitrag, den sie zum größeren System (S) leistet. Auch könnte man argumentieren, daß sozialer Wandel bei diesem Ansatz eigentlich unerklärt bleibt (R. Mayntz, 1969), da er durch die systemeigene Tendenz zur Selbstregulierung, d. h. als Konsequenz dieser Tendenz eingeführt wird.

Die Kritik am Funktionalismus hinsichtlich dessen Schwäche bei der Erklärung sozialen Wandels war zunächst vordergründiger. In den vierziger und fünfziger Jahren galt der Funktionalismus als Theorie der Stabilität, der man einen statischen Bias unterstellte. Zwar wurde verschiedentlich herausgestellt (z. B. Mayntz, 1961), daß es im Funktionalismus nichts logisch Zwingendes gebe, was zu einer konservativen Haltung verpflichte, jedoch zeigt die tatsächliche Forschungspraxis der meisten Funktionalisten, daß den Prozessen der Systemerhaltung und der -anpassung an vorgegebene Zustände doch unverhältnismäßig hohes Gewicht beigemessen wurde. Diese „Kopflastigkeit“ ergibt sich schon deshalb, weil durch die Konzentration auf Vorgänge, die Stabilität erzeugen, das Forschungsinteresse sich zwangsläufig auf solche Mechanismen richtet, die zur Erhaltung des status quo beitragen. Auch bleibt fraglich, ob die Einseitigkeit dieser Perspektive beseitigt werden kann, wenn der Strukturbegriff so erweitert wird, daß er auch strukturelle Widersprüchlichkeiten, Machtgegensätze und soziale Konflikte mit einbegreift. Die Lösung von Coser (1966), Konflikte in ihrer funktionalen Wirkung zu untersuchen, verhilft diesem Ansatz lediglich dazu, auch diese Konflikte dem Konzept der Systemerhaltung einzuverleiben und unterzuordnen und in ihm weiterhin den Bezugspunkt der Analyse aller sozialer Sachverhalte zu sehen. Die

„schöpferische" Rolle des Konflikts kann somit leicht als „positive Rückkoppelung" subsumiert und in das System integriert werden.

Dies ist nur ein Grund, weshalb die Kritik Dahrendorfs am Funktionalismus offensichtlich zu kurz gedacht ist (vgl. im einzelnen hierzu Drewe, 1964). Rein logisch gilt jedoch zunächst – wie Cancian (1960) im Anschluß an Nagels Explikation zeigen konnte –, daß das beschriebene Modell einer funktionalistischen Analyse durchaus die *prinzipielle* Möglichkeit impliziert, Veränderungen in sozialen Systemen zu erklären. Es wird jedoch zu zeigen sein, daß hierbei keineswegs alle Erscheinungsformen sozialen Wandels einbezogen werden können. Auch gilt einschränkend, daß funktionalistische Aussagen nur für solche Systeme gelten, die zur Selbstregulierung neigen. Da nicht bekannt ist, ob und in welchem Ausmaß Gesellschaften als zu einem Gleichgewicht hin tendierende Systeme angesehen werden können, muß auch die grundsätzliche Frage ungeklärt bleiben, wieweit die eventuelle Erklärungskraft reicht und auf welche Gesellschaften sie sich bezieht.

4.1.1. Differenzierung und Entwicklung

Der funktionalistisch „angereicherte" Evolutionismus fühlt sich als Neo-Evolutionismus keineswegs als Neuauflage des Sozialdarwinismus eines Spencer, den Parsons nach den programmatischen Worten "Spencer is dead" zumindest der Intention nach auch keineswegs wiederzubeleben versuchte. In verschiedenen Formulierungen versuchen deshalb auch die Neo-Evolutionisten sich von jener „überholten" Lehre zu distanzieren. Es handelt sich demnach – nach den Worten Eisenstadts (1964; dt. 1971, S. 75) – keineswegs um eine Rückkehr „zu den Lehrmeinungen der alten Schule, sondern um eine Revision und Neubewertung der Evolutionstheorie im Hinblick auf neue Entwicklungen der soziologischen Theorie und Forschung". Die wichtigsten Argumente für die „Überwindung" des alten Ansatzes lassen sich wie folgt zusammenfassen:

(1) Der Neo-Evolutionismus verfolgt keine substantiellen, sondern lediglich formale Analogien mit biologischen Systemen.
(2) Im Gegensatz zur organischen Entwicklung können kulturelle Formen und Inhalte per Tradition durch intergenerative und andere Kanäle verbreitet werden.
(3) Statt eines monothematisch-diffusen Ursprungs werden „multiple und variable" Ursprünge grundlegender Gesellschaftstypen angenommen.
(4) Auf jedem empirisch unterscheidbaren Entwicklungsniveau muß mit einer Vielfalt konkreter Typen und Erscheinungsformen gerechnet werden, so daß die einzelnen Differenzierungsstufen keineswegs die gleichen Institutionen aufweisen.
(5) Die Annahme wird eingeschränkt, daß die Entwicklung menschlicher Gesellschaften geradlinig verlaufe und daß die wichtigsten Stadien dieser Entwicklung universal seien.
(6) Die „Mechanismen" und Wandlungsprozesse, die den Übergang von einem Stadium zum anderen bewirken, sollten spezifiziert werden.

Die weitere Analyse wird zeigen, daß der Neo-Funktionalismus seinem Programm nicht annähernd gerecht geworden ist. Dies betrifft vor allem den Anspruch, sich von inhaltlichen Analogien zu biologischen Systemen zu lösen, und es betrifft ferner das Programm, multiple Entwicklungslinien aufzuzeigen, was zumindest für Parsons schon nicht bei der Diskussion der Ursprünge, erst recht jedoch nicht bei der Erörterung weiterer Entwicklungslinien gelten dürfte. Selbst die Unilinearität bleibt – wenn auch in verschleierter Form – in der Annahme enthalten, daß aller Wandel letztlich „gerichtet" sei: nämlich auf ein differenzierteres und anpassungsfähigeres, entfaltetes, integriertes System.

Betrachten wir diesen Aspekt der strukturellen Differenzierung etwas näher, der von den wichtigsten Neo-Evolutionisten (Parsons, Smelser, Eisenstadt) übereinstimmend als grundlegender gesellschaftlicher Entwicklungsprozeß gesehen wird. Eisenstadt (1964; dt. 1971, S. 76) merkt an, daß die älteren evolutionstheoretischen Schulen Entwicklungsstadien meist in Begriffen der Spezialisierung und der Komplexität konstruiert haben und daß ein wichtiger theoretischer Fortschritt darin zu sehen sei, daß diese Begriffe durch geeignetere ersetzt worden seien. Zwei Seiten weiter (S. 78) drückt er dann aus, was unter Differenzierung genau zu verstehen sei: „Mit dem Grad der Differenzierung eines sozialen Systems meinen wir vor allem die Arbeitsteilung." Wo bleibt also der angekündigte theoretische Fortschritt? Eisenstadt zieht die Konsequenz (S. 88) selbst: „Aber diese Begriffe (Differenzierung, Stufen etc.; d. Verf.) beschreiben weder die konkreten Resultate noch können sie sie erklären." Eben.

Im übrigen klingt schon im zweiten Eisenstadt-Zitat an, daß der Begriff der Differenzierung weniger an Spencer, sondern vielmehr an Durkheims Vorstellungen über wachsende Arbeitsteilung orientiert ist. Im Unterschied zu Durkheim betrifft hier der Begriff der Differenzierung nicht lediglich die ökonomische Sphäre und deren Aufgaben bzw. Rollen. Smelser (1968) definiert Differenzierung als Prozeß, wodurch

> one social role or organization ... differentiates into two or more roles or organizations which function more effectively in the new historical circumstances. The new social units ar structurally distinct from each other, but taken together are functionally equivalent to the original unit. (S. 141)

Es handelt sich also um "the establishment of more specialized and more autonomous units" in allen möglichen Bereichen der Religion, des Familien- und Freizeitlebens, der sozialen Schichtung, des Regierungsapparates, des Arbeitslebens, der organisationalen Gestaltung usw. Die Differenzierung betrifft nicht lediglich Institutionen, sondern auch die Struktur von Symbolen, Glaubensinhalten, Wissensgebieten etc. Entwicklung ist danach identisch mit der fortwährenden Ausdifferenzierung bestimmter Funktionen aus einer Institution mit diffuser Zwecksetzung. Einen Teilaspekt hat Smelser (1959, 1968) als Problem der Rollenanalyse behandelt, indem er Stufen der Rollendifferenzierung am Beispiel der Trennung von Familien- und Berufsrollen in der industriellen Revolution untersucht hat. Neben der Ausgliederung ganz bestimmter Aufgaben der Produktion erfolgte aus der diffusen Institution Familie auch die Ausgliederung anderer Funktionen, beispielsweise der Erziehungsaufgaben, Fürsorgefunktionen, Aufbereitungsaufgaben usw. Andere Formen der Rollendifferenzierung betreffen vor allem den organisationalen und den politischen Bereich.

Es fragt sich nun, welchen Stellenwert das Differenzierungskonzept im Rahmen der Analyse sozialen Wandels hat. Drei Verwendungsmöglichkeiten scheinen sich hier anzubieten:

(1) Differenzierung als Klassifikationsprinzip im Sinne einer Trendaussage,

(2) Differenzierung als abhängige Variable, z. B. als Konsequenz bestimmter Wandlungsvorgänge,

(3) Differenzierung als unabhängige Variable, die für bestimmte Wandlungsvorgänge kausal relevant sein soll.

Es ist höchst unklar, in welchem Sinne der Differenzierungsbegriff jeweils verwendet wird (vgl. hierzu auch die kritischen Anmerkungen von A. D. Smith, 1973). Jenseits der beschreibenden und klassifikatorischen Ebene scheint dieser Begriff in erklärendem Sinne hauptsächlich in der Weise verwendet zu werden, daß Differenzierung (hier freilich verstanden als Differenziertheit) eine notwendige Bedingung für weitere Entwicklungen ist. Dies ist freilich ein ziemlich schwaches Erklärungsmodell, denn wir erfahren hierbei lediglich, daß Differenzierung eine notwendige, aber sicherlich doch keine hinreichende Bedingung für bestimmte Fortentwicklungen ist, und wir erfahren nichts über die relative Bedeutung eben dieser anderen, möglicherweise relevanteren Faktoren.

Der neo-evolutionistische Gedanke, wonach sich Rollen, Institutionen und Werte auf einem bestimmten Niveau der Komplexität auskristallisieren, bevor der Wandel zur nächsten Stufe möglich ist, steht in engem Zusammenhang mit dem Konzept „evolutionärer Universalien“ bei Parsons, das wiederum in Beziehung zu Vorstellungen zu sehen ist, wie sie von Funktionalisten im Hinblick auf “functional (pre)requisites” (Aberle [u. a.] 1959; Levy, 1952) entwickelt worden sind. Nach Parsons

(1964) stellen solche Universalien Komplexe von Strukturen und Prozessen dar, deren Ausbildung die langfristige Anpassungskapazität von Gesellschaften derart steigert, daß nur diejenigen Systeme, die diese Komplexe entwickeln, höhere Niveaus der generellen Anpassungskapazität erreichen. Dies bedeutet z. B., daß lediglich auf fortgeschrittener Stufe struktureller Differenzierung Prozesse wie Industrialisierung oder Demokratisierung möglich werden.

Die Analyse der Differenzierung unterstellt dagegen keine empirische Symmetrie: Gleiche Linien der Entwicklung der diversen funktionalen Bereiche werden nicht postuliert. Nichtsdestoweniger wird Differenzierung als universeller Prozeß aufgefaßt, der – von einigen "temporary deviations" oder "local aberrations" (wie Krieg, Seuchen, Revolutionen) einmal abgesehen – irreversibel abläuft. Systematischer Wandel kann nach dieser Vorstellung eingeleitet werden durch den Ausgleich der unterschiedlichen Differenzierungstendenzen innerhalb der Struktur, so daß Diskontinuitäten der Entwicklung vermieden werden.

Als entscheidende Hauptziele sozialer Entwicklung werden Adaptation und Integration betont; Differenzierung erscheint hier als Mittel, die Autonomie, Effizienz und Flexibilität sozialer Strukturen zu steigern, kurzum: ihre Anpassungsfähigkeit an sich ändernde Umweltbedingungen zu erhöhen. Der zugrundeliegende Gedanke ist der, daß differenzierte Normen und Organisationsformen den Aufgaben und Orientierungen der handelnden Personen besser entsprechen als nicht spezialisierte Strukturen und Prinzipien. Damit würden sie die Freisetzung von Potentialen und Neuerungen erleichtern sowie die Teilnahme aller Personen und Gruppen an Entscheidungsprozessen ermöglichen. Differenziertere soziale Ordnungen können nach dieser Vorstellung zumindest potentiell besser mit einer komplizierteren und wechselnden Umwelt fertig werden.

Bereits ein Blick auf Spezialisierungsvorgänge im Rahmen der Biologie – in diesem Zusammenhang sei uns die direkte Analogie gestattet – zeigt indes, daß dies keineswegs „naturnotwendig" so sein muß. So findet man bei einigen Arten die Spezialisierung und Hochzüchtung als Sackgasse der Entwicklung, aus der es kein Zurück mehr in weniger spezialisierte, dafür aber anpassungsfähigere Entwicklungsformen der „zurückgebliebenen" Arten gibt. Ähnlich kann für soziale Situationen angenommen werden, daß Differenzierung per se noch nichts über bessere Anpassungskapazitäten aussagt, wie überhaupt die Anpassung an „untragbare" Situationen häufig mehr als Stagnation, Regression oder Unterwerfung bezeichnet werden muß (vgl. Hörning, 1976, S. 68). Ein spezifischer Typ solcher Regression, verbunden mit Überspezialisierung aus steigender Adaptation an physische Umweltbedingungen, ist von Geertz (1963) als "involution" bezeichnet worden. Dabei wird deutlich, daß Differenzierungsleistungen allein noch nichts über den „Erfolg" dieser Differenzierung aussagen. Die Entfaltung in Untereinheiten kann dazu führen, daß Integrationsleistungen unterbleiben – indem z. B. gemeinsame Zielorentierungen aufgegeben werden –, so daß die Aufsplitterung im Sinne einer Abkapselung durchaus dysfunktionale Folgen haben kann. Mittelalterliche Gilden sind ein traditionelles, britische Gewerkschaften ein modernes Beispiel solcher Fehldifferenzierungen. Solche „negativen Seiten" der Differenzierung wurden z. B. auch diskutiert unter dem Stichwort vom „Funktionsverlust der Familie". Differenzierung muß daher offensichtlich irgendwo einmal auch „zu Ende" sein bzw. eine „optimale Balance" gefunden haben, um nicht zu vollständiger „Entleerung" zu führen und die Ausgangsinstitution als solche in Frage zu stellen oder sie „bis zur Unkenntlichkeit" zu verändern.

Es fragt sich ferner, ob es möglich ist, für alle sozialen Institutionen und Aktivitäten eine Bewegung vom Einfachen, Unspezialisierten hin zum Komplexen, Differenzierten beizubehalten. Sorokin (1945) hat für China verschiedene „Höhen" und „Tiefen" in bezug auf die Kompliziertheit der Sozialstruktur ermittelt. Tarn und Griffith (1952) stellen ähnliches für die hellenistische Kultur fest. Scheuch und Sussman (1970) konstatieren, daß das Leben in hochindustriellen Gesellschaften in einigen Lebensbereichen wesentlich unkomplizierter ist als in sog. primitiven Gesellschaften. Obgleich die Argumentation der genannten Autoren sich mehr gegen die Komplexitätsthese richtet, dürfte sie zumindest partiell auch gegen einen als allgegenwärtig unterstellten Trend der Differenzierung sprechen. Schwierigkeiten ergeben sich hierbei vor allem im Hinblick auf die Messung der Differenzierung in verschiedenen Ebenen des sozialen Lebens und ihre Deutung als Differenzierungsprozeß. Das Differenzierungskonzept erscheint uns so vage, daß es auch in ambivalenten oder multivalenten Situationen als scheinbar präzises Orientierungsprinzip im Sinne der vorgefaßten Deutung angewendet werden kann und nicht von vorneherein widersprüchlich wird.

Als besonders anschauliches Beispiel hat in diesem Zusammenhang der bereits erwähnte historische Prozeß der *Rollendifferenzierung* gedient. Diese Differenzierungsleistungen wurden insbesondere im organisationalen und familialen Bereich herausgestellt, wo sich recht gut verfolgen ließ, wie immer mehr einstmals zusammengehörige Funktionen aufgespalten und eigenen spezialisierten Bereichen zugeschrieben wurden. Ein wichtiger Aspekt dieser Differenzierung ist die Aufspaltung der ursprünglichen Doppelfunktion von Produktion und Konsumtion im Rahmen des Haushalts. Doch läßt sich zugleich zeigen, daß Gegentendenzen auftreten. Dies gilt beispielsweise für das partielle Zurückwandern rudimentärer Produktionsaufgaben in der Form „ambivalenter" Freizeitbeschäftigungen (z. B. do-it-yourself); und dieser historische „Rückschritt" ist sicherlich in der Weise zu deuten, daß der Teil des Güterangebotes, der keine Angriffsfläche für den technischen Fortschritt und die Möglichkeiten der massenhaften Produktion bot, ins Hintertreffen geraten ist und damit in die Haushalte zurückfließen mußte (vgl. Wiswede, 1972). Hinzu kommt offensichtlich, daß im Zuge der Reduktion manueller Arbeit eine Neudefinition derselben von vielen Personen erfolgt ist, die sich nicht „die Lust am Handwerklichen" vom technischen Zeitalter wegrationalisieren lassen wollten.

Im Rahmen neuerer Entwicklungen der Rollentheorie ist gezeigt worden (vgl. Sieber, 1974; Wiswede, 1977), daß Prozesse der Rollendifferenzierung oftmals von gegenläufigen Vorgängen der Rollenakkumulierung begleitet sind oder von ihnen abgelöst werden, was besonders deutlich bei Vorgängen wie „Ämterhäufung" in bezug auf bestimmte Personen in Erscheinung tritt. Vorgänge der Konfundierung lassen sich im übrigen auch bei den Geschlechterrollen nachweisen. Beobachter dieser Szenerie stimmen meist darin überein, daß im Ausmaß der Akzeptierung des Leitbildes der „Egalität" und im Zuge bestimmter Emanzipationsideologien Tendenzen der Angleichung von Geschlechterrollen entstanden sind, die mit der globalen Differenzierungsthese jedenfalls nicht vereinbar sein dürften.

4.1.2. Reintegrierung und Gleichgewicht

Es ist bereits sichtbar geworden, daß nach funktionalistischer Vorstellung im Zuge fortschreitender Differenzierung vermehrt Integrationsleistungen erbracht werden müssen, damit segregierende Elemente auf höherem Niveau aufs neue organisiert und integriert werden. Differenzierungsvorgänge implizieren daher zunächst eine temporäre Desintegration, die durch „re-integrierende Mechanismen" wieder zum Ausgleich gebracht wird. Bei diesen zusätzlich notwendig werdenden Integrationsleistungen handelt es sich also um "re-equilibrating-processes" im Sinne von Parsons, also um Vorgänge, die das Gleichgewicht auf höherer Ebene wiederherzustellen versuchen. Dieses Konzept der Reintegration ist für die neo-evolutionistische Perspektive von Smelser (1959) entwickelt worden. Die sich daran anschließende Diskussion des Gleichgewichtskonzeptes nimmt gleichfalls starken Bezug auf ihn. Der Grundgedanke ist folgender: Wenn soziale Rollen und Normen unstimmig geworden sind, setzen Disharmonien und Störungen ein. Normen entsprechen z. B. nicht mehr einem geänderten Wertverständnis oder sie genügen nicht mehr bestimmten aktuellen Anforderungen. Rollen mögen mit alten Traditionen belastet sein oder sie implizieren bestimmte Konfliktsitutionen, die durch andere Rollenleistungen bewältigt werden können.

Bereits an dieser Stelle ist der Hinweis notwendig, daß die Unstimmigkeit von Normen und Rollen keineswegs immer als Ergebnis von Differenzierungsvorgängen in Erscheinung tritt. Dies kann so sein: z. B. begegnet man einer Aufsplitterung sozialer Funktionen und Rollen in Organisationen mit zusätzlichen Koordinationsleistungen (etwa: Verbesserung der Kommunikationsstruktur, Delegation von Führungsaufgaben, Einführung von Stabsabteilungen etc.), so daß das Surplus an Integration als direkte Folge wachsender Rollendifferenzierung angesehen werden muß. Dies braucht aber nicht so zu sein: z. B. sind Ungereimtheiten sozialer Rollen (etwa die Konfusion der Geschlechterrollen oder die Ambiguität der weiblichen Rolle) keineswegs Ergebnis zunehmender Differenzierung, sondern bestimmter Wandlungserscheinungen im sozialen Wertsystem (z. B. egalitärer Strömungen oder Emanzipationsbestrebungen).

Die neo-evolutionäre Perspektive geht jedenfalls davon aus, daß Disharmonien und Störungen in der Weise beseitigt werden, daß „Mechanismen“ die Einheit auf einem komplexeren Niveau der Interaktion integrieren. Nach Smelser können drei Phasen dieses Prozesses unterschieden werden:

(1) "failure": Disparität und zeitliches „Nachhinken“ sozialer Normen und Rollen; Unzufriedenheit über diese unstimmigen Rollen und deren Effizienz. Die Komplementarität von Erwartungen, die die Verflechtung der einzelnen Rollensysteme garantiert, ist vorübergehend außer Kraft gesetzt oder zumindest beeinträchtigt.

(2) "protest": Allgemeine Unsicherheit und Spannungen breiten sich aus; Asymmetrien zwischen Rechten und Pflichten im Rahmen sozialer Rollen entstehen ebenso wie tendenzielle Strömungen der Desozialisation, Desintegration und Anomie.

(3) "success": Nunmehr setzen Mechanismen der Regulation und Koordination ein, die bestimmte Ressourcen mobilisieren und die jene Ausfallerscheinungen überwinden. Das

Ergebnis dieser Sequenz ist dann ein flexibleres und spezialisierteres System als seine Vorgänger.

Der Tendenz der Desintegration wird also begegnet durch re-integrierende *Mechanismen*, die das System wieder ins Gleichgewicht bringen ("re-equilibrate"). Worin bestehen aber nun genau jene Mechanismen, die für die genannte re-integrierende Leistung verantwortlich zeichnen? Smelser gibt einige vage Hinweise: Neue Ideologien können so wirken, Organisationen wie etwa der Staat vermögen dies zu leisten, sofern die notwendigen Ressourcen mobilisiert werden können. Die Wahrnehmung zusätzlicher Koordinationsfunktionen durch den Staat spricht gleichfalls für einen zentripetalen Trend, der neue Normen, Rollen und Organisationsformen entwickelt, die flexibler und spezialisierter sind. Diese Hinweise dürften jedoch kaum geeignet sein, die „Mechanismen" als systeminhärente Elemente einer gottgewollten Ordnung zu hypostasieren. "The real actors in a neo-evolutionary drama are the reintegratory mechanisms or institutions themselves" (A. D. Smith, 1973, S. 22). Hinter der hypostasierenden Betrachtungsweise über systeminhärente Mechanismen verbergen sich u. E. Individuen und Gruppen, die in irgendeiner Weise dazu *motiviert* sind, Stabilität oder Integration, Gleichgewicht und Harmonie wiederherzustellen, sei es, weil sie von Berufs wegen damit befaßt sind oder sei es, weil sie ihre eigenen Interessen (z. B. Erhaltung der Machtpositionen, Steigerung der Leistung) dabei verfolgen. Dadurch wirken solche Aktivitäten in der Tat oftmals reintegrierend.

Parsons differenziert die Problematik der Mechanismen insofern, als er annimmt, daß interne Spannungen des Systems um so leichter absorbiert werden können, je niedriger die Kontrollebene ist, auf die sie einwirken (Parsons, 1961). Die Lösung der Spannung sei auf folgende Art möglich:

(1) Die Wiederherstellung der vollen Konformität als „idealer" Weg der Spannungsbewältigung;

(2) die Hemmung oder Isolierung der Spannung, die zu einem gewissen Arrangement bzw. zu einem tragbaren Kompromiß führt;

(3) die Lösung der Spannung durch Wandlungen der Struktur selbst, d. h. durch eine Veränderung der normativen Kultur;
(4) die radikale Auflösung des gesamten Systems (was das „Überleben“ der betreffenden Gesellschaft in Frage stellt).

Im Sinne des Theorems einer Hierarchie von Kontrollmechanismen gilt, daß es erst dann zu endogenen Strukturwandlungen (Typ 3 und 4) kommt, wenn die unteren und intermediären Kontrollmechanismen die Spannung nicht bewältigen, d. h. den Druck zum Wandel nicht auffangen können.

Gelegentlich, wenn auch selten, durchbricht Parsons den metatheoretischen Rahmen der Diskussion und bietet Rudimente empirisch einlösbarer Theorie an; so, wenn er die Frage aufwirft, welche Faktoren die Wirkung bestimmter Störprozesse (d. h. den Wandel) ausmachen. Er unterscheidet fünf solcher kausal relevanter Dimensionen:
(1) das relative *Ausmaß* der Störung,
(2) die *Anzahl* der betroffenen Bereiche,
(3) die *Charakteristik* des betroffenen Bereichs,
(4) den *funktionalen Beitrag* des gestörten Teils,
(5) die *Effizienz* der Kontrollmechanismen.

Dieser Ansatz gibt sicherlich brauchbare Hinweise auf die möglicherweise relevanten Variablen, die über das weitere Schicksal der „Störung“ entscheiden, bleibt jedoch in bezug auf die Präzision der hier genannten abhängigen Variablen weit jenseits operationalisierbarer Möglichkeiten. Was genau unter „Charakteristik“ der betroffenen Bereiche verstanden werden kann, bleibt im Dunkeln, wie auch der Hinweis darauf nicht weiter ausgeführt wird, daß Rollen am leichtesten ersetzbar sind, organisierte Gruppen weniger leicht, Normen noch weniger und Bindungen an Werte am wenigsten. Daß über die Bewertung von funktionalen Beiträgen ebenfalls gestritten werden kann, zeigt u. a. die kontroverse Diskussion der funktionalistischen Schichtungstheorie, die diesen Faktor des Beitrags als eine von zwei wesentlichen unabhängigen Variablen für das Zustandekommen von sozialer Schichtung enthält.

Parsons' und Smelsers Modell re-integrierender Mechanismen münden in das *Gleichgewichtsproblem* ein: Solche Mechanismen sind letztlich re-equilibrierender Natur. Spannungen und Störungen leiten eine Tendenz zum Ungleichgewicht in der Input-Output-Bilanz zwischen Systemeinheiten ein, und „geheimnisvolle Mechanismen" sorgen nach diesem Konzept dafür, daß daraufhin naturnotwendig das Gleichgewicht wiederhergestellt wird. In ähnlicher Weise hat schon Pareto das soziale Gleichgewicht definiert: Der Zustand der in das System eingehenden Elemente und der zwischen ihnen gegebenen Beziehungen ist in der Weise charakterisiert, daß jede kleine Veränderung in einem der Elemente Veränderungen in allen anderen zur Folge haben wird, die den Umfang jener ersten Veränderung zu verringern tendieren. Sofern im Rahmen einer solchen Gleichgewichtsvorstellung die im System vorhandenen Störfaktoren als „Ursachen" des Wandels analysiert werden, so kann man letztlich nur denjenigen Wandel voraussagen, der das System zur Stabilität zurückführt.

Dieses Problem hat zu dem voreiligen Schluß geführt, daß ein Festhalten an Gleichgewichts- und Stabilitätsprinzipien die Analyse sozialen Wandels geradezu verhindere. Die Formalisierung des Funktionalismus durch Nagel (1956) und die sich daran anschließende Analyse durch Cancian (1960) zeigte indes, daß das Gleichgewichtskonzept zumindest mit der Existenz endogenen Wandels durchaus vereinbar ist. Daher ist es auch üblich geworden, im Rahmen der neo-evolutionistischen Analyse (gleichfalls in Analogie zur neueren biologischen Forschung) von offenen und dynamischen Gleichgewichten zu sprechen. Auch die Unterscheidung zwischen einem stabilen und einem instabilen Gleichgewicht wurde neuerdings im Rahmen der kybernetischen Analyse des Wandels (Deutsch, Cadwallader) durch das Konzept der „Ultrastabilität" ergänzt. Solche Systeme sind geradezu durch latente Instabilität gekennzeichnet, auch wenn ihnen eine Tendenz zu einem Zustand optimaler Erfüllung von Funktionsvoraussetzungen zugeschrieben wird, die empirisch jedoch durch die ständige Gegenwart dysfunktionaler Prozesse (Spannung,

Konflikte, Störungen) nie erreicht wird. Weil und insofern ein solcher Zielzustand jedoch in praxi nicht erreicht werde, muß eine solche Gleichgewichtstendenz zwangsläufig fortwährend Wandlungsprozesse auslösen. „Ultrastabilität" im Sinne Cadwalladers ist damit die Fähigkeit, durch Wandlungsprozesse zu überleben (Cadwallader, 1959).

Innovation – und nicht Konservation – ist die Voraussetzung der Erhaltung, und vom Begriff der Ultrastabilität geführt, richtet die Systemtheorie ihr Augenmerk auf jene Prozesse und strukturellen Merkmale, die die Fähigkeit des Lernens und dadurch der Innovation gewährleisten. (R. Mayntz, 1961, S. 534)

Es fragt sich freilich, ob ein derart verstandenes Konzept nicht letztlich den Gleichgewichtsbegriff ad absurdum führt, so daß man hier vielleicht besser von einem „dynamischen Balanceverhalten" sprechen sollte.

Ein Festhalten an Gleichgewichts- und Stabilitätsprinzipien verhindert also keineswegs die Analyse sozialen Wandels. Unsere Argumentation geht jedoch auch gar nicht in die Richtung, die etwa Dahrendorf (1962) bei seiner Polemik gegen das statische Vorurteil der funktionalistischen Analyse vorschwebte. Wir sehen vielmehr gewichtigere Einwände in den folgenden vier Punkten:

(1) Gleichgewichtsvorstellungen schließen die Frage nach den Anlässen möglichen Wandels meist von vornherein aus, sofern nicht die im System selbst vorhandenen „Störfaktoren" als „Ursachen" des Wandels analysiert werden.
(2) Sie kann dann nur denjenigen Wandel voraussagen, der das System zur Stabilität zurückführt, so daß soziale Entwicklungen letztlich auf „zeitlose" Verschiebungen zwischen Gleichgewichtszuständen reduziert bleiben.
(3) Wenn auf „höherer Ebene" Reintegration stattgefunden hat, bleibt doch das Problem, das „alte" und das „neue" Gleichgewicht sicher aufeinander beziehen zu können. Sind dann im Gesicht des Kindes noch die Züge des Vaters erkennbar? Ist das dann im Prinzip noch das gleiche System, vielleicht nur auf einen Zustand höherer Qualität und

Facettierung gebracht? Und was ist, wenn nach der Differenzierung eine Re-integration von Einheiten erfolgt, die aus verschiedenen Ursprungs„familien“ stammen?

(4) Auch dann ist noch zweifelhaft, ob die Gesellschaft überhaupt als ein zum Gleichgewicht neigendes System angesehen werden darf und ob damit nicht eine Überdehnung der biologischen Analogiebeziehung in die Richtung einer substantiellen Analogie eingeleitet ist.

Es ist vielleicht unter bestimmten Voraussetzungen möglich, das Gleichgewichtskonzept aufrechtzuerhalten, wenn man die dem System zugeschriebenen Mechanismen in der bereits angedeuteten Weise individualisierend auflöst, indem man die Tendenz zur Stabilität einmal aus dem Prinzip der Trägheit (Erstarrung, Verkrustung, Habitualisierung, Bürokratisierung usw.) sozialer Institutionen ableitet, zum anderen jedoch aus spezifischen Motivations- und Interessenlagen der Handelnden einer Gesellschaft. Auch mögen die Akteure glauben, einen „optimalen Zielpunkt“ bereits erreicht zu haben. Unter dieser Voraussetzung ließe sich die Gleichgewichtsvorstellung durchaus aufrechterhalten, und sie würde u. U. ein heuristisches Modell zur Erklärung bestimmter Wandlungsprozesse abgeben, die erst nach Erreichen eines bestimmten „Schwellenwertes“ zu Veränderungen oder gar zum „Umkippen“ des Gleichgewichts führen.

Es mag also durchaus nützlich sein, die Gleichgewichtsvorstellung beizubehalten, auch wenn man sie von dem mystischen Argument bereinigt, daß ein System im Falle einer Störung des Gleichgewichts mit Notwendigkeit in Richtung ihrer Verminderung oder Beseitigung reagiert. Wir erinnern uns in diesem Zusammenhang daran, daß der Funktionalismus, ähnlich wie auch die Systemtheorie überhaupt, das Individuum in seiner konkret-motivationalen und sozialstrukturellen Verankerung aus der Analyse verbannt hat: Nicht die Handlungen von Individuen und Gruppen stehen im Blickpunkt des Interesses, sondern die Beziehung zwischen den jeweiligen Handlungsmustern (vgl. auch Homans, 1964). Wir vermuten, daß dieses „Abreißen“ im negativen Sinn des *Abs-tracti* dazu geführt hat, soziale Sachverhalte in vorwiegend „holistischer" Perspektive als Ergebnis systeminhärenter Mechanismen hypostasierend zu „erklären".

Wir sahen, daß das Gleichgewichtskonzept nur mit ganz bestimmten Formen sozialen Wandels verträglich ist, mit anderen jedoch nicht. Exogene Wandlungsvorgänge vermag dieser Erklärungsansatz ebensowenig einzubeziehen wie die Analyse der Transformation bestehender Strukturen und die Neuetablierung völlig neuer Strukturtypen anstelle der alten. Strittig ist hierbei die Frage, wie weit sich das Koordinatennetz eines bestimmten Systems verschieben kann, um dieses System als noch das *gleiche* auszuweisen. Zudem sahen wir, daß die aus der Biologie entlehnte Gleichgewichtsvorstellung Gefahr läuft, in die Richtung einer *substantiellen* Analogie überdehnt zu werden und daß – wenn dies zutrifft – tendenziell die gleichen Einwendungen stichhaltig werden, die schon gegen Spencers Homologievorstellungen vorgebracht worden sind.

4.1.3. Adaptierung und Selektion

Wir wollen uns in diesem Abschnitt mit einem zweiten Analogiemodell beschäftigen: dem der Adaptierung (Adaptation) und Selektion. Adaptierung ist neben der Differenzierung und der Reintegrierung die dritte der dominanten Perspektiven, die für den funktionalistischen Evolutionismus charakteristisch sind. Sie wird gleichsam als teleologisches Prinzip eingeführt: als Richtung der Differenzierung und Reintegrierung, die durch das Bedürfnis der jeweiligen Einheit zur Anpassung an die Umwelt gegeben ist. Adaptation ist zugleich eines der vier funktionalen Erfordernisse in Parsons' "general action scheme", und dieser Typ von funktionalem Erfordernis wird hier – modifiziert – auf die Ebene sozialer Evolution übertragen (vgl. Parsons/Shils, 1951; Moore, 1960). Anpassung wird dabei als ein Prozeß beschrieben, durch den sozialen Einheiten ein größeres Spektrum von Hilfsmitteln verfügbar gemacht wird, so daß ihr Funktionieren von gewissen sozialen Beschränkungen, denen ihre Vorgänger unterlagen, befreit werden kann (vgl. Parsons, 1971). Wenn die jeweilige Einheit sich durch Differenzierung nicht vermehrt anzupassen vermag, verliert sie tendenziell die Möglichkeit der "environmental control" und des "energy yield"; auf lange Sicht wird ihr Überleben in einer Welt gefährdet, in der anpassungsfähigeren sozialen Einheiten bessere Existenzchancen eingeräumt werden. Adaptierung ist daher sowohl Ursache wie auch Ergebnis der Differenzierung.

Hierbei werden wir nun wieder der Schwierigkeit gewahr, die wir bereits erörterten (vgl. Kap. 2.2), und die immer dann auftritt, wenn Zielzustände im Sinne eines deterministischen Systems interpretiert werden: dann beruht nämlich die logische Erklärung auf der Annahme, daß künftige Ereignisse kausale Wirkung auf erklärungsbedürftige Sachverhalte in der Gegenwart haben – es sei denn, man bewältigt die Aufgabe der kausalen Erklärung in der Weise, daß man gewisse inhaltliche Prinzipien der Biologie (z. B. Mutation und Selektion) voll übernimmt.

Diese und ähnliche Schwierigkeiten hatten wir im Anschluß an Hempels (1959) berühmte Untersuchung bereits bei der Erörterung grundsätzlicher Erklärungsprobleme der funktionalistischen Analyse herausgestellt. Dort war es unbefriedigend, zu sehen, daß der Funktionalismus soziale Sachverhalte durch eine oder mehrere sich daraus ergebende Folgen erklärt. U. E. gibt es fünf logische Möglichkeiten, diese Frage zu lösen:

(1) Soziale Elemente (z. B. das Inzest-Tabu) werden in korrekter Antizipation ihrer Wirkungen bewußt geschaffen; sie sind also Ergebnis eines zielgerichteten und die Konsequenzen überblickenden, geplanten menschlichen Verhaltens.
(2) Es gibt systemimmanente Mechanismen, die unabhängig vom menschlichen Willen die jeweils funktionsnotwendigen Elemente hervorbringen und diese selektiv bewahren.
(3) Der Bestand und die Stabilität sozialer Einheiten wird durch interaktionistische Mechanismen der Reziprozität und des Austauschs erklärt.

(4) Im Sinne eines Belohnungsmodells werden alle Funktionen mit positiven Folgen verstärkt, solche mit negativen und neutralen Folgen dagegen eliminiert.
(5) Diejenigen sozialen Elemente überleben besser, die Untereinheiten haben, welche produktivere Beiträge leisten. Auf diese Art wird das „Bewährte" selegiert.

Betrachten wir kurz diese logischen Möglichkeiten. Der erstgenannte Lösungsvorschlag dürfte ausscheiden, weil Wandlungsvorgänge keineswegs immer das Ergebnis intendierten Verhaltens sind und die tatsächlichen Konsequenzen oft in keiner Weise mit den initiierten übereinstimmen. Die zweite Lösungsmöglichkeit erklärt nichts; sie unterstellt lediglich etwas. Die dritte Variante wird durch Soziologen wie Goode, Gouldner oder Blau in Form einer Vorstellung von „Reziprozität" nahegelegt. Wenn es jedoch eine Norm gibt, die fordert, daß alle Vorteile früher oder später zurückgezahlt werden, dann gilt dies lediglich für den Fall, daß das System jede Dienstleistung eines Individuums „ausgleicht" und daß diese Dienstleistung von der Erfüllung einer positiven Funktion durch das System und für das Individuum abhängig ist. Die Verbindung zwischen den Elementen eines Systems ist jedoch dadurch entschieden gelokkert, daß die jeweiligen Partner voneinander nicht abhängig sind. Auch Malewskis (1967) Vorschlag, eine verallgemeinerte Lerntheorie für die Verstärkung ganz bestimmter Funktionen anzuwenden, ist problematisch, denn es ist unklar, wie diese Lerntheorie transformiert werden soll und wer im konkreten Fall für das jeweilige Verstärkerereignis verantwortlich zeichnet. Die letztgenannte Möglichkeit (Stinchcombe, 1968) führt uns schließlich genau zur Annahme eines quasibiologischen *Selektionsprinzips*, das nicht minder fragwürdig und problematisch ist als die übrigen logischen Möglichkeiten, das uns jedoch deshalb hier etwas ausführlicher beschäftigen muß, weil prominente Funktionalisten wie Parsons und Luhmann ganz explizit einen solchen Selektionsmechanismus für Gesellschaften unterstellen.

Parsons bringt bereits in seinem Beitrag über die „evolutionären Universalien" (1964) das Adaptationsprinzip ausdrücklich mit Darwins Evolutionstheorie in Verbindung. Adaptierung bedeutet hier zunächst in jener ursprünglichen Version die Fähigkeit lebendiger Systeme, die Anforderungen aus ihrer Umwelt aktiv zu bewältigen, wobei das relevante Bezugssystem jedoch nicht der einzelne Organismus, sondern die biologische Art ist.

Zu dieser Fähigkeit gehört erstens das Interesse an der Kontrolle der Umwelt bzw. an der Möglichkeit, sie zu ändern, wenn es die Bedürfnisse des Systems erfordern; zweitens das Vermögen, angesichts der unbeeinflußbaren Umwelteinflüsse zu überleben. Es ist also wichtig, daß das System durch Anpassung, Kontrolle oder beides ein ganzes Spektrum von Umweltfaktoren bewältigen kann. (1964, dt. 1971, S. 56)

Parsons argumentiert jedoch auch hier nicht auf der Ebene des Individuums, wie es den Anschein hat, sondern auf der Ebene des Systems; deshalb ist sein Ansatz auch keineswegs im Sinne einer bewußten Antizipation möglicher Konsequenzen (etwa als geplanter sozialer Wandel) zu verstehen.

Das hier unterstellte Selektionsprinzip wird von Parsons in Zusammenhang mit seiner Lehre von den evolutionären Universalien gebracht, die ein jeweils für bestimmte Entwicklungsstufen relevantes Anpassungspotential unterstellen, das jeweils als Voraussetzung zur Erreichung höherer und komplexerer Niveaus der Anpassung angesehen wird. Dieses Kriterium, das nach Parsons' eigenen Worten aus dem Prinzip der natürlichen Auslese abgeleitet ist, steht vor erheblichen Schwierigkeiten, wenn es gilt, konkret jene Universalien herauszustellen, die die Fortentwicklung von Gesellschaften gewährleisten. Diese Problematik wird etwa in bezug auf die soziale Schichtung deutlich: Welches Ausmaß an Schichtung bzw. Schichtkristallisation ist für welche Entwicklungsstufe „optimal" zur Erreichung besserer Anpassungskapazität? Die Problematik setzt sich fort bei der Diskussion von Geld oder Marktorganisation: Ist die Existenz eines freien Marktes tatsächlich „notwendig" zum Erreichen des „nächsten" (welchen?) Stadiums? Fortgeschrittene sozialistische Gesellschaften mit hoher Produktivität müßten dann wohl als „Ausnahme" oder als „Umweg" gelten, wie sich Parsons denn auch verwundert äußert über die starke Tendenz der Entwicklungsländer, „sozialistische" Muster zu adaptieren (Parsons, 1964, vgl. auch Kap. 4.2.4). Hier scheint sich ein historischer Determinismus auszubreiten, den wir bereits verschiedentlich auch im Zusammenhang mit den auf Evolutionsvorgänge angewandten "pattern variables" herausstellten (vgl. Kap. 3.2).

Im Hinblick auf die Belange der Modernisierungsforschung und der Entwicklungsländerproblematik verführen vorgefaßte Meinungen über angebliche Universalien der Entwicklung dann allzuleicht zu zirkulären Erklärungen des Typs: „Solange diese (vorgebliche) Voraussetzung von A im unterentwickelten Land B fehlt, vermag die erstrebte Entwicklung nicht einzutreten" (Hörning, 1976, S. 72). Doch solche „Voraussetzungen" dürften je nach konkreten Bedingungsmustern bestehender und sich entwickelnder Strukturen in erheblichem Maße variabel, zum Teil entbehrlich, zum anderen Teil kompensierbar sein.

Obviously, some of the factors listed are not prerequisites at all but rather something that developed in the case of industrial development. Moreover what can be reasonably regarded as a prerequisite in some historical cases can be much more naturally seem as a product of industrialization in others. The line between what is a pre-condition of, and what is a reponse in industrial development seems to be rather flexible one (Gerschenkron, ²1965, S. 127).

Dabei soll keineswegs geleugnet werden (vgl. auch Hörning, 1976; sowie Wurzbacher [Hrsg.], 1975), daß spezifische Hindernisse auf der sozialstrukturellen Ebene (wie agrarische Traditionen, politische Feudalstrukturen, koloniale Hegemonien) wie auf der personalen Ebene (Sozialisationsvoraussetzungen, motivationale Basis, Verinnerlichung religiöser Werte usw.) sehr wohl als Störfaktoren geplanter Modernisierung wirken können, aber schon bei Erscheinungen wie „Urbanisierung", „Demokratisierung", „Tendenz zu Großbetrieben", „Geburtenbeschränkung", „freier Entfaltung des Marktes" usw. ist man vermutlich in starkem Maße auf das Studium der jeweils vorliegenden konkreten Bedingungen angewiesen, um genaue Aussagen darüber zu machen, welches Ausmaß an Urbanisierung usw. genau welche

Konsequenzen im Gefolge hat und welche „optimalen" Grade der Urbanisierung, Geburtenbeschränkung etc. im Hinblick auf gesetzte Ziele wünschenswert sind.

Die Diskussion zeigte, daß auch bei unterstellter Gültigkeit des Selektionsprinzips im Bereich sozialer Entwicklung die funktionalistische Analyse keine wirkliche Leitlinie für spezifische Untersuchungen oder für die Interpretation empirischer Ergebnisse abgeben kann. Davon unberührt bleibt die grundsätzliche Frage, ob und inwieweit das hier unterstellte Selektionsmodell der Biologie im Bereich sozialer Evolution tatsächlich analog verwendet werden kann. Zunächst ist die Unterstellung zurückzuweisen, daß der Funktionalismus lediglich auf einer formalen Analogie zum biologischen System beruht. Wir sahen nämlich, daß der Funktionalismus und zumal die von ihm vertretene Evolutionstheorie die Aufgabe einer kausalen Analyse nur bewältigen kann, wenn sie inhaltliche, d. h. substantielle Prinzipien (Homöostase, Selektion) als gültig übernimmt. Fragen wir daher, ob es möglich ist, solche Analogiebefunde zu biologischen Systemen abzustützen. Dies wurde von verschiedenen Theoretikern mit unterschiedlichen Begründungen verneint (vgl. White, 1949; Campbell, 1965; Nisbet, 1967; Back, 1971). Trotzdem sind die Befürworter substantieller Analogien auf diese Argumente u. W. nie eingegangen.

Wenn wir den biologischen Selektionsmechanismus in seinen Grundzügen verfolgen, so beruht die biologische Stammesgeschichte im Prinzip auf erblichen Änderungen: Gen- und Chromosomen-Mutationen treten „spontan" und zufällig auf, d. h. die genaue Verursachung kann meist nicht erschlossen werden. Diese Mutationen sind zunächst ungerichtet; sie bedeuten Störungen der in der Stammesgeschichte erworbenen Harmonie der normalen Entwicklung von Individuen. Nur sehr selten führt eine Mutation zufällig zu einer Verbesserung einer Struktur oder Funktion; die meisten Veränderungen haben das Absterben des Individuums im Gefolge. Die große Mannigfaltigkeit erblich verschiedener Individuen einer Art wird nun in jeder Generation stark reduziert durch natürliche Auslese, die jedoch nur durch eine *extreme* Überproduktion an Nachkommen ermöglicht wird. Die Stammesgeschichte konnte demnach nur in Zehntausenden von Jahren durch Auslesevorgänge zu merklichen Änderungen führen. Die Kulturgeschichte dagegen erfolgt durch Traditionsanreicherung von Generation zu Generation in sehr viel schnellerem Tempo. Das Analogiemodell unterstellt die Existenz konsistenter Selektionszwänge, die über genügend lange Zeitperioden in Aktion sein müssen, um reine Zufälligkeiten auszuschließen. Die hierbei notwendigen veränderten Selektionskriterien müssen also im sozialen Bereich spezifiziert werden; sofern sie existieren, sind sie zumindest partiell anderer Natur als jene, die die Biologie herausstellt.

Selektionsprinzipien stehen auch im Zentrum von Luhmanns höchst abstraktem evolutionstheoretischem Ansatz (vgl. Luhmann, 1967; 1971; 1975; Habermas/Luhmann, 1971). Der angebliche Fortschritt dieses Ansatzes gegenüber den bisherigen funktionalistischen Perspektiven wird jedoch darin gesehen, daß bei Luhmann der Funktionalismus von allen *inhaltlichen* Annahmen (z. B. Gleichgewicht, Selbsterhaltung usw.) „bereinigt" wird, so daß letztlich nur noch ein formales Ordnungsprinzip übrigbleibt, was jedoch erlauben soll, die Evolution im Hinblick auf wachsende Komplexität ohne direkte Bezugnahme auf Organismusanalogien zu beschreiben. Das spezifische Merkmal der sozialen Evolution sieht Luhmann hinter der abstrakten Formel fortschreitender funktionsspezifischer Differenzierung von „Sinn", der sich durch die Differenz zwischen Möglichem und Wirklichem durch bestimmte sozio-kulturelle Mechanismen realisieren läßt.

Evolution bezieht sich somit auf die Organisierung der Leistungsfähigkeit sinngesteuerter Selektionskriterien, die sich u. U. auf die Evolutionsträchtigkeit von Sozialsystemen auswirken können. Im Unterschied zu anderen komplexen Organismen, deren Selektions- und Stabilisierungsleistungen auf blinder, mutativer Variation beruhen, haben Sozialsysteme infolge ihrer sinnverwertenden Eigenschaften eine nicht mehr notwendig zufällige Variationschance, die neuartige Systembildungen durch neuartige Selbststeuerung hervorbringen können. Das heißt, daß auch soziokulturelle Evolution auf Selektion und Stabilisierung angewiesen sind, aber der Selektionsmechanismus – wegen der höheren Variationschance – nicht nur unter Wirklichem, sondern auch unter Möglichem wählen kann. (G. Kiss, 1976, S. 167 f.)

Die Steuerung evolutionärer Prozesse wird nach Luhmann durch drei Mechanismen gewährleistet:

(1) durch die Variation als Überschuß an Möglichkeiten,
(2) durch die Selektion als sinnhafte Auswahl dieser Möglichkeiten,
(3) durch die Stabilisierung als Etablierung bewährter Möglichkeiten.

Diese Mechanismen führen nach Luhmann zur „Reduktion von Komplexität", und die in ihr begründete „Weltformel" bezeichnet die Zahl der Möglichkeiten, die durch Systembildung wirklich werden können.

Die Begriffe Variation, Selektion und Stabilisierung bezeichnen zunächst abstrakte funktionale Erfordernisse von Evolution; über die Form ihrer Realisierung, ihrer Ausprägung zu fungierenden Mechanismen, deren Existenz Evolution wahrscheinlich macht, und über den Grad ihrer Differenzierung ist damit noch nichts gesagt. Ebensowenig ist impliziert, daß jede dieser Funktionen durch jeweils nur einen Mechanismus bedient wird. Weder die Wirklichkeit noch die Notwendigkeit, geschweige denn der konkrete Verlauf von Evolution lassen sich deduktiv aus diesen Begriffen ableiten. (Habermas/Luhmann, 1971, S. 364)

Wir fragen daher mit Thome (1973), was sich aus dieser „Supertheorie" überhaupt ableiten läßt.

Die Evolutionstheorie von Luhmann betont weiter die Differenz von System und Umwelt als Evolutionsvoraussetzung und die Systembedingtheit evolutionärer Mechanismen und ihrer Differenzierung. Zwischen „Welt" sowie deren Transposition „Komplexität" und „System" im Sinne einer reduzierten Komplexität durch sinnschaffende Mechanismen bestehen Diskontinuitäten. Die Grundannahme der Luhmannschen Evolutionstheorie handelt also von Selektions- und Stabilisierungsleistungen, die für eine *Systemisierung von Welt* verantwortlich zeichnen und die funktionalistisch lediglich auf der Systemebene jenseits von Handlungsbezügen „erklärt“ werden, von denen also niemand weiß, warum und unter welchen Bedingungen sie auftreten. Da nun auch die „Zahl der Möglichkeiten“ immer mehr oder weniger groß oder unendlich sein mag und das Wirklichwerden einer Möglichkeit immer nur im *nachhinein* feststellbar ist, bleibt jedes Definitionskriterium und jede Demarkationslinie zwischen „Wirklichem“ und „Möglichem“ de facto unbestimmbar. Die inhaltliche Aushöhlung des Funktionalismus hat dann zur Folge, daß Supertheorien im Sinne Luhmanns zu *Leerformeln* werden.

Die immer wiederkehrende These der Luhmannschen System-Metaphysik geht dahin, daß soziale Systeme der Reduktion von Komplexität dienen. Soziale Systeme

> dienen der Vermittlung zwischen der äußersten Komplexität der Welt und den sehr geringen, aus anthropologischen Gründen kaum veränderbaren Fähigkeiten des Menschen zu bewußter Erlebnisverarbeitung. Diese Funktion wird durch Systembildung, also zunächst durch Stabilisierung einer Differenz von innen und außen erfüllt. (Luhmann, 1967, S. 619)

Auch wenn der „dunkle Bedeutungsgehalt“ dieser Ausführungen von einigen Rezipienten erahnt werden mag, ist es dennoch unmöglich,

> mit ihnen zu erklären oder vorauszusagen, wie sich ein konkretes soziales System im Zeitprozeß unter verschiedenen Bedingungen entwickelt oder unter welchen Bedingungen ein solches System entsteht, in der Terminologie von Luhmann: Die genannte These hat erst dann Informationsgehalt, wenn spezifiziert wird, unter welchen Bedingungen Komplexität in welcher Weise reduziert wird. (K. D. Opp. 1972, S. 127)

Ausgerechnet Habermas (1976) beklagt neuerdings die Abstraktionshöhe der Luhmannschen Aussagen. Diese ist indes kein Kriterium für die Qualität einer Theorie. Was hier als Abstraktionshöhe bezeichnet wird, ist vielmehr die Tatsache, daß die hier vorliegenden Aussagen wenig informativ und daher kaum empirisch überprüfbar sind. Thome (1973, S. 1) formuliert dies mit Bezug auf den Leser Luhmannscher Texte:

... was er da liest, mag eher verwirren als aufklären: ungewohnte Problemdefinitionen, begriffliche Bestimmungen, die weit vom alltäglichen Sprachgebrauch abweichen, scheinbare oder tatsächliche Widersprüche, eine Menge tautologischer Sätze.

Und weiter heißt es bei Thome:

... insgesamt betrachtet bleiben diese Versuche jedoch äußerst problematisch, scheinen sich die grundbegrifflichen Bestimmungen dem konkret Erfaßbaren weitgehend zu entziehen. (S. 3 f.)

Der Kern der „Evolutionstheorie" Luhmanns ist in folgendem Satz enthalten:

Die wichtigste allgemeine Voraussetzung von Evolution ist, daß eine Diskontinuität von System und Umwelt besteht, mit der Folge, daß jedes beliebige Ereignis, obwohl nur ein Ereignis, differente Wirkungsreihen in Lauf setzen kann (nicht muß!), indem das System, in dem das Ereignis vorfällt, darauf anders reagiert als die Systeme, in deren Umwelt es vorfällt. (Luhmann, 1976, S. 50 f.)

Fürwahr: Wenn der Hahn kräht auf dem Mist, dann ändert sich das Wetter, oder es bleibt wie es ist.

4.2. *Modernisierungsforschung*

4.2.0. Vorbemerkung

Die durchweg hochabstrakten Ansätze des Funktionalismus bieten zwar meist ein konsistentes System von Aussagen bezüglich des sozialen Wandels, auch wenn diese Aussagen empirisch kaum einlösbar und wenig erklärungskräftig sind; in dem Maße jedoch, in dem Versuche unternommen werden, auf der „spezielleren" Ebene der Modernisierung zu argumentieren, wird die Vielfalt und Widersprüchlichkeit dieser Ansätze sehr viel deutlicher, und der abstrakte funktionalistische Bezugsrahmen beginnt zunehmend zu verblassen. Da sich diese Beiträge oft im Zwischenbereich von Deskription und Erklärung ansiedeln, verdienen sie häufig den Namen „Theorie“ nur im eingeschränkten Sinne. Um die Vielfalt der bisher vorliegenden Ansätze besser einordnen zu können, wollen wir uns zuerst mit dem Modernisierungsbegriff auseinandersetzen und sodann den Plan dieses Kapitels entwerfen.

Weitgehende Einigkeit besteht zunächst darüber, daß der Begriff „Modernisierung“ einen wesentlichen Teilaspekt sozialen Wandels bezeichnet (vgl. Zapf, 1971). Die meisten Definitionen sind jedoch überaus vage. Wenn Rüschemeyer (dt. 1971, S. 382) partielle Modernisierung als Prozeß sozialen Wandels definiert, „der zur Institutionalisierung relativ moderner Sozialformen neben erheblich weniger modernen Strukturen ein und derselben Gesellschaft führt“, so dürfte diese Bestimmung zumindest teiltautologisch sein. Und wenn Bendix (dt. 1971, S. 51) formuliert: „Modernisierung ist also ein bestimmter Typ des sozialen Wandels, der im 18. Jahrhundert eingesetzt hat; er besteht im wirtschaftlichen und politischen Fortschritt einiger Pioniergesellschaften und den darauf folgenden Wandlungsprozessen der Nachzügler“, so setzt sich Bendix – selbst einer der Kritiker „naiver“ Formen der Modernisierungsforschung – bereits durch eine solche Bestimmung, die zudem noch den schwer belasteten Begriff des „Fortschritts“ enthält, einer Vielzahl von Fallgruben aus, die wir bereits (vgl. Kap. 2.2) erörterten.

Andere Autoren stellen konkretere Charakteristika heraus: So etwa Zapf die Steigerung der gesamtgesellschaftlichen Anpassungskapazität, der gesamtgesellschaftlichen Steuerungsfähigkeit, Eigenständigkeit und Autonomie (1971, S. 22); Scheuch und Sussmann die Befreiung von Zwängen, d. h. die größere Zahl von Optionen in bezug auf Lebensstile (1970, S. 242); Moore (dt. 1967) und Suda (1974) finden – wie auch schon Max Weber, Morris Ginsberg und Norbert Elias – die Institutionalisierung der Rationalität als entscheidendes Kriterium des Modernisierungsprozesses. Ein Kaleidoskop solcher Kriterien bietet Parsons mit der Anwendung seiner “pattern variables” auf den Differenzierungs- und Modernisierungsprozeß an (vgl. Kap. 1.4). Wiederum andere Autoren formulieren „Listen“ der am häufigsten benutzten Indikatoren (vgl. etwa das Dichotomien-Alphabet bei Wehler, 1975), die schon deshalb nicht befriedigen können, weil die als relevant angesehenen Kriterien in hohem Maße beliebig sind: „Listen“ geben keine eindeutigen Kriterien dafür an die Hand, ob nicht doch der eine oder andere Indikator „eigentlich“ mit in diese Liste gehört, wann diese also „vollständig“ ist. Darüber hinaus ergeben sich bei all diesen dichotomischen Gegenüberstellungen wiederum jene Probleme, die uns schon bei der Erörterung der verschiedenen Typen und Stadien sozialen Wandels beschäftigten. Dort hatten wir insbesondere anhand von Parsons' "pattern variables" die Problematik der Zuordnung der einzelnen „pattern-Paare“ zu traditionellen bzw. modernen Systemen diskutiert.

Daß Modernisierungskonzepte häufig in die Fallgrube jener Fortschrittsgläubigkeit stolpern, die die vorhin zitierte Definition von Bendix so offenkundig ausweist, deutet auf ein weiteres wichtiges Problem hin. Unter anderem stellen sich hierbei die folgenden Fragen: Wenn man Unterschiede der Modernität in Hinblick auf entwickelte „Pioniergesellschaften“ einerseits und „Nachzüglergesellschaften“ andererseits definiert, wie dies Bendix ja tut, – wie lassen sich dann eigentlich sog. „Nachzüglergesellschaften“ eindeutig in ihrer relativen Position auf dem „Modernisierungspfad“ lokalisieren? Im Sinne solcher Argumentationen sind Nachzüglergesellschaften ja nur aus einer bestimmten Perspektive und Wertigkeit heraus zu definieren, meist also lediglich durch den Industrialisierungsgrad. Bei mehrdimensionalen Konzepten erscheint jedoch die Zuordnung kaum noch möglich. Gehört z. B. Kuweit nach dem Kriterium Industrialisierung zu den Nachzüglern, so nimmt es andererseits im Sinne seiner finanziellen Kapazitäten einen ersten Rangplatz ein. Auch stellt sich die Frage, ob immer eine „Bezugsgesellschaft“ zur Definition des Modernisierungsprozesses notwendig ist – wie ist dann die Möglichkeit der Modernisierung in fortgeschrittenen, sog. „Pioniergesellschaften“ selbst einzuschätzen? Kann sich z. B. hiernach die Gesellschaft der USA nicht mehr modernisieren, weil sie, zumindest im Sinne der Industrialisierung, keine „Pioniere“ als Vorbild mehr „vor sich“ hat? Und: Ist „Bezugsgesellschaft“ eine solche als „objektiver“ Meßpunkt des Forschers anzusehen, oder ist hier die Idee impliziert, daß „Nachzügler“ sich immer an einer Bezugsgesellschaft realiter orientieren? Oder orientieren sich diese vielleicht nicht doch „abstrakter“ an erreichbaren Zuständen oder aber auch Utopien, die nicht präsent sind? Auch ist nicht klar: Geht es hierbei um „selbsternannte“ Pioniere oder um von Nachzüglern „ausgewählte“ Modelle? Wie steht es mit dem *relativen* Pionier- bzw. Nachzüglercharakter von Gesellschaften? In einer Gruppierung von etwa drei Gesellschaften kann es durchaus vorkommen – auch wenn der Vergleich nur auf der Basis *einer* Meßgröße erfolgt (wie etwa dem Grad der Industrialisierung) –, daß ein und dasselbe Land je nach Vergleichspaarung bzw. gewählter Indikatorengruppierung sowohl „Pionier“- wie auch „Nachzüglereigenschaften“ aufweist, die zudem im Zeitablauf variieren können.

Es ergibt sich daher die Notwendigkeit, solche Konzeptionen, die an restriktive Indikatoren gebunden sind, mit abstrakteren und theoretisch relevanten Konzepten zu verknüpfen. So etwa bei Lerner:

Zu den gewichtigsten Merkmalen (und operationalisierbaren Indikatoren) der Modernität gehören (1) *in der Wirtschaft* ein erhebliches Maß eines sich selbst tragenden Wachstums – mindestens ein Wachstum, das groß genug ist, sowohl die Produktion wie den Konsum regelmäßig zu erhöhen; (2) *im politischen Bereich* die öffentliche Beteiligung oder wenigstens eine demokratische Vertretung bei der Definition und Wahl zwischen politischen Alternativen; (3) *in der Kultur* die Diffusion säkularer, rationaler Normen ...; (4) *in der Gesellschaft* die Steigerung der Mobilität – persönliche Freiheit der geographischen, sozialen und psychischen Beweglichkeit; (5) schließlich eine entsprechende Veränderung der *Modalpersönlichkeit* ... eine Persönlichkeitsveränderung, die eine Steigerung der eigenen Leistungsfähigkeit und der zwischenmenschlichen Kooperationsfähigkeit beinhaltet ... „Leistungsbedürfnis““ ... „Außenorientierung“ ... „Empathie“. (Lerner 1968, zit. nach Zapf 1975, S. 217. – Hervorhebungen d. Verf.)

Wolfgang Zapf (1971, S. 23) versucht sich in ähnlicher Weise, und stellt fest:

Man kann versuchen, diese verschiedenen Spezialtheorien mit einer systemtheoretischen Betrachtungsweise zu verbinden, indem man Modernisierung als ein interdependentes System von Wandlungsprozessen begreift und es nach mindestens sechs Dimensionen aufgliedert: kulturelle, politische, wirtschaftliche, „soziale", psychische und internationale Entwicklung. Dabei wären „Kultur" und „Person" im Sinne von Parsons exogene Umwelten; das politische, das wirtschaftliche und das im engeren Sinn soziale Subsystem wären die endogenen Funktionsbereiche der sich modernisierenden Gesellschaft; und mit der Kategorie der internationalen Umwelt wäre im Sinn von Etzioni die supragesellschaftliche Ebene beschrieben.

Dies wird von Zapf (1975) weiter kommentiert:

Im folgenden Modell werden sechs Subsysteme des Handelns und die entsprechenden sechs Entwicklungsdimensionen unterschieden, von denen die wirtschaftliche Entwicklung nur eine ist. Es ist zunächst nichts weiteres als ein Gliederungsschema für eine umfangreiche Literatur. Es ist nirgends voll ausgeführt, aber bezüglich der einzelnen Dimensionen und ihrer Zusammenhänge gibt es eine kumulative Entwicklung der Theorie. *Es handelt sich mit anderen Worten um das implizite Modell der Modernisierungstheorie.* (S. 23/24. – Hervorhebungen d. Verf.)

Von hier aus leitet Zapf die „vier zentralen Aufgaben einer ‚systematischen' Theorie der Modernisierung" ab; als solche erkennt er: a) den Versuch, die Entwicklungsprozesse der sechs unterschiedlichen Bereiche gesondert zu erklären; b) die jeweiligen Voraussetzungen, die für die Entwicklung eines Bereichs in den anderen Bereichen gegeben sein müssen, zu explizieren; c) den „idealtypischen" Trendverlauf des Modernisierungsprozesses und d) die Bedingungen für die Abweichungen vom Trend für spezifische „Entwicklungspfade" und „partielle Modernisierungsprozesse" zu untersuchen.

Dieser Ansatz fordert nun sicher Kritik heraus: Als erstes erscheint ein „systemtheoretischer Ansatz" bei der vorliegenden Thematik keineswegs zwingend, zumal diese Bereiche und „Spezialtheorien" bislang erst nach den Forschungspräferenzen der verschiedenen Autoren entstanden sind. Dann dürfte sich auch ein „systemtheoretischer Ansatz der Modernisierung“ dem Problem aussetzen, daß offensichtlich nicht alle gesellschaftlichen Bereiche sich a) überhaupt modernisieren, bzw. b) sich mit ungleicher Geschwindigkeit modernisieren, und daß dementsprechend auch in hochentwickelten Gesellschaften „nichtmoderne Inseln“ verbleiben, die offensichtlich nicht als isolierte Relikte vergangener Zeiten abgetan werden können, sondern die eine „organische Verbindung“ mit modernen Sektoren eingegangen und durchaus in dieser Verbindung „funktional bedeutsam“ sind. Zum zweiten provoziert die Formulierung, daß „nach mindestens sechs“ Dimensionen aufzugliedern sei, die Frage, welche Bereiche denn „eigentlich“ noch dazugehörten. Drittens ist die Aufzählung der sechs „Dimensionen“ nicht trennscharf und nach einem theoretischen Grundgedanken geordnet, sondern additiv danach, daß es „eine kumulative Entwicklung der Theorie“ sei, was sich auch so ausdrücken läßt: dies sind *die* Themenbereiche, zu denen von Forschern jeweils schon eine größere Zahl von Beiträgen vorgelegt wurde. Über eine zwingende Interdependenz oder Rangordnung, über Ursachen und Wirkungen, über die Art der wechselseitigen Durchdringung und Beeinflussung ist damit noch nichts gesagt. Schließlich bleibt auch zu fragen, ob es ein erfolgversprechender Ansatz ist, nach *dem* „idealtypischen Trendverlauf“ des Modernisierungsprozesses zu suchen und alles andere als „Abweichungen vom Trend“ einzustufen.

Insgesamt gewinnt man bei der Durchsicht der Literatur den Eindruck, daß bei den verschiedenen bislang vorgelegten „Modernisierungstheorien“ häufig verschiedene Dinge vermengt werden, die u. E. aus Gründen der analytischen Klarheit auseinandergehalten werden sollten: Zum ersten werden verschiedene *Ebenen* der Modernisierung angesprochen; diesbezüglich erscheint es uns sinnvoll, zu unterscheiden: (1) die individuelle Ebene, (2) die rollenanalytische Ebene, (3) die institutionelle Ebene, (4) die gesamtgesellschaftlich-komparative Ebene. Diese Ebenen lassen sich selbstverständlich nicht in dem Sinne voneinander trennen oder unterscheiden, daß sie unverbunden nebeneinander existierten oder daß sie alle einheitlich entweder als „Verursacher“ oder als „Wirkungsfelder“ zu klassifizieren wären. Was es uns berechtigt erscheinen läßt, hier von unterschiedlichen Ebenen der Argumentation zu sprechen, liegt in der Tatsache begründet, daß häufig schwerpunktmäßig die Problematik der Modernisierung solchermaßen „ausschnittsweise“ thematisiert wird. Zum anderen könnte durch diese Vorgehensweise die prinzipielle Möglichkeit einer „Mehrebenen-Analyse“ deutlich werden.

Zweitens sollte u. E. die „Struktur“ der jeweiligen Argumentation als solche diskutiert und die bislang vorgelegten Theorien bzw. *Modelle* der Modernisierung nach ihren „Baugesetzen“ geordnet und gesichtet werden. Die Spannbreite reicht hier von simplen Dichotomie-Modellen bis hin zu weit ausgebauten Ansätzen mit komplexen Gleichungen. In diesem Sinne wäre auch zu untersuchen, inwieweit sich bestimmte Modelle für spezifische Themenstellungen „eignen“.

Zum dritten schließlich sollte diskutiert werden, welche gesellschaftlichen Bereiche bislang bevorzugt (und warum ausgerechnet diese) unter modernisierungstheoretischen Fragestellungen betrachtet wurden. Als solche werden wir den wirtschaftlichen, den politischen und schließlich den familialen Bereich herausstellen.

4.2.1. Ebenen der Modernisierung

4.2.1.1. Die individuelle Ebene

C. M. Coughenour und J. B. Stephenson (1972, S. 81) stellen fest: „Das Konzept der Modernität wurde bisher schon auf eine Vielfalt sozialer und kultureller Einheiten angewandt: Auf Gesellschaften, Ethnien, Kulturen, Gemeinden, spezielle Institutionen, wie z. B. Wirtschaft, Politik und Familie, und sogar auf konkrete Organisationen.“ Obwohl die Ausweitung dieses Konzepts auf die Einheit „Individuum“ vergleichsweise erst in neuerer Zeit erfolgt ist, kommen sie zu der bemerkenswerten Feststellung: „Die Sozialwissenschaftler haben mehr erreicht bei der Messung der individuellen Modernität, als bei der Messung der Modernität irgendeiner anderen sozialen oder kulturellen Einheit."

Eines läßt sich nun sicher feststellen: Der Anteil an empirischer Forschung ist in diesem Bereich besonders beachtlich. Dies mag damit zusammenhängen, daß das technisch-methodische Problem hier vergleichsweise „leicht" gelöst werden kann: mittels der Interviewtechnik werden Personen nach ihren Einstellungen zu Themenbereichen befragt, die unter modernisierungstheoretischen Aspekten relevant sind, und werden in der Synopse ihrer Einstellungen auf einer Skala von "overall individual modernity" bis hin zu „vollständig traditionaler Haltung" klassifiziert. Das benutzte Instrumentarium ist in den meisten Fällen sehr ähnlich: Es werden unterschiedlich umfangreiche Skalen entwickelt, die auf Traditionalität/Modernität in verschiedenen Lebensbereichen hin „geeicht" sind. Hierauf werden dann die Fragenbatterien für die Interviews aufgebaut.

Zum Thema der „individuellen Modernität" sind mehrere empirische Untersuchungen verfügbar, die z. T. sogar interkulturell vergleichend angelegt sind: So entwickelte Leonard W. Doob (1960) für seine afrikanischen Studien einen Satz von Skalen, welche nach ihm die „psychologische Modernisierung" messen sollen. Joseph Kahl untersuchte moderne und traditionale Werte in Brasilien und Mexiko. Den Nachteil, keine Längsschnitt-Untersuchungen nach dem Muster "from farm to factory" vornehmen zu können, um die „Entwicklung" von modernen Werthaltungen verfolgen zu können, glich er durch die Technik des interkulturellen Vergleichs aus – ein Verfahren, das auch Inkeles anwendete. Inkeles (1974) und seine Mitarbeiter versuchten beim Vergleich solcher Länder wie Argentinien, Chile, Indien, Israel, Nigeria und Bangladesch zu möglichst kulturunabhängigen Ergebnissen zu kommen. Die Resultate werteten sie als Bestätigung ihrer generellen, aber wohl kaum sonderlich informativen These: der Kontakt mit modernisierenden Institutionen (Schule, Beruf, Fabrik, Massenmedien) über Zeit prägt bislang traditional orientierte Individuen um zu Menschen mit modernen Einstellungen.

Es will uns scheinen, daß über einige kritische Fragen hinaus, die die Eignung der verwendeten Instrumente sowie den Informationsgehalt der Ergebnisse anbelangen, noch einige grundsätzliche Fragen zu diskutieren sind: Die Entwicklung eines Konzepts der „umfassenden, generalisierten, individuellen Modernität“ impliziert nämlich die Annahme, daß es *den* modernen Menschen gebe. Die verschiedenen Forscher sind in dieser Hinsicht freilich unterschiedlich konkret: Während Inkeles die Übertragbarkeit seiner Skalen annimmt (gleichwohl hat er seinen interkulturellen Vergleich nur in unterschiedlich weit fortgeschrittenen „Entwicklungsländern“ vorgenommen), ist Doob in dieser Hinsicht vorsichtiger und beschränkt den Geltungsbereich der von ihm entwickelten Instrumente auf die afrikanischen Länder. Stephenson schließlich konstruiert im Rahmen der Modernisationsthematik seine "Shiloh-Scale" aus "local materials", geht also kulturspezifisch vor und lehnt eine interkulturelle Übertragbarkeit ab.

Inkeles' und Smith's Argumentation ist seit dem Erscheinen des Gesamtberichts einiger Kritik ausgesetzt gewesen. So stellt Bo Anderson (1975) fest, daß die Autoren auch dort, wo sie ihrer Generalthese entsprechend die "Overall Individual Modernity" als abhängige Variable (die sich mit der Dauer des „Ausgesetztseins“ gegenüber den Einflüssen moderner Institutionen stärker ausprägt) interpretieren, z. B. die zu erwartende Feinstruktur der Daten nicht genügend berücksichtigen. Andere Untersuchungen, die unabhängig von der Inkeles/Smithschen durchgeführt wurden, wiesen nämlich aus, daß es bei kürzeren Kontaktphasen „Rückfalleffekte“ gab, und daß auch bei längerem Ausgesetztsein die individuelle „Imprägnierung“ nicht kontinuierlich linear erfolge, sondern diskontinuierlich mit „Plateaueffekten“. Auch hier im personellen Rahmen gebe es also ein "take-off"-Problem, ein Ausdruck, den Rostow zuerst für die Modernisierung im wirtschaftlichen Bereich prägte (vgl. für solche Ergebnisse auch Waisanen, 1971, und Waisanen/Kumata,

1972). Auch in Hinsicht auf die Verwendung einiger der verwandten zentralen Variablen erscheint zumindest mehr kritische Differenzierung angebracht: Kumar (1973) u. a. stellen z. B. fest, daß die „Gleichsetzung" von Variablen wie „Modernisierungsneigung" und „höhere Bildung" nicht immer gerechtfertigt sei. Und Seibel (1976) moniert zu Recht, daß ein und dieselbe Variable zu unterschiedlichen Zeitpunkten und zu unterschiedlichen Stadien der Modernisierung durchaus verschiedenartige Haltungen indizieren könne bzw. anderen Personengruppen zugeschrieben werden müsse. Dabei würden, so Seibel, häufig Merkmale des „modernisierenden" Menschen mit denen des „modernen" Individuums verwechselt.

Auch zeigt sich deutlich, daß die meisten empirischen Untersuchungen auf Gesellschaften abstellen, die noch am Beginn der Modernisierungsprozesse stehen, während weiterlaufende Vorgänge dieser Art in hochindustrialisierten Gesellschaften kaum diskutiert werden. Zudem erscheint die Annahme von Inkeles und Smith fragwürdig – und mit ihrem eigenen Ansatz inkonsistent –, daß die Charakteristika des „modernen" Menschen gewissermaßen „zeitlos" seien.

Dies führt uns zu einer weiteren grundsätzlichen Frage, nämlich der, wie das Individuum theoretisch plaziert wird: als abhängige oder als unabhängige Variable? Die meisten Forscher setzen das Konzept der "individual modernity" offensichtlich als *abhängige* Variable ein: so Inkeles und Smith, die den Einfluß von Lebensumständen wie Arbeitserfahrung, Stadtleben, Massenmedien oder Schulbildung bei der „Prägung" moderner Individuen untersuchen; wie Kahl, der in ähnlicher Weise der Frage nachgeht: "to what degree does industrialism create a common culture for all people", und sich insofern auf den Pfaden der Konvergenz„theorie" bewegt; oder wie Lerner, für den die „Empathie" als Fähigkeit, sich in die Situation von anderen zu versetzen, unerläßlich erscheint, um eine traditionale Umgebung verlassen zu können.

Mit der trivialen Feststellung der genannten Autoren, daß der Kontakt mit „modernen Umwelten" bislang traditional orientierte Individuen in irgendeiner Weise neu prägt, sind *kausale* Fragen keineswegs beantwortet: Wer oder was gab die erste Initialzündung zum Aufbruch in die Moderne? Wie fanden sich die ersten Individuen mit „modernen" Ideen? Welche Prozesse stehen ganz am Anfang der Kausalkette? Grundsätzlich läßt sich nämlich feststellen: Theorien, nach denen ab ovo ein modernes Individuum existiert, gibt es kaum – allenfalls solche, bei denen das Akzeptieren einer generellen Wertorientierung der Ausgangspunkt ist für „moderne Konsequenzen" (vgl. etwa Max Webers These zur protestantischen Ethik oder Schumpeters Auffassung vom schöpferischen Unternehmer). Es gibt bisher auch keine konsistente und umfassende Theorie über das *Auftreten* von Neuerern, die in traditionalen Umgebungen entscheidende Änderungen durchsetzten und Prozesse der Modernisierung einleiteten. Hierher gehörte auch eine Theorie des Auftretens von „Erfindern" und der Nutzung von Erfindungen. Abgesehen von Max Webers Ausführungen über das Auftreten eines „charismatischen Führers" bietet die Sozialwissenschaft hier nicht allzu viel. Zwar erfahren wir im Rahmen der Diffusionsforschung einiges über persönliche Merkmale und soziale Effizienz von Innovatoren (z. B. Rogers, 1962), und wir hören aus der „behavioristischen" Erforschung sozialer Entwicklung, daß differentielle Sozialisationsprozesse (z. B. McClelland) oder – ganz allgemein: Lernvorgänge bestimmter Art (z. B. Kunkel, 1970) – eine neue Ära einleiten, aber wir erfahren wenig über die Frage, *wie* denn nun veränderte Sozialisationsprozesse entstehen (vgl. jedoch: Hagen, 1962; dazu Kap. 4.4) und *welche konkreten sozialstrukturellen Bedingungen welche Art von Lernprozessen bewirken.* So bleibt das Konzept der "individual modernity" trotz der vorgelegten empirischen Studien in einer merkwürdigen Weise „theoriearm". Es *erklärt* wenig, allenfalls dies: Modernität prägt moderne Einstellungen.

4.2.1.2. Die rollenanalytische Ebene

Auf der Rollenebene lassen sich verschiedene Enwicklungstendenzen herausstellen, die wir im folgenden kurz nachzeichnen. Auch bei Diskussionen auf dieser Ebene bleibt meist offen, ob gewandelte Rollenmuster *Ursache* oder *Ergebnis* der Modernisierung sind.

Im einzelnen können folgende Tendenzen auf der rollenanalytischen Ebene unterschieden werden: (1) Wachsende Rollendifferenzierung; (2) zunehmende Rollenpluralisierung; (3) zunehmende Rollenfluktuation; (4) stärkere Rollenambiguität; (5) Ausweitung von Rollenoptionen; (6) Reduzierung der Rollenzuschreibung; (7) Häufung von Rolleninkonsistenzen; (8) patiell zunehmende Rollenegalisierung; (9) Häufung von Rollenkonflikten.

Beginnen wir mit der Beschreibung des Prozesses der *Rollendifferenzierung,* der unmittelbar an den von den Funktionalisten unterstellten generellen Differenzierungsprozeß anknüpft (vgl. Kap. 4.1). Rollendifferenzierung als historischer Vorgang ist vor allem von Smelser herausgestellt worden, der in seinem Werk über die industrielle Revolution (1959) die Stufen dieses Differenzierungstyps am Beispiel der Trennung von familialen und beruflichen Rollen untersuchte. Sozialer Wandel ist damit identifiziert mit fortwährender Ausdifferenzierung von spezifischen Funktionen aus Institutionen mit diffuser Zwecksetzung, wobei der Ausdruck Rollendifferenzierung hierbei nur *einen,* wenn auch einen besonders wichtigen Aspekt des von den Funktionalisten herausgestellten „universalen" Entwicklungsgesetzes beschreibt. Wiederum bleibt fraglich, ob Prozesse der Entdifferenzierung, Egalisierung und Konfundierung (z. B. der Geschlechterrollen) dann als Gegentendenzen im Sinne eines der Modernisierung entgegenlaufenden Prozesses angesehen werden können.

Scheuch und Kutsch stellen heraus (1975, S. 119), daß mit zunehmendem Differenzierungsgrad einer Gesellschaft die für die Individuen relevanten Personensätze zunehmend verschiedener werden. Dabei wird von der folgenden Überlegung ausgegangen: Je funktional diffuser eine Beziehung zwischen Personen ist, um so eher decken sich tendenziell deren Personensätze. Unterschiede zwischen den Personensätzen von Interaktionspartnern sind dann ein Element der Verstärkung der Distanz, Überdeckung der Personensätze ein Element der Kohäsion. Dieser Tatbestand wird dann in einem idealtypischen Vergleich „traditionaler" vs. „moderner" Gesellschaft exemplifiziert. Hierzu heißt es:

Charakteristisch für untere soziale Strata in vorindustriellen Gesellschaften ist eine hohe Übereinstimmung in den Personensätzen, anders die Situation in heutigen Industriegesellschaften. Anders formuliert: In der Heterogenität der Personensätze sowohl für Ego selbst als auch zwischen Interaktionspartnern spiegelt sich der Differenzierungsgrad einer Gesellschaft. Je differenzierter (industrialisierter) eine Gesellschaft, desto geringer ist die Wahrscheinlichkeit der Übereinstimmung der Personensätze zweier Partner.

Die *Pluralisierung sozialer Rollen* hat noch andere Implikationen. Durch die Parzellierung und „Pluralisierung" der Gesellschaft und konsequenterweise die Vervielfältigung von Bezugsgruppen sowie die gesellschaftliche Duldung subkultureller Relativierung von Normen und Rollendefinitionen kann es dazu kommen, daß für ein und dieselbe Rollenfunktion mehrere „gültige" Rollendefinitionen existieren: Mit zunehmender Modernisierung existieren also immer weniger ausschließliche Rollendefinitionen pro Rolle. Je mehr Rollendefinitionen nicht mehr gesamtgesellschaftlich einheitlich, sondern tendenziell subkulturell bzw. nach Bezugsgruppen oder sozialen Schichten verbindlich werden, desto mehr werden offensichtlich bisher universell gültige Sanktionen durch bereichsspezifische ersetzt.

Die Pluralisierung von Rollenmustern gilt auch im individuellen Zeitablauf. Die *Dynamisierung* und *Fluktuation* früher langfristig festgelegter Rollenmuster führt zu ständig neuen Rollendefinitionen und Rolleninhalten; somit erfolgt die Orientierung der Personen zunehmend an „beweglichen Zielscheiben", was insbesondere am ständigen Wandel beruflicher Rollen ablesbar ist. Der Modernisierungsprozeß der Rollenstruktur bewirkt, daß das einmalige Erlernen und Internalisieren einer Rolle in speziellen Rollenbereichen (insbesondere bei Berufsrollen) zunehmend atypisch wird, daß Bedeutung und Inhalt von Rollen einem rascheren Wandel unterliegen und daß die Rolleninhaber somit häufiger gezwungen sind, ihre Rolle mehrfach neu zu erlernen oder sie zu wechseln. Dies bedeutet in der Konsequenz auch, daß im Vergleich zu traditionellen Gesellschaftsformen das „Repertoire“ der zu erlernenden Rollenelemente absolut größer geworden ist.

Eine weitere Folge ist die damit oft gegebene partielle Widersprüchlichkeit oder Konkurrenz der Rollenelemente untereinander – was auch in zeitlicher Hinsicht gilt – insoweit Ego sich situationsspezifisch zu verhalten und der einzelnen Rolle je nach dominanter Situation ihr unterschiedliches Gewicht einzuräumen hat. Hieraus läßt sich die Wahrscheinlichkeit ableiten, daß Mehrdeutigkeiten *(Rollenambiguitäten)* darüber auftreten, welche genaue Konturen die jeweils wahrzunehmende Rolle im einzelnen hat und welche Priorität eine bestimmte vorzugsweise neue Situation erfordert bzw. eine Rolle in wechselnden Situationen hat. Es ist oft herausgestellt worden (vgl. etwa Kahn [u. a.], 1964), daß diese Ambiguität zu Konfliktsituationen führen kann und eine Identifizierung des Individuums mit dem Rolleninhalt verhindert.

Andererseits: Die Mehrdeutigkeit und Diffusität von Rollendefinitionen impliziert für den einzelnen auch die Möglichkeit der Rollen-Selbstgestaltung (vgl. hierzu Wiswede, 1977). Wenn wir diesen Gesichtspunkt ein wenig ausweiten, so könnte man hier von der wachsenden Chance verschiedenartiger *Rollenoptionen* sprechen. Dieses rollenanalytische Konzept wird insbesondere von Scheuch und Sussman (1973) in einem Aufsatz über die Modernisierung der Familie verwendet. Praktisch bedeutet eine solche Zunahme von Optionen jedoch auch eine „Qual der Wahl“, wobei anzunehmen ist, daß dieser Orientierungskonflikt nicht ein für allemal vom Individuum grundsätzlich entschieden, sondern daß die Präferenzenskala in gewissen Zeitabstufungen immer wieder neu überdacht werden wird und muß. Rollenambiguität und Möglichkeit zu verschiedenartigen Rollenoptionen hat demnach für das Individuum belastende und entlastende Konsequenzen zugleich. Vielleicht läßt sich dieser Wandel auf die Kurzformel bringen: vom *Zwangs*konflikt zum *Wahl*konflikt. Während früher der Konflikt durch Zwänge und Mangel charakterisiert war, so ist er es in der modernen Gesellschaft partiell durch Überfluß sowie durch das Problem, sich zwischen vielen verfügbaren Optionen entscheiden zu müssen. Wie die Entscheidung auch ausfällt, so wird jedenfalls starke kognitive Dissonanz hinsichtlich der entgangenen, möglicherweise ebenso attraktiven Alternative entstehen.

Ein weiterer Aspekt dieses aufgelockerten Rollengefüges liegt in der abnehmenden Bedeutung askriptiver Merkmale bei der Positionszuweisung. Modernisierende Gesellschaften neigen dazu, das Ausmaß von *zugeschriebenen Statusmerkmalen* zugunsten von *erwerbbaren Statusmerkmalen* zu verschieben. Dabei bleibt freilich festzustellen, daß es sich hier offensichtlich um einen höchst eingeschränkten und keineswegs abgeschlossenen Prozeß handelt, da traditionelle Zugangsbarrieren sich – wenn auch oft in modifizierter und gemilderter Form – bis in unsere Zeit fortsetzen. In diesem Zusammenhang ist insbesondere an Merkmale wie Geschlechtszugehörigkeit, ethnische Zugehörigkeit, Sozialschicht (mitsamt den dort praktizierten Sozialisationstechniken) zu denken, die höchst differentielle Chancenstrukturen vermitteln und entsprechende Disparitäten erzeugen. Für sog. „Entwicklungsländer" gilt zudem, daß eine breit fundierte berufliche Infrastruktur „oberhalb" des agrarischen Bereichs erst unzulänglich ausgebaut ist, so daß einfach noch nicht genügend Aufstiegsmöglichkeiten zu hoch qualifizierten Berufen zur Verfügung stehen. Ein ähnliches Problem kann andererseits auch in hochentwickelten Ländern auftreten, die sich sektoral oder sogar breitflächig unvermittelt z. B. einem Problem von arbeitslosen Akademikern gegenübersehen.

In dem Maße, wie es Personen sektoral möglich geworden ist, qua Leistung einen partiellen Aufstieg zu realisieren, werden die einzelnen Rollenelemente „dynamisiert"; in dem Maße stimmen diese Merkmale nicht notwendigerweise mehr überein. Gerade in Gesellschaften also, die voll im Modernisierungsprozeß stehen, ist *Rollen- und Statusinkonsistenz* (Lenski) ein häufig vorzufindender Zustand und ein wichtiger Indikator, gelegentlich auch ein kausaler Faktor für Modernisierung, insoweit sie durch partielle Aufstiege zustande gekommen ist. Der Personensatz, d. h. die Summe der Personen, mit denen Ego aufgrund seiner Rollenkonfiguration interagiert, war in traditionalen Gesellschaften typischerweise in den meisten der verschiedenen denkbaren Alltagssituationen der gleiche. Dies hat sich offensichtlich in modernen Gesellschaften entscheidend geändert: Hier ist es typisch geworden, daß sich bei wechselnden Alltagssituationen der jeweilig relevante Teil des Personensatzes von Ego kaum oder gar nicht mehr überlappt mit dem aus den jeweils anderen situativen Bezügen.

Ein weiterer Aspekt verdient in diesem Zusammenhang unsere Beachtung. Es handelt sich um Prozesse der *Rollenegalisierung,* die freilich nicht ohne wichtige Einschränkungen verlaufen. Eine partielle Egalisierungstendenz betrifft z. B. das Verhältnis zwischen Ehepartnern in der Familie, wobei der Übergang von der vormodernen Situation zur Moderne dadurch gekennzeichnet ist, daß die einseitige Dominanz eines Partners abgebaut wurde zugunsten einer weitgehend egalitären partnerschaftlichen Beziehung auf der Basis der (zumindest formellen) Gleichberechtigung und Gleichrangigkeit von Mann und Frau. Hierzu hat sicherlich die vermehrte Berufstätigkeit von Ehefrauen entscheidend beigetragen, welche sich dadurch auch die Möglichkeit alternativer „Außenbezüge" geschaffen haben, verbunden mit der Möglichkeit, auch im außerfamilialen Bereich relativ autonom zu sein (vgl. die „Ressourcentheorie" in der Familiensoziologie).

Egalisierungsprozesse, die mit allgemeinen Demokratisierungs- und Pluralisierungstendenzen verbunden sind, zeigen sich gleichfalls im Bereich der sozialen Schichtung. Ein wenig voreilig wurde für die Bundesrepublik eine globale Nivellierungsthese unterstellt; neuere Forschungsergebnisse zeigen, daß man das

Ausmaß einer solchen Nivellierung offensichtlich doch ein wenig überschätzt hat. Immerhin ist eine schroffe Statuskristallisation (Lenski), wie sie heute noch etwa im indischen Kastensystem verankert ist, in modernen Industriegesellschaften fließenden Übergängen und mehrdimensionalen Rangdifferenzierungen gewichen, die oftmals nicht so sehr auf der materiell-ökonomischen, sondern lediglich auf subjektiv-psychischer Ebene in höchst subtiler Form existieren.

Fluktuation, Ambiguität, Wahlzwang und Inkonsistenzen sind Faktoren, die die *Häufung von Konfliktsituationen* heraufbeschwören. Dies betrifft einmal sogenannte *Intra-Rollenkonflikte,* indem die Zahl der Bezugspersonen und Bezugskontexte ständig wächst, insbesondere jedoch die Wahrscheinlichkeit des vermehrten Auftretens von sog. *Inter-Rollenkonflikten,* bei denen verschiedene Rollen, die ein Individuum auszufüllen hat (z. B. Vaterrolle, Berufsrolle, Parteirolle usw.) miteinander in Widerspruch stehen. Während die Frage der Lösung von Rollenkonflikten empirisch und theoretisch relativ gut untersucht ist, bleibt die Frage nach den Bedingungen des *Auftretens* von Rollenkonflikten meist ausgeklammert (vgl. jedoch: Wiswede, 1977, S. 118 ff.). Wenn Werte, Normen und Rollen ihres Selbstverständnisses beraubt und durch neue Wertvorstellungen abgelöst werden, dann dürfte der Konfliktdruck um so stärker sein,

> je tiefer die alten Wertvorstellungen – auf denen die alte „Rolle“ gründete – im Bewußtsein der Individuen verankert, internalisiert sind und je zwingender neue und abweichende Rollenvorschriften – etwa im Zuge funktionaler Erfordernisse – die herkömmlichen Rollennormen ablösen müssen. Eine Gesellschaft, die wichtige Strukturveränderungen durchmacht, wird also überkommene Rollenvorschriften durch neue zu ersetzen haben, die von den Mitgliedern dieser Gesellschaft eben noch nicht zur Genüge verinnerlicht sind. Rollenkonflikte treten daher häufig in Entwicklungsländern auf, die den Aufbruch von relativ einfachen Kulturen zu komplexeren und modernen Gesellschaftsformen sehr rasch vollziehen. (Wiswede, 1977, S. 118)

Auch die Lösung von Rollenkonflikten hat sich im Zeitverlauf stark verändert. Auf der Individualebene auftretende Konflikte und Problemlagen wurden in „primitiven" Gesellschaften noch individuell gelöst bzw. allenfalls auf Gruppen- oder Stammesebene. Im Zuge der Entwicklung zu einer modernen Gesellschaft im Sinne der Weberschen Entwicklungsrationalität bildet sich die Tendenz heraus, Lösungen für Sachprobleme – sofern sie konfliktfähig sind, als „typische Fälle" in genügend großer Zahl auftreten und sofern ihre Lösung im Interesse der Gesamtgesellschaft liegt – nicht mehr in erster Linie durch Einzelinitiativen auf der Individualebene zu suchen; es werden vielmehr Institutionen gebildet, die „professionalisierte Lösungsstrategien" solcher generalisierter Problemlagen ermöglichen sollen. Danach kann auch offensichtlich eine Gesellschaft in ihrem Modernisierungsprozeß als um so weiter fortgeschritten gelten, je größer die Zahl und der Umfang von *Institutionen* ist, die als repräsentierende Instanzen von Rollenmerkmalen bzw. Rollenproblemen der Individuen fungieren, und je seltener hierbei Schwellenwerte erreicht werden, bei denen Konflikte mit den zu repräsentierenden Rollenträgern auftreten und diese entsprechend intervenieren. Diese Ausdifferenzierung von gesellschaftlichen Funktionen zu Institutionen wird von vielen Autoren als besonders bedeutsames Merkmal modernisierender Gesellschaften verstanden. Wir werden diese „Ebene" der Analyse im folgenden Abschnitt diskutieren.

4.2.1.3. Die institutionelle Ebene

Wilbert E. Moore (dt. 1967) sieht in den Institutionen „Eigentum", „Arbeit" und „Tausch" die institutionellen Vorbedingungen der Industrialisierung bzw. der Modernisierung. Für diese institutionellen Vorbedingungen der Modernisierung findet er die Schlüsselformel „Institutionalisierung der Rationalität" (S. 158).

Wie schon im Falle der „individuellen Modernität" stellt sich jedoch auch hier die Frage, ob es sich dabei um *Ursachen* des Modernisierungsprozesses oder um dessen *Akzeleratoren* handelt, oder vielleicht „nur“ um „Wirkungsfelder“ dieses Prozesses, dessen eigentliche Ursache logisch und zeitlich „davor“ liegt. Die Beantwortung dieser Frage wird häufig umgangen; wo sie nicht ausgeklammert wird, wird deutlich, daß sie kaum schlüssig beantwortet werden kann. Bei Daniel Lerner liest sich dies am Beispiel einer von ihm im Modernisierungsprozeß für zentral gehaltenen Institution, der Massenkommunikation, wie folgt:

Wir untersuchen hier ... die etwas bescheidenere These, daß ein Kommunikationssystem sowohl Index als auch Träger des Wandels der Gesamtgesellschaft ist. Damit vermeiden (!) wir das genetische Problem der Kausalität, worüber man nur spekulieren kann; statt dessen untersuchen wir überprüfbare Korrelationshypothesen. Wenn der Modernisierungsprozeß einmal in Gang gekommen ist, dann „verursachen“ sich nach dieser Ansicht die Henne und das Ei wechselseitig. (Lerner, dt. 1971, S. 367)

Berger (u. a.) allerdings glauben offensichtlich, dieses Problem wenn schon nicht im „kausalen“, so doch im „ordinalen“ Sinne klären zu können (1973, S. 90/91):

In Begriffen des modernen Bewußtseins in der heutigen Welt müssen wir zwischen primären und sekundären Trägern unterscheiden. Primäre Träger sind: erstens die technologische Produktion ... zweitens der bürokratisch organisierte Staat. [...] Wir betrachten diese beiden nicht nur als die primären Träger des modernen Bewußtseins, sondern *damit zugleich auch als die primären Urheber der Modernisierung*. (Hervorhebungen d. Verf.)

Die sekundären Träger haben nach Auffassung der Autoren zumeist ihre historische Grundlage in den primären Trägern, erwerben jedoch in der Folge die Fähigkeit zu selbständiger Wirksamkeit. Als solche sekundären Träger werden hervorgehoben: die „Verstädterung“; ein „mobilisiertes“ Schichtungssystem; die „Privatsphäre“ als ein Schlüsselkontext des individuellen Lebens; die besonderen Institutionen der wissenschaftlichen und technologischen Innovation; die Massenerziehung und, in ihrer Folge, die Massenmedien (S. 91). Die Autoren stellen fest (S. 93), daß angesichts des Fehlens einer umfassenden, definitiven Theorie der modernen Institutionen alle Aussagen über institutionelle

Vektoren des modernen Bewußtseins zwangsläufig hypothetischen Charakter haben müssen. Als solche sehen sie an: Den Entwicklungsgrad der primären Träger, den kulturellen Standort der primären Träger, den Zugang zu den wirtschaftlichen Vorteilen der Modernität, die soziale Organisation der Wirtschaft, den Grad der bürokratischen Autonomie.

In etwas anderer Form nimmt Lerner seine Auswahl vor. Schon vor einiger Zeit formulierte er mit Blick auf die „Entwicklungsländer" ein Modell, in welchem verschiedene institutionelle Prozesse und Faktoren in Verbindung zueinander gebracht werden (1958; dt. 1971; 1972). Lerner geht hierbei von einer universellen, weltweit stattfindenden „Kettenreaktion" institutioneller Prozesse aus, die sich in Kurzform etwa so darstellen läßt: Die Urbanisierung vermindert das Analphabetentum; vermindertes Analphabetentum bewirkt eine gesteigerte Benutzung und Kenntnisnahme der Massenmedien; als weitere Folge ergibt sich eine gesteigerte wirtschaftliche (Indikator: pro-Kopf-Einkommen) und politische Teilnahme (Indikator: Ausdehnung des Wahlrechts). Lerner spricht in diesem Sinne von einem Drei-Phasen-Modell (Lerner 1971, S. 370): (1) Urbanisierung mit Entstehung der Elementarbildung und Entwicklung der Massenmedien, (2) Schlüsselrolle der Elementarbildung; Ausbreitung und volle Wirkungsentfaltung, (3) Ausbreitung von Massenmedien; Zeitungen, Rundfunknetz, Filme. An diese Darstellung schließt er die Bemerkung an: „Aus diesem Zusammenhang entwickeln sich dann alle anderen Institutionen der Teilnahme (z. B. das Wahlrecht), die sich in allen fortgeschrittenen modernen Gesellschaften finden". An anderer Stelle (1972) führt Lerner ein ähnliches Sequenz- und Phasenmodell der institutionellen Abfolge des Modernisierungsprozesses in den Entwicklungsländern an:

Einige der wichtigsten Teilprozesse des komplexen Prozesses der Modernisierung haben wir bereits genannt: Urbanisierung, Industrialisierung, Erziehung, Sanierung und Verkehr. Die ersten beiden sind „Grundvariable" in dem Sinne, daß sie in Gang gesetzt sein müssen, bevor die restlichen Prozesse wirksam werden können. Die beiden letzten sind „Folgevariable“ in dem Sinne, daß sie notwendig wirksam werden, sobald die ersten beiden in Gang gesetzt sind (S. 7).

Nach neueren Daten hat sich diese These einer universellen Modernisierungstendenz jedoch nicht nachweisen lassen (vgl. Schramm/Ruggels, 1967), denn die behauptete Beziehung zwischen Urbanisierung und den weiteren Aspekten war keineswegs eindeutig auszumachen.

Wenn wir nun ein erstes Fazit ziehen, so bleibt festzustellen:

(1) Die „fortschrittlichen“ Beiträge zu dieser Thematik begnügen sich nicht damit, additiv und unverbunden die wichtigsten Institutionen zu benennen, sondern sie versuchen, ein Modell der gegenseitigen Interdependenzen zu skizzieren.

(2) Die Autoren machen durchweg eine Unterscheidung zwischen „verursachenden“ und Folge-Faktoren, bzw. zwischen primären und sekundären Faktoren – sie unterscheiden also nach Ursache und Wirkung, und nach der „Wichtigkeit“ der Variablen.

(3) In den meisten Fällen wird das „Modell“ prozessual als Sequenz- oder Phasenmodell begriffen, wobei sich die Beiträge allerdings in der Abfolge der Faktoren unterscheiden.

Im übrigen erscheint es durchaus plausibel, daß eine in sich geschlossene Theorie der Institutionen im Modernisierungsprozeß noch nicht vorgelegt werden konnte: Die notwendigerweise sehr allgemein gefaßten definitorischen Abgrenzungen sozialer Institutionen geben nicht zwingend ein konkretes Auswahlkriterium an die Hand, welche Institutionen als notwendige und welche als hinreichende Bedingungen für das Modell der Gesellschaft im Modernisierungsprozeß anzuführen wären. Die Entscheidung, welche Institutionen bedeutsam sind, ist sowohl eine empirische Frage als auch annäherungsweise durch „Sortierung“ (etwa im Bergerschen oder Lernerschen Sinne) dergestalt zu klären, daß Institutionen von primärer, sekundärer oder tertiärer Wichtigkeit definiert werden, die sich vielleicht sogar als Folgevariablen auseinander entwickeln, so daß man in vielen Fällen mit der Nennung einiger Zentralvariablen auch schon – implizit – einen Katalog von Folgevariablen aufgeschlossen hat. Hieraus ergibt sich allerdings wieder ein neues Problem: Je „grundsätzlicher" die benannte Institution ist, desto schwieriger läßt sie sich für aktuelle Forschung operationalisieren. Immerhin wird auch eines deutlich, schon wenn wir z. B. die Phasenmodelle Lerners vergleichen – was im übrigen auch weiter sichtbar wird, wenn man die Modelle anderer Autoren zum Vergleich heranzieht: Die Modelle werden logisch in der Form eines „Baums" entwickelt (vgl. Kap. 1.2); während über die Wurzel und den Stamm Einigkeit besteht, nimmt die Variabilität der „Äste", also der noch als relevant angesehenen und zum „universellen Modell" gehörigen Folgeerscheinungen, in den nachfolgenden Phasen zu.

Speziell bei Lerner läßt sich im übrigen auch eine gewisse Inkonsistenz der Argumentation feststellen: Während er einerseits bemerkt, daß er eigentlich das genetische Problem der Kausalität vermeiden möchte, findet er sich doch bereit, ein explizites Sequenz- und Phasenmodell zu formulieren, mit Grundvariablen, Zwischen- und Folgevariablen – also mit einer sehr eindeutigen Festlegung von Kausalität. Schließlich wird bei Lerner auch deutlich, daß dieser von ihm so grundsätzlich gesehene „universelle Prozeß" nicht unbedingt „zwangsläufig" ins Rollen kommt, bzw. sich je nachdem „nicht an das Modell hält". Lerner will eventuelle „Abweichungen" zwar nur als „Hindernisse auf dem Weg zur Modernisierung" verstanden wissen (Lerner 1971, S. 375), doch es dürfte sich nachweisen lassen, daß es durchaus zu einer „Umwertung" der von ihm benutzten generellen Indikatoren kommen kann. So bedeuten etwa die Bevölkerungszusammenballungen in den „modernen" Slums vieler Millionenstädte in den Entwicklungsländern und der hektische Zuzug immer weiterer Landbevölkerung eher eine Verhinderung der Möglichkeiten, z. B. einen Prozeß von Alphabetisierung oder Bildung generell einzuleiten, oder, um in Lerners Terminologie zu bleiben, „Empathie" zu erzeugen. Wenn sich solche Symptome häufen, wenn „die Ausnahme System hat", dann fragt sich, ob Lerners Argumentation in der vorgelegten Weise noch haltbar ist.

Im übrigen liefert Lerner auch selbst Argumente zur Relativierung seines eigenen Modells: Er sagt (ebd.): „Was der Westen in den letzten drei Jahrhunderten schrittweise erreicht hat, kann die unterentwickelte Welt in diesem Jahrhundert nicht einfach auf einmal nachholen." Dieser Satz ist zweifellos mißverständlich. Zuerst einmal: Die Entwicklungsländer haben in einer Hinsicht einen Vorteil, nämlich den „Vorteil des Nachzüglers": Sie können eine Reihe von Umwegen abkürzen, welche die „Pionierländer" (Bendix) auf ihrem durch „Versuch und Irrtum" gekennzeichneten Weg eingeschlagen haben. Des weiteren ist die Monopolstellung der Lese- und Schreibkundigkeit durch neuere technische Hilfsmittel entscheidend geschrumpft. Dies hat zur Konsequenz, daß auch in diesem Sinne das „Phasenmodell" für die Individuen nicht mehr zwingend ist: selbst der im ländlichen Kontext lebende Analphabet kann über Massenmedien in Kenntnis und Kontakt zur „modernen" Lebenswelt gelangen.

Schließlich und endlich bleibt die Frage, ob die Analyse struktureller Faktoren, wie sie von Lerner und anderen vorzugsweise versucht wird, zur Beschreibung bzw. Antizipation des Modernisierungsprozesses in den Ländern der Dritten Welt genügt; es könnte ja immerhin sein, daß andere „Grundeinstellungen" hier zu einer jeweils auch anderen Logik des „Entwicklungsprozesses" und zu einer anderen Bedeutungszuschreibung von Institutionen führen: Im Nahen Osten gibt es nun einmal keine Tradition der protestantischen Ethik – welche nach Max Weber den Modernisierungsprozeß in den westlichen Ländern entscheidend befruchtet hat –, sondern z. B. die des Islam mit grundlegend anderen Wertorientierungen.

4.2.1.4. Die gesamtgesellschaftlich-komparative Ebene

Die gesamtgesellschaftliche Ebene, die Ebene der „Nation", ist im Rahmen modernisierungstheoretischer Überlegungen zu einer bedeutsamen Einheit geworden, und dies in mehrfacher Hinsicht: Einmal handelt es sich dabei gewissermaßen um die „natürliche“ Einheit – als Sprachraum, als wirtschaftliche und politische Einheit – innerhalb deren sich spezifische Modernisierungsprozesse abspielen und der dementsprechend häufig in toto ein bestimmter Stand der Modernisierung zugesprochen wird, wenn auch möglicherweise durch Urbanisierungs- und Industrialisierungsballungen „interne“ Unterschiede auftreten mögen, die oft noch nach langer Zeit „Inseln“ der Traditionalität hinterlassen. Zum anderen stellen verschiedene Forscher heraus, daß gerade das Zusammenfinden verschiedener Teilpopulationen zu einer Nation, das „nation-building“, ein Kriterium des Modernisierungsprozesses sei (vgl. hierzu u. a.: G. A. Almond, S. Rokkan, R. L. Merritt, 1971; D. Lerner, 1972; M. Weiner, 1972). Zum dritten und vielleicht ganz folgerichtig in der Konsequenz dieser erwähnten Aspekte sind Nationen *die* Makrogrößen, die besonders häufig als Vergleichseinheit im Modernisierungsprozeß herangezogen werden (z. B. bei Bendix). Die Nation wird als *das* sinnvolle Aggregat angesehen, welches vorhandene Kapazitäten einerseits und Optionen andererseits bündelt und maximiert. Und hierfür gibt es offensichtlich gute Gründe: Während reine Stammesgesellschaften durch ihre quantitative Begrenzung vergleichsweise ein gewisses Maß an politischer Bedeutungslosigkeit nie überwinden können, sind noch größeren Einheiten als Nationen in ihrer Integrationskraft Hindernisse entgegengesetzt, etwa durch Sprachbarrieren oder durch zu starke ethnische Unterschiede.

Prozesse der *Nationenbildung* wurden allerdings bisher sehr selektiv untersucht. Wie S. Rokkan aufzeigt (1971, S. 230) finden sich bisher ganz allgemein starke Verzerrungen: (a) zugunsten „großer Nationen“ (was automatisch die meisten z. B. der „jungen Nationen“ Afrikas aus dem Blickfeld drängt), (b) zugunsten der Analyse „gesamter“ Nationen (wobei häufig die Analyse von Wachstums„zentren“ im Vergleich mit der „Peripherie“ vernachlässigt wird), (c) zugunsten der Analyse des Wirtschaftswachstums (was sicher nicht die gesamte Spannbreite des Modernisierungsprozesses umfaßt).

Als grundlegende Frage aller dieser Untersuchungen ergibt sich das Problem, inwieweit sich die Analyse und Beschreibung der Nationbildung systematisieren und generalisieren läßt. Wohl die Mehrzahl der Forscher bejahen diese Frage (vorsichtig bejahend: S. Rokkan, 1971). Die Unterschiede liegen offensichtlich darin, wie bereit das Spektrum vergleichsfähiger Beispiele gezogen wird. Dabei hat die Forschergruppe des „Committee of Comparative Politics" um G. A. Almond ein Konzept vorgelegt, das über die Aufzählung eines Kataloges, der die Existenz einer Nation definieren soll, hinaus „universelle Funktionen des politischen Systems" formuliert. Die Wahrnehmung solcher Funktionen werde von entsprechenden „typischen" *Krisenerscheinungen* begleitet. Hierbei sehen sie die folgenden zentralen Funktionen: (1) Legitimierungsfunktionen (Identitätskrise, Legitimitätskrise), (2) Prozeßfunktionen (Krise der politischen Beteiligung, Integrationskrise), (3) Leistungsfunktionen (Krise der Penetration, Krise der Umverteilung). (Für eine Darstellung dieses stark diskutierten Modells vgl. z. B.: S. Rokkan, 1971, S. 233 f.; P. Flora, 1974, S. 90 f.; J. S. Coleman, 1968, S. 400 f.; H. U. Wehler, 1976, S. 28 f.). Rokkan ordnet nun der „Penetrationskrise" den Aspekt der Staatenbildung zu und der Identitätskrise den Aspekt der „Nationenbildung" – was sich wohl so lesen läßt: Erst wenn zur Penetration die Integration und Identitätsbildung gekommen ist, dann ist aus dem Staat, der schon im Sinne einer rationalen Ordnung funktionieren mag, auch eine Nation geworden. Was wiederum – wie leicht einsichtig – im Prinzip doch lediglich eine Frage der Definition ist. Offensichtlich ist es auch nicht einfach, dieses Schema zu operationalisieren:

> Welche Kriterien gibt es, um spezifische Kontroversen über eine Strategie oder eine politische Maßnahme als Teil einer tiefergehenden Krise zu interpretieren? Wie soll man verfahren, wenn zu einem gegebenen Zeitpunkt Elemente von zwei, drei oder allen Herausforderungen im Spiel sind? Welche Indikatoren lassen sich konstruieren, um (a) das Gewicht einer Krise in einer oder in mehreren der sechs Dimensionen zu messen, (b) um die Wirkungen der Maßnahmen zu messen, die zur Lösung ergriffen werden? (Rokkan, 1971, S. 238)

Die Frage der Problembewältigung auf dem Wege der Konsolidierung und des „nation-building" von Gesamtgesellschaften führt u. a. auch zu der Problematik der Größe von Staaten und dem Umfang wirksamer politischer Gemeinwesen, worauf Karl Deutsch aufmerksam macht (1971, S. 342); er kommt zu dem Schluß, daß die Effekte der „sozialen Mobilisierung" sich diesbezüglich in unterschiedlicher Art und Weise auswirken können, je nachdem, ob hierdurch schon latente Gemeinsamkeiten (z. B. der gleichen Sprache, Kultur, sozialer Einrichtungen) weiter betont oder latente Unterschiedlichkeiten in prägnanter Weise weiter verdeutlicht und verschärft werden. Letztlich werde allerdings jenseits der Wirkungen von Sprache, Kultur und Institutionen die Frage nach der Größe von Staaten und ihrer politischen Einheit vom Grade ihrer organisatorischen Leistung abhängen. In der Praxis, so meint Deutsch, haben die Folgen der sozialen Mobilisierung häufig die Tendenz gezeigt, den Umfang des Staates zu vergrößern. Diese Tendenz zur räumlichen Ausdehnung moderner Staaten wird seiner Ansicht nach andererseits im Laufe dieses Wachstums dadurch behindert, daß diese immer mehr mit ihren eigenen internen Angelegenheiten beschäftigt seien, was wiederum zu einer Art freiwilliger Selbstbeschränkung führt (Deutsch, 1971, S. 343).

Bereits früher (1969) stellte Deutsch die zentrale Bedeutung des *Nationalismus* heraus. Dessen Ausprägungen untersucht er nach zwei Dimensionen bzw. Begriffspaaren: In Anlehnung an Tönnies ist das eine Paar „Gemeinschaft" und „Gesellschaft", das andere „*Mobilisierung*" und „*Assimilierung*". „Gesellschaft" steht bei ihm ganz generell für den „Markt" der Güter und Dienstleistungen; „Gemeinschaft" für den „Markt" von Informationen und Kommunikation, von Sprache und Kultur. Der Modernisierungsprozeß initiiert nun in der Dimension der „Gesellschaft" generelle Mobilisierungsprozesse und in der Dimension der „Gemeinschaft" Assimilierungs- (oder auch Differenzierungs-)prozesse. Hierbei sieht er als Modernisierungssequenz: Mobilisierungsprozesse produzieren Assimilierungsprozesse. In einer empirischen Überprüfung benutzt er „Urbanisierung" und „Berufsstruktur" als Indikatoren des Mobilisierungsprozesses, und „Sprache" als Indikator des Assimilierungsprozesses. Die

Stärke der unterschiedlichen gesellschaftlichen Gruppen, die sich nach den Merkmalen „mobilisiert/assimiliert“, „mobilisiert/differenziert“, „nicht-mobilisiert/assimiliert“, „nicht-mobilisiert/differenziert“ unterscheiden lassen, sind dann nach Deutsch Hinweise für die Chance der „gelungenen“ Vereinigung zu einer Nation oder aber für Konflikte, die einen solchen Prozeß beeinträchtigen oder gar verhindern. Dabei geht Deutsch von einem *Gleichgewicht* zwischen Mobilisierungs- und Assimilierungsprozessen aus. Dieses Konzept, das theoretisch sehr klar wirkt, beinhaltet jedoch offensichtlich etliche Probleme für den empirischen Test, wie Zapf/Flora 1971 bei einem neuerlichen Versuch einer empirischen Überprüfung feststellen konnten.

Bemerkenswert ist im übrigen, daß das Interesse der meisten Modernisierungsforscher, welche sich auf die Einheit „Nation“ beziehen, sich bislang überwiegend auf die *Entstehung* von Nationen, das „nation-building“ beschränkte – sei es im weiten historischen Rückblick auf die „alten Nationen“, sei es im Hinblick auf die angeblich „erste neue Nation“ Amerika (S. M. Lipset), sei es im Hinblick auf die jungen Nationen der Dritten Welt, die vorzugsweise in den letzten Jahrzehnten entstanden. Der andauernde Modernisierungsprozeß schon konsolidierter und „entwickelter“ Nationen wurde demgegenüber bislang nicht systematisch untersucht. Hierauf bezieht sich Seibel, wenn er auf den Unterschied zwischen Modernisierung (als Prozeß des Umbruchs) und Modernität (als Prozeßergebnis) verweist und feststellt, daß Untersuchungen im letzteren Bereich bislang noch nicht geleistet wurden (Seibel, 1976, S. 591).

Aber nicht nur als „zusammenwachsende Einheit“, als „Gesamtgesellschaft“, war die „Nation“ den Forschern von Interesse, sondern auch als Vergleichsgröße. Es erscheint folgerichtig, daß solche komparativen Studien zunehmend auch zwei generellen Fragestellungen nachgingen: einmal, ob die „Laufbahnen“ dieser verschiedenen Gesellschaften in ähnlichen Etappen verlaufen, und zum anderen, ob sich die zur Diskussion stehenden Länder auf einen gemeinsamen, ähnlichen Zustand hin entwikkeln, oder ob sie sich auseinanderentwickeln und „verschiedene Richtungen" einschlagen. Diese Problematik wird in der Literatur unter den Stichworten von „Konvergenz" und „Divergenz" diskutiert (z. B. Weinberg, 1969); in jüngster Zeit wurde diesen Alternativen noch eine dritte hinzugefügt, nämlich die der „evolutorischen Invarianz" (R. Baum, 1974). Dieses Problem hatten wir in anderem Zusammenhang schon einmal aufgegriffen (vgl. Kap. 2.2). Wie es scheint, entwickelt sich die Debatte dahingehend, daß „bereichsspezifisch" argumentiert und dann je nach dem betrachteten Ausschnitt „Konvergenz" oder „Divergenz" konstatiert wird. So sieht etwa Rostow (1960) für den Bereich der Wirtschaft Konvergenzen, während Abegglen (1958) und Dore (1973) diese Perspektive ablehnen. Speziell für den Sektor der Politik lassen sich besonders viele euphemistische Konvergenz-Theoretiker verzeichnen: Dahrendorf, Lerner, Lipset, Almond und Verba seien hier angeführt, die alle einen Trend der Konvergenz zur Demokratie hin postulieren. Nur vereinzelt wird dies in Frage gestellt (de Schweinitz, 1964, B. Moore, 1966), zumal auch der Demokratiebegriff recht inkonsistent verwendet wird. Wieder andere Autoren stellen darauf ab, daß alle industrialisierenden Gesellschaften zunehmend ein ähnliches Schichtsystem aufweisen werden (Inkeles, Rossi, Hodge, Treiman). Diese Annahmen basieren durchweg auf ziemlich simplifizierenden Gedankenketten: So läuft die Argumentation z. B. für den Wirtschaftssektor so, daß der zunehmende Komplexitätsgrad der Arbeitsteilung eine erhöhte Mobilität der Produktionsfaktoren notwendig mache, was wiederum nur im Rahmen einer entkrusteten Schichtungsstruktur sowie von einer prinzipiell marktwirtschaftlichen Ordnung geleistet werden könne.

Die nationenspezifische Betrachtungsweise macht demnach einer differentiellen, bereichsspezifischen Perspektive Platz. So konstatiert R. Baum:

In sum, the principle of contingency between differentiated parts alerts one to look for convergences. The element of relative autonomy of differentiated subsystems orients one to look for divergence on the one hand and for invariance on the other. Neither of these notions proves sufficient for empirical research yet, but they do provide clues where to turn the search light. (Baum, 1974, S. 230)

Baum versucht sodann, eine Klärung der Debatte herbeizuführen, indem er eine Typologie von Solidaritätsformen erstellt, um auf dieser Basis zu einer Spezifikation von Konvergenz, Divergenz und Invarianz zu gelangen. Hieraus leitet er dann vorschlagsweise spezifische Hypothesen für die komparative Umfrageforschung ab, deren Test allerdings noch aussteht.

4.2.2. Modelle der Modernisierung

Der Versuch, alle bislang vorgelegten Beiträge zum Thema in ein Generalraster einzuordnen oder einer zugleich logisch aufgebauten, eindeutige Plazierungen ermöglichenden *und* allen existierenden Varianten Platz bietenden Typologie zu subsummieren, muß scheitern, wenn man anerkennt, daß mehr als zwei Dimensionen und Koordinaten als Ordnungsgrößen bedeutsam sind, und wenn man nicht simplifizierende Gleichsetzungen (etwa nach dem Muster: beschreibend = einfach, erklärend = komplex) vornimmt, wie dies etwa Flora tut (Flora, 1974, S. 19 f.). Wir scheinen also vorläufig davon ausgehen zu müssen, daß bislang eine Vielfalt recht heterogener Beiträge zum Thema „Modernisierung“ vorgelegt wurde, die sich einander nicht zwingend zuordnen lassen, sondern mehr oder weniger unverbunden nebeneinander stehen.

Eine weitere Einschränkung ist zu machen: Häufig rechtfertigen die verschiedenen vorgelegten Beiträge nicht im strengen Sinne die Bezeichnung „Theorie“. Es handelt sich dabei oft eher um *Modelle*, die sich hauptsächlich auf der Ebene der Plausibilität bewegen, zumal sie raum-zeitlich relativiert sind, eher beschreiben als erklären, von der Deskription konkreter Fälle ausgehend nur spekulative Analogieschlüsse anschließen, implizit eine Programmatik anbieten (ob diese nun „Verwestlichung“, „Alphabetisierung“ oder „Urbanisierung“ heißen mag) und schließlich formalisierte Entwicklungsstadien bzw. -richtungen in allen Realitätsbereichen wiederzuerkennen suchen. Wir werden dem Rechnung tragen, indem wir im folgenden vorzugsweise von „Modellen der Modernisierung" sprechen.

Diese Bezeichnung erscheint uns hier auch noch in einem weiteren Sinne angemessen. Es ist offensichtlich, daß sich in Abhebung von den konkreten Inhalten die Art der „Baugesetze" der verschiedenen Ansätze häufig gleicht – und daß sich dementsprechend die verschiedenen Beiträge u. a. *auch danach* klassifizieren lassen, welches Modell im Sinne solcher „Baugesetze" hier jeweils vorgestellt wird. Dabei zeigt sich, daß die meisten der hier verwendeten Denkschemata relativ einfache – speziell dichotome – Klassifikationen darstellen (wie wir sie unter der Überschrift „Tendenzen sozialen Wandels" und „Typologien sozialen Wandels" bereits erörterten). Sehr bald erwies sich indes die „dichotome" Denkweise als unbefriedigend, da sie hauptsächlich nur den Anfangs- und Endpunkt beschrieb und den eigentlichen Modernisierungs*prozeß*, die „Gesellschaft im Übergang", nicht befriedigend darstellen konnte. Dementsprechend wurden Modelle entwickelt, die diesem Mangel abhelfen sollten: Zwischen den polaren Eckpunkten wurden weitere Differenzierungen vorgenommen, welche den Prozeß- und Entwicklungscharakter von Gesellschaften abzubilden suchten. Aber auch hierbei lassen sich bedeutsame Unterschiede feststellen, etwa danach, ob der Schwerpunkt bei der Diskussion der traditionalen Ausgangsbasis, bei der „Gesellschaft im Übergang" oder bei den Zukunftsperspektiven liegt, sowie auch in Art und Ausmaß der Stufenfolgen als „Kann"- oder „Muß"-Bedingungen. Unter den bislang vorgelegten Modellen können wir die folgenden unterscheiden:

4.2.2.1. Dichotomische Modelle

Dieser schon verschiedentlich angesprochene Typus begnügt sich damit, die Ausgangssituation des Modernisierungsprozesses und dessen Endzustand zu beschreiben. Mittels Kontrastierung der diversen diskutierten Merkmale soll das ganze Ausmaß des

Prozesses vorgestellt werden, obwohl dieser selbst in der Beschreibung seiner Entfaltung gewissermaßen ausgespart bleibt. Dichotomische Modelle können einfacher, aber auch sehr komplexer Natur sein. Die „klassischen" Dichotomien von Durkheim, Tönnies, Weber, Maine etc. sind noch relativ leicht zu erkennen, auch in ihren verschiedenen Metamorphosen, z. B. den "pattern variables" von Parsons.

Es spricht einiges dafür, daß der Kritik an der „dichotomischen Denkungsart" (vgl. Kap. 1.4) in dem Maße der Wind aus den Segeln genommen wird, wie diese Ansätze differenzierter werden – auch wenn sie ihre „Herkunft" nicht verleugnen. Dennoch bleibt für die modernisierungstheoretischen Ansätze nach wie vor eine Unterscheidung zwischen „traditional" und „modern" zentral, wenngleich nicht simple Start- und Zielpunkte damit gemeint sind, sondern unterschiedliche Zustände im Verlauf dieses Prozesses.

Nach Flora ist bei aller Differenzierung der Modelle ein Erkennungskriterium der dichotomischen Denkungsart darin zu sehen, daß die „transitionale Gesellschaft" in Begriffen des „Ungleichgewichts" beschrieben wird (vgl. Abb. 7). Dies wird deutlich, wenn er z. B. mit Bezug auf die Arbeiten von J. Fourastié, S. Huntington und D. Lerner konstatiert:

Die hier behandelten Arbeiten gehen in der Analyse der Modernisierung weit über die Konstruktion dichotomischer Idealtypen hinaus. Dennoch kann ihr zentraler Begriff des „Ungleichgewichts" seine Herkunft aus dem dichotomischen Denken nicht verleugnen. In dieser Tradition verbindet sich die Vorstellung, die „traditionale" und die „moderne" Gesellschaft seien zwei geschlossene Systeme mit jeweils aufeinander bezogenen Variablen, unweigerlich mit der Idee, diese beiden Systeme befänden sich im „Gleichgewicht". [. . .] Jeder Übergang von dem einen zum anderen System bedeutet damit eine Zerstörung oder zumindest Bedrohung des Gleichgewichts. (Flora, 1974, S. 37)

Nun wird es bei der Analyse konkreter Modernisierungsmodelle nicht immer einfach sein, einen Prozeß als „dynamische Entwicklung" oder als „Ungleichgewicht" zu verstehen. Auch ist nicht klar, ob eigentlich die Kritik auf die Konstatierung von *Ungleichgewicht* zu richten ist oder nicht doch vielmehr darauf, daß ein Anfangs- und ein Endpunkt (hier: Traditionalität – dort: Modernität) definiert werden, die im Zustand des Gleichgewichts existieren (vgl. Abb. 7).

Die Konstatierung von Ungleichgewicht in Verbindung mit dem Modernisierungsprozeß dürfte insofern nicht verwundern, als es doch aller Erfahrung nach die Ausnahme ist und *nicht* die Regel, daß sich alle Komponenten, aus denen sich dieser Prozeß zusammensetzt, gleichförmig und gleich schnell entwickeln. Auch ist unklar, nach welchen Kriterien denn ein wünschenswertes Gleichgewicht zu konstatieren wäre: Wieviel Prozent Urbanisierung in Verbindung mit wieviel Prozent Alphabetismus, wieviel Prozent ausgebautem Verkehrsnetz, wieviel Prozent Verbreitung von Massenkommunikationsmitteln, mit welcher Proportion in den großen Gruppen der arbeitenden Bevölkerung usw. wären denn als „prozeßgerechtes Gleichgewicht" festzulegen? Häufig hat es den Anschein, daß in diesem Zusammenhang „Gleichgewicht" gesagt und Unbeweglichkeit, Stagnation gemeint wird. Diese Aussage allerdings kann mit Sicherheit gemacht werden: Wenn sich nichts mehr „bewegt", wenn keine weit gefächerte Mobilität in zentralen Bezügen feststellbar ist, dann läßt sich auch nicht mehr von einem sich fortsetzenden Modernisierungsprozeß sprechen.

In welches Problem sich Flora bei einem solchen Versuch der Qualifizierung der Modelle begibt, wird deutlich, wenn er die Modelle, die er hier (S. 37) noch als verkappt dichotomisch „entlarvt" (Fourastié, Huntington, Lerner), an anderer Stelle (S. 38) der Klassifikation „Entwicklungstrends" (Lerner, Huntington, Fourastié) zuschlägt wie auch der Klassifikation „Entwicklungsphasen bzw. -stadien" (Lerner, Huntington, Fourastié) und „Entwicklungstypologien" (Huntington). Die Tatsache, daß offensichtlich etliche der bedeutenderen Modernisierungsmodelle gleichzeitig mehreren bzw. allen Klassifikationskriterien typischer und oft verwandter Modernisierungsmodelle genügen, dürfte den „Sündenfall" dichotomischen Denkens – zumal wenn dieser in der beschriebenen differenzierten Weise erfolgt – weiter relativieren.

4.2.2.2. *Gleichgewichtsmodelle*

Wir sahen, daß die dichotomischen Modelle oftmals implizit oder explizit von Gleichgewichtsvorstellungen begleitet sind. Es gibt nun vor allem im Rahmen der *Systemtheorie* Ansätze, die dichotomischen Konzepte hinter sich zu lassen und die Perspektive des Gleichgewichts zum Grundbegriff der Analyse des Modernisierungsprozesses zu machen. Einige wichtige Aspekte und Einwände gegen diese Perspektive hatten wir bereits bei der Erörterung der funktionalistischen Gleichgewichtstheorie kennengelernt, die im Zusammenhang mit der Erforschung des sozialen Wandels insbesondere von Parsons und Smelser entwickelt wurde. Wie erörtert (vgl. Kap. 4.1.2), finden sich nach dieser Vorstellung die im Verhältnis zueinander in Bewegung geratenen gesellschaftlichen Teildimensionen auf höherer Ebene zu einem neuen, integrierten Gleichgewicht wieder zusammen, sofern das System imstande ist, zusätzliche Integrationsleistungen zu erbringen.

Smelser (1968) glaubt, in den Gleichgewichtsmodellen die höchste Stufe und Abstraktionsform möglicher Modelle sehen zu können, ganz gleich, ob es sich um die Analyse des sozialen Wandels schlechthin oder aber speziell um die Erforschung des Modernisierungsprozesses handelt. Doch hatten wir gerade in Gleichgewichtskonzepten eine Verengung der Perspektive gesehen (für eine ausführliche Diskussion vgl. Kap. 4.1.2), indem man sich hauptsächlich auf jene Aspekte des Wandels konzentriert, die das System zur Stabilität – oder, wie bei Cadwallader (1959), zur „Ultrastabilität" – zurückführen.

Gleichgewichtsvorstellungen sind im Rahmen der Modernisierungsforschung jedoch nicht nur bei den Funktionalisten zu finden. So haben insbesondere Deutsch und vor allem Heintz systemtheoretische Ansätze gewählt, in denen der Gedanke des

Gleichgewichts zentral ist: Für Heintz sind ungleichgewichtige Entwicklungssprünge der Teilstrukturen die Initialzündung, die Ausmaß und Richtung des Wandels bestimmen. Das grundlegende Modell von Heintz (1962; 1969; 1972; 1974) basiert auf der Annahme, daß jede Veränderung der strukturellen Aspekte aus der Struktur selbst stammt, also endogenen Ursprungs ist. Die Theorie besagt

(1) daß in allen sozialen Systemen ein grundlegender *Widerspruch* zwischen den strukturellen Parametern (institutionalisierten Werten) einerseits und ihrer Zugänglichkeit sowie Komplementarität andererseits besteht;
(2) daß alle Sozialsysteme verschieden lange *Zeit* brauchen, bis der grundlegende Widerspruch einen Wandel in der Struktur hervorruft; solange bestimmt die Struktur das Verhalten ihrer Mitglieder;
(3) daß der einsetzende strukturelle Wandel einen Rückkoppelungseffekt impliziert, der vom *Verhalten* der Mitglieder ausgeht und sich auf die Struktur auswirkt.

Heintz formuliert seine weiteren modernisierungstheoretischen Überlegungen dann vorrangig im Hinblick auf die Entwicklungswege, die den unterentwickelten Ländern – speziell Lateinamerikas – heute offenstehen. Unterentwicklung, Entwicklung, das Gefühl bzw. der Status relativer Deprivation sowie Anstöße zum Wandel und Modernisierungsprozeß folgert er aus dem „internationalen Schichtungssystem". Er stellt fest (1974, S. 22): „Die Art und Weise, wie sich ein Land entwickelt, hängt also von den Chancen ab, die ihm die Struktur des internationalen Systems anzubieten hat."

Bis vor kurzem noch bestand ein Zustand „stabiler" Relationen im internationalen System: „Das internationale Entwicklungssystem ist ein modernes Phänomen, von dem man sagen kann, daß es seine gegenwärtige Gestalt erst nach dem Zweiten Weltkrieg erworben hat" (S. 23). Die neue Situation ist durch Labilität gekennzeichnet, durch Infragestellen der alten Werte und der „austarierten" Relationen zwischen den Nationen. Dieser Prozeß zunehmenden Ungleichgewichts wird in

Anlehnung an das skizzierte theoretische Modell so beschrieben (S. 46):

Zusammenfassend kann man sagen, daß die langfristigen Perspektiven des internationalen Entwicklungssystems auf einen Zerfall der Werte dieses Systems hindeuten. Der Ursprung dieses Zerfallsprozesses liegt einerseits im Verlust an Legitimität (verursacht durch den weltweiten Ausgleich des Bildungsniveaus), den die bestehende wirtschaftliche Schichtung des Systems erfährt, und andererseits in der Sättigung des Einkommens, wie sie sich in den hochentwickelten Ländern abzuzeichnen beginnt.

Die Möglichkeit eines neuerlichen internationalen „Gleichgewichts" stellt sich für ihn so dar (S. 46 f.):

Begünstigt von der strukturellen Arbeitslosigkeit [der entwickelten Länder, d. Verf.] als Folge der Verlegung der Industrieproduktion in die Dritte Welt und der industriellen Automation, könnten sich aus dem Prozeß des Zerfalls neue Formen der tertiären Produktion ergeben. [...] Eine re-integrierte Weltgesellschaft beruht auf der Konvergenz neuer Produktionsformen, die den gemeinsamen Wert der „Selbstverwirklichung" verkörpern und ihn im Sinn einer optimalen Ausnützung der menschlichen Lern- und Neuerungsfähigkeiten institutionalisieren.

Obgleich nun Heintz einige Anstrengungen unternimmt, durch ein komplexes Indikatoren-Gleichungssystem seiner Gleichgewichtsvorstellung empirisches Leben einzuhauchen, bleibt seine Perspektive vom theoretischen Konzept her ähnlichen Problemen ausgesetzt wie der funktionalistische Ansatz und muß sich hinsichtlich des vorgeschlagenen empirischen Verfahrens zudem den Vorwurf der „Überzüchtung" gefallenlassen (vgl. zur Kritik: Flora, 1974).

4.2.2.3. *Trend- und Stadienmodelle*

In dem Maße, wie quantitative Daten zur Verfügung stehen, wie sich etwa aus Aggregat-Daten Zeitreihen bilden lassen, bieten sich sog. Trendmodelle an. *Wenn* z. B. der theoretisch/definitorische Ausgangspunkt des Forschers einige wenige Indikatoren als dominante Faktoren in den Vordergrund rückt (z. B. Grad der Urbanisierung, der Alphabetisierung, der Nutzung von Massenmedien, etc.), und *wenn* diese Variablen als Zeitreihen in dem zur Debatte stehenden Zeitraum durchgängig gut belegt sind, *dann* ist diese Vorgehensweise ein plausibler Weg. Gerade solche Modelle können dann natürlich auch den „Dichotomie-Vorwurf" entkräften, daß sie sich etwa nur auf den Anfangs- und Endpunkt konzentrierten und den Prozeß als solchen außer acht ließen. Andererseits können sie oft umgekehrt nicht befriedigend auf die Frage nach den Ausgangsbedingungen und nach dem Endzustand antworten: Ursachen und Konsequenzen werden häufig nur unbefriedigend diskutiert.

Eine weitere Problematik solcher Modelle besteht noch in anderer Hinsicht: Einmal muß nachgewiesen werden, daß nicht die Bestimmung von „Wichtigkeit" der Datenreihen der Existenz von Datenreihen folgte. Ferner ist die Auswahl und die gegenseitige Abhängigkeit der Einzeltrends zu diskutieren (sind dies z. B. parallele Trends, einander verstärkende, einander ablösende, einander verursachende Trends?). Erst wenn diese Fragen gelöst werden, kann man von einem anspruchsvolleren theoretischen Modell sprechen, das über die reine Deskription von Einzelentwicklungen hinausreicht. Wie problematisch dies im einzelnen sein kann, zeigt das Modell des „demographischen Übergangs", das aus heutiger Sicht eine Vielzahl meist höchst inkonsistenter Einzeltrends enthält. Schließlich ist auch zu sehen, daß sich im Zeitverlauf die gesellschaftliche Bedeutung der einzelnen Indikatoren gewandelt haben kann, z. B.: Was bedeutet „Urbanisierung" zu Beginn der Industrialisierung mit dem Zuzug arbeitswilliger Landbevölkerung in die Städte mit Arbeiterbedarf – was bedeutet hingegen das „Anschwellen" der Städte in den Entwicklungsländern heute, welche die „Landflüchter" und „unfreiwilligen Städter" in Vorstadtslums gettoähnlich aufnehmen?

Eng verwandt mit den Trendmodellen sind Stadienmodelle. Sie haben mit den ersteren gemeinsam, daß versucht wird, eine

Entwicklung in ihrem Ablauf aufzuzeichnen; im Unterschied zu den Trends allerdings werden *qualitative Umschlagspunkte* gesehen, an denen die Kumulation und/oder Kulmination der Entwicklungen zu einem neuen Zustand geführt hat, welcher die qualitativ neuartige Basis für eine nächste Entwicklungsetappe bildet. Gleichgültig, ob es sich um deskriptive oder kausale Modelle handelt, ist hier das Problem zu lösen, die qualitativen Umschlagspunkte plausibel zu definieren, also die logische und datengemäße Abgrenzung der einzelnen Stadien gegeneinander zu leisten.

Die Übergänge zwischen Trend- und Stadienmodellen sind z. T. fließend. Sofern neben der Aggregation von Zeitreihen auch qualitative Umschlagspunkte als strukturelle Veränderungen konstatiert werden, ist jedoch eher von einem Stadienmodell zu sprechen. Je nach Art der Argumentation ließe sich somit das angeführte Modell des „demographischen Übergangs" auch als Stadienmodell formulieren – obwohl gerade eine Thematik wie die Bevölkerungsentwicklung häufig als klassisches Beispiel für kontinuierliche Trendverläufe herangezogen wird. Insofern solche Umschlagspunkte und „Stadien" gesehen werden, ist der implizite Zwang zu kausaler Argumentation in bezug auf die Ursachen und Wirkungen der „Umschlagspunkte" größer, als er meist genutzt wird, da hierbei häufig die Stufe der Deskription bzw. der Plausibilität nicht entscheidend überschritten wird (vgl. C. E. Black, 1967, A. F. K. Organski, 1967 für Modelle bezüglich „Phasen der politischen Entwicklung"; Walt W. Rostow, 1966 für „Phasen der wirtschaftlichen Entwicklung").

Mit Bezug auf kausale Stadienmodelle hat Sidney Verba (1971, S. 308) eine Systematisierung versucht, die sechs Alternativen umfaßt. Deren Kommentierung durch Flora (1974, S. 23) wirft ein bezeichnendes Licht auf mögliche Irrwege der Nutzung solcher Modelle: Mit Flora ist festzustellen, daß zwei Typen (nämlich: a) one outcome, one path; b) one outcome, many paths) auf unrealistischen Annahmen beruhen. Wenn aber dann bei einem weiteren Modell (many outcomes, many paths) die Kommentierung erfolgt, daß dieser Typ gerade wegen seiner

Wirklichkeitsnähe theoretisch wenig ergiebig sei, dann muß hier doch die Gefahr gesehen werden, daß bei vielen Ansätzen offenbar stärker von der Vorliebe für ein bestimmtes Modell ausgegangen wird als von der zu analysierenden Realität. Dieser Verdacht verstärkt sich noch, wenn es weiter heißt, „... eines der fruchtbareren Modelle dürfte auch Typ e) sein (das "necessary condition model"); er impliziert, daß ein bestimmtes Stadium erreicht sein muß, bevor das nächste erreicht werden kann." Inwieweit ein solcher Typus tatsächliche Realität abbildet, erscheint fraglich. Auch gilt hier die Warnung von E. K. Scheuch, der mit Bezug auf Modernisierungsansätze feststellt (1970, S. 241):

> Die zweite Beobachtung, die uns ... warnt ..., ist das Auftreten sogenannter „abweichender" Fälle, wie z. B. Japan, das von einer agrarisch/feudalen Basis aus mit einem Sprung zu einer industriell/bürokratischen Gesellschaft wurde, *ohne die verschiedenen Stufen auf dem evolutionistischen „Wege" zur industriellen Gesellschaft zu beachten.* [Hervorhebung d. Verf.]

Natürlich läßt sich durch „Exotisierung" (Tenbruck) bestimmter Fälle (eben als „abweichend") jedes Modell absichern – wenngleich auch nicht sehr überzeugend. Gerade wenn im Rahmen von Modernisierungsprozessen das Wort von dem „Vorteil der Nachzügler" gilt (daß diese also Stufen, welche die „Pionierstaaten" ihnen vorexerziert haben, abkürzen oder sogar auslassen können), wird die Exotisierung solcher Fälle zunehmend unglaubwürdig.

Als theoretisch am stimulierendsten stellt Flora den Typ f) heraus, das "branching tree model". Dieses setzt sich in seiner Darstellung (S. 23) aus einer Sequenz von Entscheidungssituationen zusammen, wobei eine „Option" auf einer Stufe den Entscheidungsspielraum für die nächstfolgenden definiert. U. E. besteht dabei das Problem, daß hier zu ausschließlich in den Kategorien eines Handlungsmodells und entscheidungstheoretischer Überlegungen gedacht wird. Somit kommen strukturelle Anstöße offensichtlich nicht in dem Maße hier in die Diskussion, wie sie realiter offensichtlich Veränderungen in der Lage von Gesellschaften bewirken. Daher hatten wir bereits unser Bedingungs-Konzept (vgl. Kap. 1.2) als u. E. brauchbare Alternative zum "branching tree model" herausgestellt.

4.2.2.4. *Typologische Modelle*

Während Trend-Modelle von vorhandenen Zeitreihen ausgehen und diese interpretieren, wird bei typologischen Modellen durchweg der umgekehrte Weg eingeschlagen: Aus nominalen Definitionen werden Typologien der „notwendigen Merkmale" abgeleitet, deren Quantifizierung bzw. datenmäßige Operationalisierung oft noch aussteht. Dieser Vorgehensweise liegt der Gedanke zugrunde, daß in grundsätzlicher, abstrahierender Sicht die Grunddimensionen des zu diskutierenden Phänomens benannt werden, aus denen dann die weiteren Differenzierungen abgeleitet werden können. Schon in der eingangs (Kap. 1.4) geleisteten Vorarbeit über den wissenschaftslogischen Status typologischer Analysen sahen wir, daß eines der Hauptprobleme darin besteht, daß die Art des Vorgehens zwar analytische Vorarbeit schafft, daß aber im gleichen Umfang die konkrete Operationalisierung solcher Typen für die empirische Sozialforschung etliche Probleme aufwirft, da in der Regel in der Realität eher „Mischungen" auftreten als „reine Typen". Andererseits erhöht es die Attraktivität jeder Typologie, wenn sie mit weniger, dafür aber zentralen Typen auskommt. Eine z. B. von dem Forscherkreis um Gabriel A. Almond für den Bereich der politischen Modernisierung entwickelte Typologie besteht nur aus *drei* universellen Typen (Funktionen) des politischen Systems mit jeweils vier Unterpunkten; jeder „universellen Funktion" sind zwei Typen von Krisen zugeordnet. Eine solche Typologie besticht zweifellos auf den ersten Blick durch ihre Generalität und Kürze, dann auch durch ihre Symmetrie und Geschlossenheit. So wird hier ein Problem aller Typologien nicht so deutlich, das aber trotzdem existiert – nämlich das Problem der Vollständigkeit.

Der Übergang von deskriptiven zu kausalen Typologien – wir erinnern an die Unterscheidung zwischen „künstlichen" und „natürlichen" Typen – ist durch G. A. Almond und seine Mitarbeiter in der Weise versucht worden, daß sie *„Problem"*- und *„Lösungs-Typologien"* miteinander verknüpfen bzw. zueinander in Beziehung bringen. Ihre zentrale Annahme liegt darin, daß die Probleme, denen sich Gesellschaften im Laufe ihres Modernisierungsprozesses gegenübersehen, im Prinzip recht ähnlicher Natur sind – daß sie andererseits durch die historischen und spezifischen Umstände zu recht unterschiedlichen „Lösungen" finden werden bzw. müssen. Daß diese Konzeptualisierung von Problemtypologien und Lösungstypologien sich insbesondere für den politischen Sektor anbietet – worauf ja auch Almond u. a. abstellen –, ist offensichtlich. Wo allerdings diese Konzeptualisierung von Problemtypologien und Lösungstypologien auch in einem weiterreichenden Sinne als *das* universell anwendbare Modell zur Abbildung von Modernisierungsprozessen *generell* ausgelobt wird, wie dies von verschiedener Seite unterschiedlich deutlich anklingt, drängt sich doch die Frage auf: Muß Modernisierung eigentlich nur in Kategorien wie „Problemen" oder „Krisen" begriffen werden? Wenn dies so wäre, bliebe zweifellos z. B. ein Prozeß bei der theoretischen Begriffsbildung unbeachtet, wie er sich etwa als „lautlose Ausdifferenzierung" im Rollensektor als Symptom des Modernsierungsprozesses bemerkbar macht.

Hier stellt sich auch unausweichlich die Frage, wie die Definition von Problemen erfolgt. Flora versucht, hierauf eine Antwort zu finden, die uns allerdings problematisch erscheint. Er sagt:

> Die Frage, was unter einem „Problem" bzw. einer „Lösung" zu verstehen ist, muß in diesem Zusammenhang unabhängig von den Wertungen des Historikers, des zeitgeschichtlichen Beobachters oder des Zukunftsforschers zu beantworten versucht werden. *Probleme sind in erster Linie das, was die betroffenen Menschen der untersuchten Gesellschaft darunter verstehen.* [Hervorhebung d. Verf.]

Dieser Feststellung liegt offensichtlich die Annahme zugrunde, daß nur die von den jeweils Betroffenen empfundenen Probleme zu Lösungsversuchen anregten, welche sich als „Fortschritt" niederschlugen. Das ist nun offensichtlich eine zu enge Perspektive. Denn „Probleme" können auf unterschiedlichsten Stufen der Bewußtheit Stimuli der Entwicklung werden, und auch geplanter sozialer Wandel setzt nicht selbstredend voraus, daß solche Probleme „richtig" oder angemessen erkannt werden. Die unbefriedigende Beantwortung solcher Fragen legt nahe, daß auch dieser „komplizierteste Typ" eines Modernisierungsmodells, also die Verknüpfung von „Problemtheorien" und „Lösungstypologien", noch weit davon entfernt ist, eine zufriedenstellende Antwort auf die Frage nach einem tragfähigen theoretischen Ansatz zum Modernisierungsprozeß zu liefern.

4.2.3. Bereiche der Modernisierung

Wenn der implizierte Anspruch der meisten Modernisierungskonzepte stichhaltig ist, nämlich, daß der Modernisierungsprozeß eine umfassende Entwicklung darstellt, die einerseits sowohl zu einer "overall individual modernity" (Inkeles) führt wie z. B. andererseits auch zu strukturellen Konsequenzen, dann müßte geschlossen werden, daß dieser Umwälzungsprozeß in *allen* Lebensbereichen aufgefunden und thematisiert werden könnte.

Nun ist jedoch festzustellen, daß diese Thematisierung von Modernisierungsprozessen bislang keineswegs „in allen Lebensbereichen" erfolgt ist. Um die bislang vorgelegten Beiträge besser „sortieren" zu können und zur Bestimmung der „wesentlichsten Bereiche", stehen uns verschiedene Merkmale zur Verfügung: Einmal wäre ein Kriterium darin zu sehen, welche Bereiche rein quantitativ am häufigsten als Erkenntnisobjekt fortschreitender Modernisierung gewählt worden sind bzw. welche zu "issues" innerhalb der Modernisierungsdebatte wurden. Zusätzlich stellen verschiedene Autoren, wie z. B. Anthony D. Smith fest (1973), daß modernisierungstheoretische Überlegungen speziell und mit Vorrang ein Anliegen der „funktionalistischen Schule" in der Soziologie sind. Wenn also die „Funktionalisten", speziell die Neo-Evolutionisten, an dieser Thematik besonders interessiert sind, so erscheint es entsprechend aufschlußreich zu untersuchen, welche dominanten Bereiche sie als „Wirkungsfelder des Modernisierungsprozesses" fixiert haben. Die prominentesten Vertreter dieser Richtung (Parsons, Smelser und Eisenstadt) begegneten uns schon bei der Erörterung der funktionalistischen Perspektive. Bei der Anwendung einer systematischen Klassifizierung gesellschaftlicher Sektoren und Subsysteme ist Parsons offensichtlich der konsequenteste Autor. Im analytischen Sinne unterteilt er die „Gesamtgesellschaft" in vier Sektoren, analog seinem „AGIL-Schema": "adaptation", "goal attainment", "integration" und "latency" ("pattern maintenance"). Im Verlauf der Entwicklung solcher Taxonomien speziell in der Übernahme durch andere Wissenschaftler wurden mehrfach Versuche unternommen, diese Größen zu operationalisieren (vgl. etwa: Smelser, 1957; Skardal, 1959; Nettl/Robertson, 1966). Diese Operationalisierungen laufen insgesamt darauf hinaus, daß für den Bereich der "adaptation" übereinstimmend „Wirtschaft", und für den Bereich des "goal attainment" „Politik" gesetzt werden. In bezug auf den Bereich der Integration wird meist das Subsystem der „gesetzlichen Kontrolle" angeführt, und für den Bereich der "pattern maintenance" die Familie oder die Religion.

4.2.3.1. Modernisierung und Wirtschaft

Einer der bekanntesten Analytiker des „wirtschaftlichen Modernisierungsprozesses" ist Jean Fourastié. Er geht davon aus, „daß die ökonomischen Tatsachen die aktuelle Entwicklung der Menschheit dominieren und konditionieren" (1963, S. 323). Besonders bekannt wurde er mit seiner Differenzierung der Gesamtwirtschaft in drei Hauptsektoren und durch die damit verbundene „Entwicklungstheorie": Fourastié unterscheidet den primären Sektor (landwirtschaftliche Produktion), den sekundären Sektor (industrielle Produktion) und den tertiären Sektor (Dienstleistungen).

Seinem Modell liegt die folgende Logik zugrunde: Im Laufe der Entwicklung findet eine Umschichtung des Bedarfs statt und somit der Nachfrage, der Produktion und der notwendigen Qualifikationen der Berufstätigen. Der primäre Sektor verliert mit Zunahme der industriellen Produktion seine Bedeutung als „Hauptarbeitgeber" – im Zuge der Technisierung kann auch hier rationalisiert werden. Der Bedarf nach Produkten dieses Sektors kann zunehmend leichter gedeckt werden und nähert sich einem Sättigungspunkt. Nach voller Ausreifung des industriellen (sekundären) Sektors erreicht auch dieser einen Sättigungspunkt. Speziell in hochindustrialisierten Gesellschaften nimmt nun entscheidend die Nachfrage nach Dienstleistungen zu (tertiärer Sektor), und diese Nachfrage – so Fourastié – ist prinzipiell unbegrenzt, was er auch insbesondere darauf zurückführt, daß hier – im Gegensatz zum sekundären Sektor – die Arbeitsproduktivität durch Rationalisierung und Technisierung kaum entscheidend zu steigern sei. Die moderne Gesellschaft ist also nach Fourastié durch die Dominanz des tertiären Sektors gekennzeichnet.

An diesem Modell gibt es einige Punkte, die Kritik herausfordern: Es wird nur etwas ausgesagt über die *relativen* Veränderungen und Umschichtungen, nicht aber darüber, wie denn nun im „stabilen Endstadium", wo der tertiäre Sektor dominiert, die Proportionen aller drei Sektoren „in optimaler Abstimmung aufeinander" dimensioniert sein sollten; denn daß der tertiäre Sektor nicht ohne einen gewissen Unterbau von primärer und sekundärer Produktion funktionieren kann, ist offensichtlich.

Eine gleichfalls vieldiskutierte „Theorie" des wirtschaftlichen Modernisierungsprozesses wurde von Walt W. Rostow (zuerst 1966) vorgelegt: Er argumentiert so, daß die wirtschaftliche Entwicklung schubweise erfolge und sich so bestimmte Stadien markieren ließen. Dabei sieht er den wirtschaftlichen nicht unverbunden mit den anderen gesellschaftlichen Sektoren, sondern stellt auf einen gesamtgesellschaftlichen Entwicklungsprozeß ab, innerhalb dessen der Wirtschaftssektor eine dominante Bedeutung hat.

Rostows Modell ist prinzipiell in drei Hauptphasen aufgeteilt; eine größere Feingliederung ergibt fünf Phasen, neuerdings (1971) sogar eine sechste: die Suche nach der Qualität des Lebens. Die „mittlere" der drei Hauptphasen, die „Phase des take-off", ist der eigentliche Angelpunkt seines Modells. Zeitlich „davor" liegt der „vormoderne" Abschnitt (differenzierbar nach immobiler traditionaler Situation und nach der Vorphase zum "take-off"); zeitlich „danach" liegt die Phase der „Modernität" (differenzierbar nach der Phase der Ausdifferenzierung zur Hochentwicklung und nach der „postmodernen" Phase); das "take-off" ist erreicht, wenn ein „sich selbst erhaltendes Wachstum" ("take-off to self-sustaining growth") gesichert ist.

Dieses sich selbst erhaltende Wachstum ist nach Rostows Ansicht gesichert, wenn die dauernden Investitionsraten der Wirtschaft mehr als 10 % des Nettosozialprodukts ausmachen, wenn spezielle Industriezweige ein besonders starkes Wachstum aufweisen und dadurch an andere Sektoren Anstöße weitergeben und wenn in politisch-gesellschaftlichem Sinne für solches Wachstum förderliche Rahmenbedingungen bestehen.

Gegen die Argumentation Rostows gab es sowohl logisch-konzeptuelle wie auch empirische Einwände (vgl. etwa: S. Kuznets, 1969). Die Einwände des ersten Typs laufen im Prinzip darauf hinaus, daß die Abgrenzung der Phasen gegeneinander problematisch sei; empirisch ließ sich mehrfach nachweisen, daß der Übergang zum „sustained growth-Zustand" eher graduell und mit fließenden Übergängen erfolgte als mit deutlichen „Phasen-Sprüngen". Auch ist z. B. nicht einzusehen, warum der „fördernde gesellschaftliche Rahmen" erst gewissermaßen schlagartig in der „take-off-Phase" auftritt und zur Wirkung kommt. Außerdem bleibt die eigentlich interessante Frage nach den Ursachen des "take off" weitgehend ausgeklammert (vgl. jedoch die Ansätze von Weber, McClelland, Erasmus, Hagen, Kunkel u. a.; siehe hierzu Kap. 4.4).

Das vorläufige „Endergebnis“ der Modernisierung im wirtschaftlich/internationalen Bereich wird – jenseits aller „Modelle“, die abzubilden versuchen, wie es dazu kam – von den meisten Modernisierungstheoretikern, besonders den Funktionalisten, wie folgt beschrieben (vgl. u. a. Parsons, 1972, S. 135 ff.):

(a) Für die westliche Welt – die entwickelten Länder:
In den westlichen, hochentwickelten Ländern funktioniert nach wie vor die Marktwirtschaft im kapitalistischen Sinne – allerdings mit den folgenden Spezifikationen: institutionelle Kontrollen, wie: rechtliche Abmachungen auf der Basis von Vertrag und Privateigentum, preispolitische Regelungen und steuernde Eingriffe der Regierung, oligopolistische Wirtschaftspraktiken und Tarifverhandlungen etc. sind die Regel geworden. Umverteilung der Mittel per Steuerpolitik zur Beschneidung „überproportionaler Gewinne“ und Bekämpfung überproportionaler Armut (Wohlfahrtsstaat) schaffen ein größeres Maß an Annäherung der Extreme. Diese Entwicklung des Kapitalismus zu einer Marktwirtschaft mit steuernden Eingriffen bewirkte allerdings auch eine Annäherung der vordem konträren Denkmodelle: Die strikte Polarisierung in „freies Unternehmertum“ bei staatlicher „laissez-faire-Haltung“ und Sozialismus mit staatlicher Lenkung aller Produktionsmittel ist unrealistisch geworden. In bezug auf den typischen Charakter von zu erwartenden Konflikten im Wirtschaftsbereich läßt sich feststellen: Krisen und Konflikte sind in Zukunft weniger auf der Ebene des „gerechten Lohnes“ zu erwarten als vielmehr aufgrund langfristiger Strukturveränderungen in der Berufs- und Arbeitswelt. Auf breiter Front steigt das Anforderungsniveau der Ausbildung und Qualifikationen, wird die Position der nur angelernten (Hilfs-)Kräfte prekärer. Gerade durch Rationalisierungsinvestitionen werden Personen mit bisher einfachem, mechanisch-monotonem Tätigkeitsbereich freigesetzt; durch weitergehende Automation und Erhöhung des Mechanisierungsgrades wird „technologische Arbeitslosigkeit“ hervorgerufen. Dieser Prozeß zwingt auch die besser ausgebildeten Arbeit-

nehmer, ihr Kompetenzniveau in kürzeren Abständen jeweils wieder zu aktualisieren und anzupassen, u. U. beruflich mobiler sein zu müssen, was Anomie und eine neue Art von „Entfremdung" erzeugen kann.

Insgesamt läßt sich in allen solchermaßen hochentwickelten Gesellschaften eine stärkere Verbreitung, aber auch eine größere Nivellierung (als Prozeß, nicht als Zustand) des Wohlstandes feststellen. Dies muß nicht unbedingt zu mehr Zufriedenheit der Bevölkerung führen: Das Bedürfnis nach sozialer Differenzierung, die wachsende Zahl von Optionen, sowie relative Deprivationen aufgrund sozialer Vergleichsprozesse sind auch und gerade in prosperierenden Gesellschaften Quellen der Spannung und der Disharmonie.

(b) Die Situation der „Entwicklungsländer":

Es hat sich eingebürgert, daß Unterentwicklung durchweg in ökonomischen Größen definiert wird. Zweitens werden häufig die ökonomisch-technologischen Errungenschaften der „Pionierstaaten" in den Entwicklungsländern zum Ziel eigener Wünsche gemacht, was wiederum oft zu einer überstürzten Errichtung von „Prestige-Objekten" führt, die, gemessen am bisherigen Stand der Entwicklung, noch gar nicht direkt genutzt werden können. Hieraus ergibt sich als ein Hauptproblem der sich entwickelnden Länder, trotz allen Drucks auf Mobilisierung die Stabilität und Kontinuität nicht zu vergessen und das Anspruchsniveau im Hinblick auf Konsumziele nicht vorschnell zu hoch zu schrauben.

Die Industrienationen der „ersten Stunde" haben ihren Weg der Kapitalakkumulation über Privatinitiative und Privateigentum eingeschlagen, also den Weg des „Kapitalismus". In bezug auf die Entwicklungsländer ist in letzter Zeit zunehmend diskutiert worden, ob sich diesen Ländern nicht rein theoretisch Alternativen einer wirtschaftspolitischen Grundkonzeption anbieten – ganz abgesehen davon, daß diese Länder zu einem guten Teil offensichtlich schon Alternativen ausprobieren. Hierzu stellt Joan Robinson fest (1971, S. 276 ff.): „Die hervorstechendste Tatsache in der gegenwärtigen Weltlage ist, daß jene Länder, die eine sozialistische Revolution hinter sich haben, sich rascher entwickeln als die anderen." Häufig wird daraus das Fazit gezogen, daß das sozialistische Modell, zumindest in den ersten Phasen der Entwicklung, effizienter und angemessener sei.

Diese Sichtweise fordert Gegenargumente heraus: So ist die Meinung vertreten worden, daß in solchen ausschließlich zentral gelenkten Wirtschaften die Allokation der Ressourcen sehr viel schlechter möglich sei als in einem marktwirtschaftlich orientierten System, daß die Flexibilität und Beweglichkeit dieser Systeme im Sinne der wirtschaftlichen Steuerung und des Erkennens von Marktchancen geringer sei usw. Die Effizienz „kapitalistischer" vs. „sozialistischer" Systeme, oder – auf der ökonomischen Ebene – der „Verkehrswirtschaft" vs. „Planwirtschaft", dürfte zudem stark von den jeweiligen sozio-ökonomischen Ausgangsbedingungen abhängen. Auch werden solche „Systeme" ihre differentielle Fruchtbarkeit je nach etablierten Wertvorstellungen und Normen ausweisen. Jedenfalls wird deutlich, daß eine Diskussion der „wirtschaftlichen Modernisierung" nicht befriedigend geführt werden kann, wenn die politische Dimension außer acht gelassen wird. Auf diese wollen wir im folgenden Abschnitt eingehen.

4.2.3.2. Modernisierung und Politik

James S. Coleman (1968, S. 399) sieht den Prozeß der politischen Modernisierung hauptsächlich durch vier Faktoren beeinflußt:

(1) durch die traditionale politische Struktur und Kultur,
(2) durch das historische "timing" des Modernisierungs-„schubs",
(3) durch Art und Orientierung der politischen Führer,
(4) durch die Abfolge, in der größere Entwicklungsprobleme des Systems bzw. „Krisen" des politischen Modernisierungsprozesses gemeistert werden.

Nach S. N. Eisenstadt (1973, S. 74) bestehen die grundlegendsten Züge der politischen Modernisierung einerseits in der kontinuierlichen Entwicklung eines hohen Ausmaßes an Differenzierung, Vereinigung und Zentralisierung des politischen Systems, und andererseits in der kontinuierlichen Entwicklung eines hohen Ausmaßes an "free floating" (d. h. institutionell ungebundener) politischer Macht und politischer Ressourcen.

Als generellste Form der Artikulation und Aggregation politischer Forderungen und Belange sowie der Mobilisierung politischer Unterstützung sieht Eisenstadt die folgenden Institutionen, „die sich in den meisten modernen politischen Systemen entwickelt haben" (1973, S. 76): (1) Interessengruppen, (2) soziale Bewegungen, (3) die „öffentliche Meinung" und (4) die politischen Parteien – wobei die ersten drei in gewissem Ausmaß als Komponenten oder Vorläufer der Parteien angesehen werden können, welche als die ausgeprägtesten Formen moderner politischer Organisationen angesehen werden.

Nach R. Baum (1972, S. 23) ist die „politische Modernität" ein bislang noch nicht voll ausgeschöpftes Konzept, und zwar insbesondere deswegen, weil die Analytiker bisher ihr Hauptaugenmerk nur auf fertig beobachtbare Strukturen richteten (nicht auf im Entstehen begriffene), auf die organisatorischen Formen von Aktivitäten (anstatt auf deren Entwicklungsprozeß) und weil sie zudem ihren Überlegungen auch einen einseitigen Begriff von politischer Macht zugrunde legten. So stellt Baum fest (S. 23): "In the end it is an obviously democratic party structure *already in existence for a long time* in the Anglo-Saxon-countries which remains as the pinnacle of modernity". Weiterhin arbeitet er (S. 24) heraus, daß in bezug auf die politische Macht bisher immer noch hauptsächlich über ihre *Verteilung* nachgedacht wurde, nicht jedoch über ihren Umfang, also darüber, *wieviel Macht* denn zur Verteilung anstehe. Grundsätzlich scheine es, daß moderne Staaten in der Regel mehr Macht besitzen als frühere Staatsformen (vgl. hierzu auch Deutsch, 1963, S. 118) – daß sie andererseits aber auch mehr Verpflichtungen haben (vgl. hierzu Weinberg, 1967).

Die Schwierigkeiten, generalisierend von *der* politischen Entwicklung zu sprechen, und in der Folge von Phasen oder Stadien, welche von allen Gesellschaften auf ihrem Weg der (politischen) Modernisierung zu durchlaufen sind, sind auch anhand dieser Beiträge offensichtlich. Eine vielleicht ganz konsequente Antwort auf diese Sachlage ist die Entwicklung von Typologien, welche mehrere Entwicklungswege als Möglichkeit offenlassen. Ein solcher Versuch wurde z. B. von G. A. Almond und G. D. Powell vorgelegt (1966), die ihre Konzeption aus einer systemtheoretisch-strukturellen Perspektive formulieren. Das „politische System" baut sich nach ihnen folgendermaßen auf: Die kleinsten Einzelelemente sind die *politischen Rollen;* insofern sie aufeinander bezogen und miteinander verknüpft sind, stellen sie ein *politisches Subsystem* dar; der gesamte Horizont von politischem Wissen, von politischen Zielen und von politischen Einstellungen schließlich, vor dem sich das entsprechende Handeln vollzieht, wird mit dem Begriff der *politischen Kultur* umschrieben. Die hierauf aufgebaute „Theorie" von Almond und Powell läßt sich etwa wie folgt zusammenfassen: Je stärker die Differenzierung der politischen Rollenstruktur, die „Säkularisierung" (Rationalisierung) der politischen Kultur und die Autonomie der politischen Subsysteme fortgeschritten ist, einen desto höheren Grad an Modernität hat das politische System erreicht. Die Perspektive zur Autonomie nimmt jedoch eine Sonderstellung ein: Hiernach können je nachdem auch totalitäre, zentralistische Systeme als moderne Systeme eingestuft werden.

Nachdem es sich bei diesen und ähnlichen „Theorien" mehr um Einstufungsprobleme, also letztlich um Definitionsfragen zu handeln scheint, interessiert in unserem Zusammenhang mehr die Frage, worin die verschiedenen Autoren die wichtigsten Ursachen und Anstöße der politischen Entwicklungsprozesse sehen. Hierbei werden häufig Ansätze diskutiert, die *einen* dominanten Faktor als Ursache ansehen, so etwa die Konzepte von Huntington und B. Moore.

In der Beschreibung des Modernisierungsprozesses bezieht sich Huntington (1968) auf den innerpolitischen (nationalen) Integrationsprozeß einer Gesamtgesellschaft. Auf dem Wege zur voll integrierten modernen Gesellschaft bauen sich verschiedene Hindernisse auf, die Spannungen erzeugen und die bewältigt werden müssen. Das Haupthindernis und die bedeutsamste Quelle politischer Instabilität sieht er in dem Stadt-Land-Unterschied bzw. in der Veränderung der Beziehungen zwischen diesen beiden Polen aufgrund deren unterschiedlicher Entwicklungsgeschwindigkeit. Auch B. Moore legt eine „dominante-Faktor-Theorie" vor: Bei ihm reduziert sich die Frage, ob die politische Strukturierung sich als Diktatur oder Demokratie (bzw. genauer: als liberale Demokratie, als Faschismus oder als Kommunismus) manifestiert, auf eine Dimension, nämlich darauf, wie der Übergang von der traditionalen Agrarstruktur zur industriellen Gesellschaft, wie die „Zähmung des Agrarsektors" (S. 429) in den einzelnen Ländern vonstatten geht, wie die Macht der Grundherren gebrochen bzw. integriert wird und wie die „Umdefinition" des bäuerlichen Besitzes erfolgt.

Jedoch: Wie unbestritten immer auch z. B. die Bedeutung der „grünen Revolution" ist: Solch monokausale Erklärungsversuche lassen doch zu viele andere Variablen außer acht, die in den verschiedenen Ländern zu der heutigen Form von politischer Strukturierung geführt haben. Zumindest wäre – um mit Stein Rokkan zu sprechen – außer der „territorialen Dimension" auch eine „funktionale Dimension" bei der politischen Entwicklung zu berücksichtigen.

Stein Rokkans sorgfältiger Beitrag ist hier auch in einem weiteren inhaltlichen Sinn von Interesse: Er bezieht sich auf die politischen Parteien, die klassischen Institutionen politischer Willensbildung in modernen Gesellschaften. Rokkan versucht die zentralen Unterschiede der Parteiensysteme Westeuropas vor dem Hintergrund der hauptsächlichen Konfliktstrukturen und Spaltungslinien zu erklären, wie sie sich im historischen Ablauf seit dem 16. Jahrhundert in diesen Ländern ergeben. Die klassischen Spannungs- und Spaltungslinien sieht er entlang zweier Achsen: der territorialen und der funktionalen. In Kombination dieser beiden Dimensionen ergeben sich für ihn ganz spezifische

Wahrscheinlichkeiten für Allianzen und Solidaritätslagen, und dadurch Abgrenzungen und Oppositionslagen für andere Interessengruppen.

In diesem Sinne unterscheidet er vier dominante Konflikte, die durch den Prozeß der Entstehung der Nationalstaaten und durch die Industrialisierung hervorgerufen wurden:

(1) dominante vs. „unterlegene" Kulturgruppen,

(2) Staat vs. Kirche,

(3) Grundbesitzer vs. industrielle Unternehmer,

(4) Besitzende vs. Arbeitende ohne Besitz.

(Als 5. Unterschied führt er noch ergänzend den von Kommunismus vs. Sozialismus an – als Folge der „internationalen Revolution".)

Ein wesentlicher Gesichtspunkt ist also für ihn, daß die Trennungslinien, wie sie sich in den heutigen Parteistrukturen der einzelnen Länder widerspiegeln, schon vor der eigentlichen Formierung der Massenparteien herausgebildet haben.

Während Rokkan die Seite der politischen Institutionen analysiert, die Seite der „Regierenden", betrachten andere Autoren – wie Deutsch – insbesondere die Seite der „Regierten": Nach Deutsch (1971) besteht eine bedeutsame Folgeerscheinung des umfassenden Prozesses der sozialen Mobilisierung darin, daß einerseits die politische Bewußtwerdung weiter Teile der Bevölkerung zunimmt, daß sich andererseits eine andere Qualität und allgemeine Steigerung von Ansprüchen und Bedürfnissen an den Staat ergibt. Dieses vergrößerte Anspruchsniveau erfordert wiederum ein Ansteigen der politischen Kapazitäten der Regierungen, um den neuen Bedürfnislagen gerecht werden zu können. Nur wenn den steigenden „Belastungen" auch entsprechende Ausweitungen der politischen Kapazitäten gegenüberstehen, sei die Stabilität der Regierung gesichert. Ähnlich sieht dies auch R. Baum (1972): Je moderner die Gesellschaft ist, desto anfälliger sei sie für gesamtgesellschaftlich soziale Probleme. Eine segmentär aufgesplitterte vormoderne Gesellschaft besteht aus sich selbst erhaltenden Einheiten; erst die gegenseitige „Durchlässigkeit" und die verstärkten wechselseitigen Abhängigkeiten der gesellschaftlichen Segmente in Verbindung mit der Zielvorstellung des Wohlfahrtsstaates lassen bisher „lokale“ Probleme zu gesamtgesellschaftlichen sozialen Problemen anschwellen, die von der jeweiligen Regierung zu lösen sind.

4.2.3.3. Modernisierung und Familie

Der Begriff der „modernen Familie“ ist in neuerer Zeit wie selbstverständlich in die Literatur eingegangen. So nehmen z. B. Bolte/Neidhardt/Holzer (1970) immer wieder auf „die moderne Familie“ Bezug, doch ist es offensichtlich, daß dies primär als historische Unterscheidung gemeint ist: So wird diesem Typ die Familie in der vorindustriellen Gesellschaft gegenübergestellt (vgl. Bolte/Neidhardt/Holzer 1970, S. 30 ff.). Die Debatte ist hier oftmals vorbelastet durch die These vom Funktionsverlust der Familie, durch ihre angebliche Desorganisation und Desintegration – Annahmen, die im Lichte neuerer familiensoziologischer Forschungen viel differenzierter zu sehen sind.

Des weiteren ist häufig gesagt worden, daß Modernisierung, Industrialisierung und Urbanisierung die Auflösung autokratischer, insbesondere patridominanter Strukturen nach sich ziehen und partnerschaftliche, egalitäre Rollenbeziehungen im Rahmen der Familie begünstigen (z. B. Goode 1963 b; Burch 1967; Wurzbacher [4]1969; Levy 1965; Litwak/Szelenyi 1969; Sweetser 1968; Winch, Greer und Blumberg 1967). Selditch überprüfte diese Annahmen (1964, S. 492 ff.) und deren Beweisführung, kam jedoch zu dem Ergebnis, daß die Industrialisierung sicher keine notwendige und auch vermutlich keine hinreichende Bedingung dafür sei, daß daraus notwendigerweise eine bestimmte Familienform als typische und dominante Existenzweise erwachse wie z. B. die egalitäre oder die Kernfamilie (vgl. zum letzteren: Palmore/Klein/Marzuki, 1970/71).

Smelser (1968, S. 132 ff.) diskutiert die Differenzierung familialer Rollenbezüge als eigentlichen Auslöser von Wandlungsprozessen, welche die großangelegte ökonomische Entwicklung begleiten. Dies beginnt für ihn damit, daß die ökonomischen Aktivitäten aus dem familialen und Verwandtschaftsbezug herausgelöst werden. Die Familie verliert dementsprechend einige ihrer bisherigen Funktionen und wird eine stärker spezialisierte Einheit. Die familialen Aktivitäten konzentrieren sich dabei verstärkt auf emotionale Gratifikation und Sozialisation und bilden damit eine Art „Gegenwelt“ zur „instrumentellen“ Berufssphäre.

Neuerdings ist von Scheuch/Sussman versucht worden, ein Konzept der gesellschaftlichen Modernität zu entwickeln, das sie speziell auf die Familie anwenden. In ihrem Beitrag „Gesellschaftliche Modernität und Modernität der Familie“ schlagen sie eine Form von Mehrebenenanalyse vor, bei der eine Trennung in drei Analyseebenen erfolgt (vgl. Scheuch/Sussman 1970, S. 250/1): in die gesellschaftliche Ebene (Makroebene), die Gruppen- bzw. Organisationsebene (z. B. Familie als intermediäre Ebene) und die Individualebene (Mikroebene). Zusammengefaßt läßt sich dieser Ansatz wie folgt darstellen: Modernisierung wird generell aufgefaßt als Zunahme von Optionen. Familienintern schlägt sich Modernisierung als zunehmender Freiheitsraum der Privatheit nieder; nach außen hin, also mit Blick auf die „Einbindung“ der Familie in das umfassende Gesellschaftssystem, als zunehmende Partizipation.

Hier bleiben allerdings immer noch Fragen offen, so z. B.: Ist mit der verstärkten Privatheit des einzelnen Familienmitglieds das Wesentliche gesagt über jegliche Form interner Zunahme von Optionen? Dies bedeutet ja in gewissem Ausmaß auch Abschottung gegeneinander – was sicher nicht ad infinitum getrieben werden kann, soll der Familienverbund keine Sinnentleerung erfahren. Auch in bezug auf die familiale Außenbeziehung bleibt zu fragen, in welcher Weise „Partizipation“ einmal das umfassende Konzept ist, das „ohne Rest“ die Möglichkeiten der Nutzung von Optionen erfaßt, und andererseits, inwieweit dies nicht in diesem Zusammenhang zum Teil ein irreführendes (tautologisches?) Konzept ist: Wenn es zutrifft, daß die modernen Gesellschaften sich generell dadurch auszeichnen, daß viele bedeutsame, spezifische Funktionen der ehemals „universellen“ Institution Familie „nach außen“ delegiert worden sind, daß eben Schule, Krankenhaus, Sozialversicherung etc. solche Funktionen generell übernommen haben, und deren Nutzung „Gesetz“ ist, dann ist es keine Wahlmöglichkeit für Familien mehr, daran zu partizipieren oder nicht. Varianzen der Partizipation lassen sich dann allenfalls in einem „darüber hinaus“ lokalisieren.

Eine weitere Frage ist zu untersuchen: Welche Bedeutung hat „die Familie“ für den gesellschaftlichen Modernisierungsprozeß als solchen? Dieser Frage geht u. a. Murray A. Straus nach (1970). Er spezifiziert seine Fragestellung folgendermaßen (S. 255):

Der ganz besondere Streitpunkt, der in diesem Aufsatz untersucht werden soll, ist die Frage nach dem Ausmaß und den Bedingungen, unter denen das System der Familie als Hindernis oder als Wegbereiter des Modernisierungsprozesses konstitutiv wirkt.

Straus prüft zuerst die These, die u. a. von Parsons (1949) vertreten wird, „daß die verhältnismäßig ‚isolierte‘ Kernfamilie als Familiensystem dem Modernisierungsprozeß am besten angepaßt sei“ – und dies hauptsächlich, weil die Ablösung von den meist „traditionellen Verwandtschaftssystemen“ der „älteren Generation“ eine größere physische und psychische Mobilität bewirke. Straus kommt zu dem Ergebnis, daß man aufgrund der bisherigen empirischen Erfahrungen Parsons’ Auffassung weder bestätigen noch ablehnen könne (S. 257). Bei dieser Lage der Dinge versucht Straus, zusätzlich die Bedingungen näher zu bestimmen, unter denen mit einem solchen Ansatz gearbeitet werden könnte. Zu diesem Zweck schlägt er erstens anstelle des Kontinuums „traditional – modern“ ein anderes vor, nämlich das der „Fähigkeit zur Lösung von Problemen“ (S. 257). Zum zweiten wird die Dichotomie „hier Kernfamilie – dort erweiterte Familie“ als Kontinuum definiert („. . . weil wir annehmen, daß nur unter seltenen Bedingungen ein wirklich isoliertes Kernfamiliensystem zu finden ist. In der ganzen Welt nehmen die Menschen an erweiterten Familien-Netzwerken teil . . .“: S. 258).

Der konkrete Ort auf diesem Kontinuum wird definiert durch die Zahl der wahrgenommenen Funktionen. In Kombination dieser beiden Kontinua formuliert Straus seine „Taxonomie“ der Familientypen in bezug auf ihren Beitrag zur Modernisierung. Allerdings läßt auch diese „Taxonomie“ einige Fragen offen, so etwa:

(a) Wie verträgt sich die Angabe, daß eine große Spannweite von Funktionen ein Indikator für Modernität ist, mit der häufig angeführten Aussage (s. o.), daß für moderne Gesellschaften eine Delegation spezifischer Funktionen typisch ist?

(b) Wie ist hier exakt „erweiterte Familie“ definiert? Als Zusammenwohnen mehrerer Generationen, oder vager als „Kohäsion“ mit Verwandten, als Beziehungen latenter Art, die auf Abruf aktualisiert werden können?

(c) Ist „erweiterte Familie“ der weltweit typische Fall, bzw. eingeschränkt für welche Gesellschaften gilt die Taxonomie?

(d) Gilt die Taxonomie auch noch, wenn statt „erweiterte Familie“ nur Nuklearfamilie steht?

Schließlich weist Straus' Ansatz eine Implikation auf: Der Modernisierungsprozeß wird als latente oder akute Bedrohung familialer (traditional-bewahrender?) Werte gesehen, wobei sich diese Interpretation wieder den frühen familiensoziologischen Ansätzen etwa eines Riehl nähert. Die Perspektive, daß Modernisierung nicht nur ein konkurrierender, sondern auch ein die Familie in manchen Aspekten fördernder Prozeß sein kann, wird hierbei verdeckt.

Der Einfluß des Industrialisierungs- und Modernisierungsprozesses auf die Familie und gleichzeitig der Einfluß der in diesem Prozeß typischerweise entstehenden Familienformen auf die Gesellschaft wird von Marion J. Levy jun. (1970) in besonders drastischer Weise in der folgenden Generalthese vorgestellt – wobei in einer Art Kettenreaktion erst die Gesellschaft eine bestimmte Familienform hervorbringt und diese dann wieder die Gesellschaft beeinflußt:

In Gesellschaften mit einem hohen Niveau an Modernisierung steht die überwiegende Mehrheit der männlichen Mitglieder – und zwar sowohl in ihren relativ modernisierten als auch in den relativ nichtmodernisierten Bereichen – von der Geburt bis zur Reife im wesentlichen unter der direkten Kontrolle und Herrschaft der weiblichen Mitglieder. Niemals zuvor in der Geschichte der Menschheit ist dies für mehr als eine kleine Minderheit der Männer der Fall gewesen (S. 433).

Diese angebliche „Feminisierung" der männlichen Sozialisation war bereits in anderen Zusammenhängen von Parsons (zur Erklärung abweichender Verhaltensmuster) und von Riesman (zur Erklärung der universellen Ausweitung von „weiblichen" Konsummustern) herausgestellt worden. Man sollte hier nicht zu viel spekulieren und sich eher auf empirisch belegbare Sachverhalte konzentrieren. Allerdings zeigen gerade die Befunde von Inkeles und Miller (1974),

daß der Bereich der familialen Bezüge sehr viel weniger im Kern konsistent ist, innerhalb von Kulturen und im Vergleich von Kulturen, als es bezüglich anderer Bereiche im Rahmen des Modernisierungsprozesses der Fall ist (S. 127).

Wir beenden damit unseren Streifzug durch das ausgedehnte und heterogene Feld der Modernisierungsforschung. Zwar hatten wir festzustellen, daß dieser Forschungszweig durch bereichsspezifische und sehr konkrete Fragestellungen sowie durch verfeinerte Meßmethoden vielfältiges empirisches Material auf vorwiegend *deskriptiver* Ebene verarbeitet hat und somit ein gewisses Gegengewicht zu ansonsten hoch abstrakten Formulierungen zu bieten vermochte, daß er jedoch die Aufgabe der kausalen Analyse im Sinne eines Angebotes *echter Erklärungen* ein wenig vernachlässigt hat.

Jedenfalls scheint uns der modernisierungs„theoretische" Ansatz in gewissem Sinne „quer" zu den übrigen in diesem Band behandelten theoretischen Perspektiven zu stehen. Dies zeigt deutlich z. B. die Tatsache, daß viele Modernisierungsforscher funktionalistisch argumentieren, also sowohl Repräsentanten des Neo-Evolutionismus als auch der hier thematisierten Modernisierungsforschung sind. Daß Modernisierungsforschung aber auch aus der Perspektive konflikttheoretischer (z. B. marxistischer) oder verhaltenstheoretischer Ansätze betrieben werden kann, wird in den nächsten Abschnitten zu zeigen sein.

4.3. *Konflikttheoretische Konzepte*

4.3.0. Vorbemerkung

Die in diesem Kapitel zusammengefaßten Versuche zur Erklärung des sozialen Wandels werden nicht ohne Bedenken unter solchem Titel zusammengefaßt. Hierbei wird einmal die marxistische Evolutionsforschung abgehandelt, die den Konflikt sozialer Klassen ins Zentrum der Analyse rückt. Auch neuere konflikttheoretische Ansätze – Rex, Dahrendorf und später Lenski – gelangen zu ihren Positionen durch eine Verallgemeinerung der Marxschen Theorie. Konflikttheoretische Aussagen werden dabei häufig mit Fragen der sozialen Macht verknüpft:

> Die soziologische Theorie des Konflikts mag gut daran tun, sich zunächst auf die Erklärung von Auseinandersetzungen zwischen Herrschenden und Beherrschten in gegebenen sozialen Strukturzusammenhängen zu beschränken (Dahrendorf, 1958, S. 79).

Jedoch muß die Anmerkung gestattet sein, daß Macht und Machtausübung keineswegs immer mit Konflikt einhergehen, wie auch generell gilt, daß sozialer Wandel nicht zwangsläufig stets mit Konflikt verbunden ist. Konflikttheoretiker unterstellen häufig gar, daß das Umgekehrte gilt: (Nur) Konflikte führen zu sozialem Wandel. Die „relative" Position und Bedeutung einer „konflikttheoretischen" Betrachtung kommt also bereits in dieser grundsätzlichen Problematik zum Ausdruck: Nicht *nur* Konflikte führen zu sozialem Wandel. Außerdem gibt es Konflikte, die *keineswegs* sozialen Wandel einleiten. Lockwood (1956; 1964, dt. 1969, S. 128) fragt daher zutreffend:

> Warum folgt aus einigen Konflikten Wandel und aus anderen nicht? Die Konflikttheorie müßte antworten, daß dies durch variable Fak-

toren entschieden wird, die das Machtgleichgewicht zwischen Gruppen beeinflussen.

Eine konflikttheoretische Analyse des sozialen Wandels hat also Rechenschaft darüber abzulegen, unter welchen Bedingungen welche Arten von Konflikten zu welchen sozialen Veränderungen führen. Man kann jedoch nicht sagen, daß die Konflikttheorie dies bisher geleistet hat.

Die konflikttheoretische Variante der Erklärung sozialen Wandels wird häufig – insbesondere bei Dahrendorf und Rex – als Alternative (oder als Ablösung, nicht jedoch als Ergänzung) der funktionalistischen Perspektive angesehen, die vornehmlich das integrative Moment gesellschaftlicher Prozesse in den Vordergrund gestellt und dabei außer acht gelassen habe, daß in einer Gesellschaft des ständigen Wandels soziale Konflikte und Dissens der Mitglieder stets gegenwärtig seien. Allein ein konfliktbezogenes Gesellschaftsmodell sei in der Lage, das „konservative" Gesellschaftsbild zu überwinden und zu einer Analyse gesellschaftlichen Wandels vorzustoßen. Dabei kann die Auffassung von Dahrendorf und Rex nun einmal so verstanden werden, daß die Integrationstheorie etwa eines Parsons oder Smelser bestimmte Teilbereiche des Sozialen (z. B. Aspekte der Integration und der Stabilität) erklären kann, andere (wie Konflikte und Wandel) dagegen nicht, während umgekehrt die Konflikttheorie lediglich in der Lage ist, Konflikt, Zwang und Wandel, also eben andere soziale Sachverhalte, zu erklären. Man kann die hier aufgestellte Alternative jedoch auch so verstehen, daß Gesellschaften existieren, die vorwiegend von Stabilität und Konsensus getragen werden – hierfür wäre dann die funktionalistische Theorie zuständig –, und andere Gesellschaftstypen, die durch Konflikt, Dissens und Zwang charakterisiert sind – hierfür wäre dann die Konflikttheorie allein kompetent.

Wie Lockwood (1964, dt. 1969, S. 127) ausführt, kann man logischerweise nicht zuerst Gesellschaft als Entweder-Oder begreifen und dann argumentieren, das Begriffsgebäude, das auf der einen oder anderen fiktiven Prämisse errichtet wurde, sei notwendig, weil einige Gesellschaften offensichtlich geordneter oder konfliktreicher sind als andere.

> Aber selbst in Situationen, in denen Macht evident ist und Konflikt endemisch, ist es zweifelhaft, ob das Phänomen des Konflikts hinreichend erfaßt werden kann, ohne viele der Vorstellungen und Behauptungen über die dynamischen Eigenschaften der Wertsysteme (oder Ideologien), die vom normativen Funktionalismus entwickelt oder übernommen wurden, in die Konflikttheorie einzubeziehen. Denn die Art des Wertsystems ist bei gegebener Herrschaftsstruktur von entscheidender Bedeutung für die Entstehung, Intensität und Richtung potentieller Konflikte (Lockwood, 1971, S. 127).

Zudem hat sich gezeigt, daß die funktionalistische Analyse von ihrer logischen Struktur her sehr wohl in der Lage ist, zumindest bestimmte Verlaufsformen sozialen Wandels in die Analyse einzubeziehen (vgl. Kap. 4.1). Dies gilt, auch wenn sie dann ihr Augenmerk mehr auf den „schöpferischen", d. h. funktionalen Aspekt sozialer Konflikte gelenkt hat (z. B. Coser, 1956) und weniger die disruptiven und dysfunktionalen Folgen von Konflikten im Auge hatte, auch wenn sie ihren Blick mehr auf die evolutionären Prozesse einer Wiederherstellung des Gleichgewichts richtete und revolutionäre, systemverändernde Entwicklungen kaum analysierte. Dies schließt auch nicht aus, daß sie – auch wenn die Forschungspraxis der Funktionalisten anders aussieht – prinzipiell dazu in der Lage wären, Konflikte als Faktoren der sozialen Veränderung in die Analyse einzubeziehen, ganz gleich, ob ihre Folgen nun funktional oder dysfunktional oder funktional neutral sind. Dabei ist sicher richtig, daß die „Entdeckung" der Dysfunktionalität für den Funktionalismus eine gewisse Alibifunktion erfüllte. Hier würden wir Dahrendorf folgen, wenn er sagt (1967, S. 269):

> „Dysfunktion" ist nicht mehr als ein Etikett, das man auf Phänomene kleben kann, deren Erklärung man zwar für möglich hält, bislang aber noch nicht leisten kann; denn mit der Feststellung, ein Streik oder eine Revolution seien „dysfunktional", sie trügen also zum Nichtfunktionieren der betreffenden Sozialsysteme bei, hat man offenkundig noch nicht viel erklärt.

Während man gewöhnlich von Konflikten im Sinne von Klassengegensätzen, Auseinandersetzungen zwischen Interessengruppen, Machtkämpfen, Streiks, Rebellionen usw. spricht und ihnen damit eine gewisse „gewaltsame" Note verleiht, kann in einem allgemeinen Sinne von Konflikten immer dann gesprochen werden, wenn bestimmte *Gegensätze* der Interessen, Normen, Erwartungen und Privilegien von Individuen und Gruppen auftreten. In einem sehr erweiterten Sinn können Konflikte auch als *Störungen des Gleichgewichts* angesehen werden. Alle Theoretiker, die die Ungleichgewichtigkeit zwischen den Elementen der Entwicklung (mit einer Tendenz zur Konsistenz) betonen – also selbst Parsons oder Heintz –, wären in diesem Sinne „Konflikttheoretiker". Nicht von ungefähr hat man denn auch Ogburn in diesen Kreis der Konflikttheoretiker eingereiht, der – wie übrigens auch schon Vierkandt – als einer der ersten darauf hinwies, daß sich bei komplexen Gesellschaften die verschiedenen Lebensbereiche in unterschiedlichem Rhythmus wandeln und daß insbesondere Spannungen zwischen den materiell-technischen Veränderungen in einer Gesellschaft und den sozial-kulturellen Anpassungsformen bestehen ("cultural lag"). Hierbei dürfte es sich freilich um einen möglicherweise historisch bedeutsamen Sonderfall der *generellen Inkonsistenz von Entwicklung* handeln, denn wie wir gesehen haben (Kap. 4.2), ist es unwahrscheinlich, daß sozialer Wandel global auf alle Bereiche durchschlägt. Ungleichgewichtige Innovationen sind daher die Regel, und daraus resultierende Spannungen und Konflikte fordern das System zu bestimmten Anpassungsleistungen heraus. Vielleicht sollte man jedoch den Trend zum Gleichgewicht und den Hang zur Harmonie nicht überschätzen: In den meisten modernen Gesellschaften sind Konkurrenz und Konflikt auf „freien Märkten" zu einem unabdingbaren und weithin akzeptierten Movens sozialer Entwicklung geworden.

4.3.1. Historisch-materialistische Ansätze

Karl Marx' Evolutionstheorie ist eine Theorie der revolutionären Entwicklung von Klassen. Sie beansprucht, ein generelles Schema sozialer Entwicklung zu sein (vgl. auch Engelberg, 1974; Hahn, 1968; Tjaden, 1970, 1975; kritisch vor allem: Kiss, 1971, 1975, 1976; Becker, 1970; Münch, 1973). Marxistische Theorien gehen durchweg vom bestimmenden Einfluß der durch die Gesellschaft vermittelten *materiellen Verhältnisse* auf das soziale Geschehen aus. Sie definieren als Ursachen der sozialen Entwicklung letztlich den jeweiligen Stand der Produktivkräfte einer Gesellschaft. Die zentrale Aussage des historischen Materialismus umreißt das folgende Marx-Zitat:

In der gesellschaftlichen Produktion ihres Lebens gehen die Menschen bestimmte, notwendige, von ihrem Willen unabhängige Verhältnisse ein, Produktionsverhältnisse, die einer bestimmten Entwicklungsstufe ihrer materiellen Produktivkräfte entsprechen. Die Gesamtheit dieser Produktionsverhältnisse bildet die ökonomische Struktur der Gesellschaft, die reale Basis, worauf sich ein juristischer und politischer Überbau erhebt, und welcher bestimmte gesellschaftliche Bewußtseinsformen entsprechen. Die Produktionsweise des materiellen Lebens bedingt den sozialen, politischen und geistigen Lebensprozeß überhaupt. Es ist nicht das Bewußtsein der Menschen, das ihr Sein, sondern umgekehrt ihr gesellschaftliches Sein, das ihr Bewußtsein bestimmt. (MEW. Bd. 13, 1969, S. 8 f.)

Wenn nun auf einer gewissen Entwicklungsstufe die materiellen Produktivkräfte mit den vorhandenen Produktionsverhältnissen in Widerspruch geraten, so tritt eine Epoche sozialer Revolution ein. Die Ursachen strukturellen Wandels können nach diesem Ansatz nicht in bestimmten Wertvorstellungen, neuen Organisationsformen oder rechtlichen Verfassungen gesehen werden; diese müssen vielmehr auf die diese Vorgänge letztendlich bedingenden Bewegungsgesetzlichkeiten des „Unterbaus" zurückgeführt werden. Zur Beurteilung der Evolutionsträchtigkeit sozialer Systeme kann daher auch lediglich der Entwicklungsstand der Produktivkräfte als Indikator dienen.

Entwicklung findet nur dort statt, wo die ökonomische Potenz" genutzt wird. Dies ist beispielsweise in „urwüchsigen Gesellschaften", z. B. im Rahmen einer „asiatisch-despotischen Produktionsweise" (Marx/Engels), aufgrund der schlecht organisierten Produktionsverhältnisse kaum möglich.

Die einzelnen Entwicklungsstufen, die jeweils durch ganz bestimmte „typische" Eigentumsformen charakterisiert sind, sieht Marx wie folgt:

urwüchsige Gesellschaft	(Gemeineigentum)
↓	
Sklavenhaltergesellschaft	
↓	
Feudalgesellschaft	(Privateigentum)
↓	
Kapitalismus	
↓	
Sozialismus	(Gesellschaftliches Eigentum)

Der Übergang von einer Gesellschaftsform in die andere ist jeweils durch eine Umstrukturierung der Produktionsverhältnisse erklärbar. Die Annahme einer zwangsläufig zu erwartenden Endphase des Sozialismus weist die Theorie als finalen Erklärungsansatz aus, wie überhaupt das gesamte Denken von Marx seine Herkunft aus dem „Endzeit-Denken" nicht verleugnen kann.

Im ›Manifest der Kommunistischen Partei‹ (1848) stellt Marx fest, daß die Geschichte aller bisherigen Gesellschaften die Geschichte von Klassenkämpfen sei und „daß Freier und Sklave, Patrizier und Plebejer, Baron und Leibeigener, Zunft, Bürger und Gesell, kurz Unterdrücker und Unterdrückte in stetem Gegensatz zueinander standen". Die soziale Entwicklung verläuft also im Rahmen latenter oder manifester Formen des Klassenkampfes. Zugeschnitten auf die Phase des Übergangs vom Kapitalismus zum Sozialismus sieht diese „Beweisführung" etwa wie folgt aus:

(1) Die Positionsinhaber im Produktionsprozeß einer Gesellschaft differieren im Grad der Verfügungsgewalt über Produktionsmittel.

(2) Diese ungleichen Beziehungen zur Verfügungsgewalt über Produktionsmittel führen zu differentiellen, in sich homogenen Soziallagen und damit zu entgegengesetzten Interessen.

(3) Durch die Strategie der Gewinnmaximierung streben die Angehörigen der kapitalistischen Klasse dahin, vom durch die Arbeiter geschaffenen Mehrwert zu profitieren. Mit dieser Kapitalkonzentration läuft parallel eine zunehmende Verelendung der Massen.

(4) Die kapitalistische Klasse ist wegen ihrer ökonomischen Macht in der Lage, den Staat zu kontrollieren. Die Macht des Staates wird eingesetzt, um den Ausbeutungsprozeß zu perpetuieren.

(5) Dieser Prozeß wird ermöglicht und verstärkt durch mangelndes Klassenbewußtsein, obwohl die Arbeiter objektiv eine Klasse sind: nämlich wegen ihrer gemeinsamen ökonomischen Lage im Hinblick auf die Produktionsverhältnisse und aufgrund ihrer Machtlosigkeit gegenüber der Staatsmacht, die zu ihrer Unterdrückung eingesetzt wird.

(6) Dies führt zum Klassenkampf in zwei Phasen:
Den zunächst unbewußten Kampf ohne entwickeltes Klassenbewußtsein, und einem darauf folgenden bewußten Kampf mit dem Ziel der Kontrolle über Produktionsmittel. Dieser Kampf um die Teilhabe an Gütern führt zwangsläufig zur sozialistischen Revolution.

Das Endzeitalter ist nach Marx ein „Reich der Freiheit“, in dem Konflikte und Klassenkämpfe der Vergangenheit angehören, in der die Entfremdung der Arbeit aufgehoben ist und in dem ein solcher Reichtum an Gütern existiert, daß es möglich wird, jedem nach seinen Bedürfnissen zu geben.

Aber welche Gewähr bestände dafür, daß alle Gesellschaftsmitglieder in gleichem Maße die stets verbleibende noch notwendige gesellschaftliche Arbeit freiwillig verrichten? Wer kann sicher voraussagen, daß beim Fortfall einiger, nämlich ökonomisch bedingter Konfliktursachen nicht andere Formen des Konfliktes relevant sind, etwa rassische, religiöse oder weltanschauliche Konflikte? Und wer befindet darüber, welches die Bedürfnisse der Menschen sind, zumal Marx selbst scharfsinnig feststellt, daß die Bedürfnisse einer sich ausbreitenden Warenwelt nachwachsen?

Es ist oft genug betont worden – ohne daß orthodoxe Marxisten hierdurch besonders beeindruckt wären –, daß nahezu alle Voraussagen von Marx hinsichtlich der von ihm gesehenen zwangsläufigen Entwicklung nicht eingetroffen sind. Weder wird in den zentralverwalteten Gesellschaften nach der Abschaffung des Privateigentums leistungsfähiger produziert, noch kommt es zu einer Humanisierung der Arbeitsverhältnisse, noch werden autokratische Strukturen abgebaut. Daß umgekehrt auch bei einem Nicht-Eintreten der sozialistischen Revolution an eine Verelendung der Massen nicht zu denken war, hat schon Hegel vor Marx gewußt: Er sah deutlich, daß ein Anwachsen der Produktionskapazität zwangsläufig an einem bestimmten Umschlagspunkt eine Öffnung der Konsumchancen eben für diese breiten Massen bewirken mußte, und dies u. a. auch deshalb, weil eine Verelendung auf lange Sicht gar nicht im Eigeninteresse der Produzenten liegen konnte.

Demgegenüber behaupten Neomarxisten häufig, daß eine Kritik am historischen Materialismus nicht an einigen empirischen Ungereimtheiten ansetzen solle, sondern daß man im Marxismus ein fruchtbares Paradigma zur Erklärung sozialen Wandels sehen solle. Dieses Erklärungsschema unterstellt dabei die Gültigkeit des *historischen Materialismus,* dessen zentrale These dahin geht, daß die materiellen Verhältnisse den Überbau (z. B. Wertvorstellungen, gesetzliche Normen usw.) bedingen. Man kann diese Verklammerung zwischen marxistischen Aussagen und historischem Materialismus in der strengen Form der logischen Ableitung sehen: Dann folgt marxistische Soziologie logisch aus dem historischen Materialismus. Man kann jedoch – wie es Lazarsfeld (1972) vorschlägt – den historischen Materialismus als heuristisches Aussagensystem verstehen und hieraus eine Art „Orientierungshypothese“ (Merton) ableiten, die etwa so lauten könnte: „Suche nach ökonomischen Faktoren; dort wirst Du die Ursachen des sozialen Wandels eher finden als anderswo.“ In beiden Fällen hat, wie Opp (1973) gezeigt hat, die Widerlegung marxistischer Aussagen auch Konsequenzen für den Wahrheitsgehalt des historischen Materialismus. Marxistische Soziologen bekennen sich neuerdings zwar häufig zur intersubjektiven Überprüfbarkeit von Aussagen und akzeptieren hierbei auch die üblichen Methoden der empirischen Sozialforschung, errichten jedoch für den historischen Materialismus selbst eine immunisierende Falsifikationssperre (vgl. Hahn, 1968). Insofern dies geschieht, ist marxistische Forschung dogmatisch vorbelastet.

Allgemein ist auch oft betont worden, daß marxistische Entwicklungstheorien die Bedeutung des ökonomischen Faktors *überschätzen*. Nicht zuletzt hat Max Weber, dessen Forschung sich ebenfalls innerhalb solcher Fragestellungen bewegte, auf die Notwendigkeit einer Modifikation der einseitig von der Entwicklung der Produktivkräfte ausgehenden Deutung sozialer Entwicklung mit einer eindrucksvollen Fülle historischen Materials hingewiesen. Ideologische und politische Systeme können den ökonomischen durchaus vorgeordnet sein, und die Grundlage sozialer Macht dürfte zumal in wenig entwickelten Kulturen durchaus die militärische Kraft und keineswegs die Verfügung über Produktionsmittel darstellen. Auch ist der Stellenwert z. B. physischer, moralischer oder religiöser Sanktionsmittel dabei nicht bedacht. Weder sind Gesellschaftsformationen ausschließlich als Systeme gesellschaftlicher Produktion zu denken, noch sind ökonomische Verhältnisse (z. B. die Entfaltung und Verteilung der Produktivkräfte) allein kausal relevant für die Machtverteilung und die Konfliktstruktur einer Gesellschaft, noch handeln Menschen generell nur unter dem Gesichtspunkt ökonomischer Interessen. Die historisch-materialistische Perspektive bietet also ein grob verzeichnetes Bild der Wirklichkeit; sie verschafft aber ein gewisses Gegengewicht zu soziologischen Theorien sozialer Entwicklung, in denen Machtstrukturen, Interessengegensätze und ökonomische Verhältnisse eine vergleichsweise geringe oder periphere Rolle spielen.

4.3.2. Machttheoretische Ansätze

Es ist hierzulande üblich geworden, Macht und Konflikt gleichzusetzen, also anzunehmen, daß das Auftreten von Macht zwangsläufig mit Konflikten einhergeht (vgl. etwa Dahrendorf, 1967). Daß diese Sichtweise nicht zwingend ist, geht bereits aus Max Webers Definition hervor: „Macht bedeutet jede Chance, innerhalb einer sozialen Beziehung den eigenen Willen auch gegen Widerstand durchzusetzen, gleichviel, worauf diese Chance beruht.“ Macht wird also dann nicht mit Konflikten verbunden sein, wenn sie mit großem Selbstverständnis auftritt (vgl. auch Scheuch, 1973), so daß sie nicht als Machtausübung empfunden wird oder indem sie als legitime Macht von den Beteiligten respektiert und akzeptiert wird. Nur "coercive power" im Sinne von French und Raven (1958) löst Widerstand aus, führt zu Konflikten, Reaktanzerscheinungen, Unzufriedenheit usw.

Zahlreiche Problemstellungen im Rahmen der Soziologie haben die Entstehung sozialer Macht, andere wiederum die Beziehung zwischen dem Charakter eines Sozialsystems und der Art der Machtorganisation zum Thema. Diese Fragen klammern wir weitgehend aus, wenn wir im folgenden die Beziehung zwischen etablierter oder zu etablierender Macht und sozialem Wandel problematisieren. Dabei sind zwei prinzipielle Fragestellungen möglich:

(1) Welchen Einfluß hat Macht auf sozialen Wandel? Lassen z. B. die „Mächtigen“ Wandlungen zu? Unter welchen Bedingungen? In welchen Formen? In welchem Ausmaß können sie Wandel verhindern oder einleiten? An welchen Formen des Wandels sind sie selbst interessiert und leiten ihn selbst ein? usw.

(2) Welchen Einfluß hat sozialer Wandel auf bestehende Machtstrukturen und die jeweiligen „Machthaber“? Treiben z. B.

veränderte Sozialbedingungen neue, möglicherweise funktional besser „geeignete" oder „gerüstete" Eliten nach oben? usw.

Der Gedanke an eine interessengebunden selektive Steuerung des sozialen Wandels wird neuerdings – hier übertragen auf den internationalen Bereich – im Rahmen modernisierungstheoretischer Überlegungen als *dependenztheoretischer* Ansatz diskutiert. Diese vorwiegend neo-marxistisch argumentierende Dependenztheorie wird besonders von Wissenschaftlern getragen, die selbst aus Entwicklungsländern stammen. Der Grundgedanke besteht darin, daß die Abhängigkeit speziell der Entwicklungsländer (ihre „Dependenz") von den reichen und mächtigen Industrienationen und u. U. ihren früheren Kolonisatoren sich gerade verhindernd oder zumindest retardierend auswirke. Allerdings bleibt die Frage, ob ein solcher Effekt – soweit er auftritt – den Interessen der „mächtigen" Nationen wirklich immer nützt und ob er tatsächlich in der behaupteten Weise intendiert ist. (Vgl. dazu u. a.: H. C. F. Mansilla, 1974; W. Godzik [u. a.], 1976.)

Eine sehr allgemeine – aber wohl empirisch falsche – Anmerkung zur ersten Fragestellung würde lauten, daß Machthaber und Machtgruppen sozialen Wandel in einer ihren Interessen und Intentionen gemäßen Weise selektiv steuern. Selbst wenn sie dazu vermöge stark asymmetrischer Machtkonzentration in der Lage wären, so bleibt zu fragen, ob eine etablierte Machtelite überhaupt etwas zu ändern wünscht oder ob es ihr nicht lediglich darum geht, den Status quo, dem sie ihre Machtposition verdankt, zu zementieren. So behauptet etwa Eisenstadt (1956), daß die Mächtigen dazu tendieren, die Macht als wichtigstes Kriterium der Ungleichheit zu etablieren und Macht und Prestigepositionen zu monopolisieren. Malewski (1959) meint ganz im gleichen Sinn, daß immer dann, wenn eine Gruppe bestimmte Privilegien besitzt, die Mehrheit der Mitglieder dieser Gruppe Ideologien ablehnen wird, die die Abschaffung dieser Vorteile implizieren. Die Logik der Beweisführung scheint hier darauf hinauszulaufen, daß Personen und Gruppen, die Macht besitzen, dazu tendieren, im Sinne der Bewahrung bestehender

Verhältnisse, also letztlich „konservativ" zu handeln, den sozialen Wandel also möglichst zu minimieren. Dabei wird unterstellt, daß die jeweiligen Machthaber einwandfrei auszumachen sind, daß sie direkten Einfluß auf die Veränderung respektive Nicht-Veränderung gesellschaftlicher Zustände ausüben können und daß sie sich mit ihrer augenblicklichen Machtposition zufriedengeben.

Dieses konservative Prinzip spielte bereits im Modell des „Kreislaufs der Eliten" eine Rolle, das Pareto nach Vorstellungen von Mosca entwickelt hat. Dem „aristokratischen Prinzip" als Tendenz der Herrschenden zur Monopolisierung der Macht steht ein „demokratisches Prinzip" gegenüber, d. h. die Tendenz, eine schnellere Zirkulation der Eliten einzuleiten, die in dem Moment wiederum zum Stillstand kommt, in dem die neue Elite den Platz der alten einnimmt. Das „demokratische Prinzip" wird also gewissermaßen als Motor des sozialen Wandels verstanden, der auf Ablösung von Machteliten drängt. Gesellschaftliche Wandlungserscheinungen sind damit reduziert auf fortwährende Machtkämpfe; auch werden differenziertere Einsichten über die Zusammenhänge zwischen "power elite" und Sozialsystem ausgeklammert.

Die Diskussion der Frage des Umganges der „Herrschenden" mit der Macht wird häufig auch durch einen Gemeinplatz ausgedrückt, der auch in der Rechtssoziologie eine bedeutsame Rolle spielt und in einer auf Freud zurückgehenden Formulierung dahingehend lautet, daß soziale Normen und Werte von den *„Herrschenden" gesetzt* werden, und daß diese Normen dazu geeignet sind, bestehende gesellschaftliche Zustände zu *perpetuieren,* also sozialem Wandel – etwa im Sinne einer Entkrustung bestehender Sozialstrukturen – entgegenzuwirken. Gegenüber derlei „Hypothesen" sind mindestens die folgenden Einschränkungen anzumelden (vgl. auch: Zeigler, 1964; Scheuch, 1973; Wiswede, 1973):

(1) Es ist insbesondere in modernen Industriegesellschaften außerordentlich schwierig auszumachen, wer die „Herrschenden" im einzelnen sind. Die Behauptung, daß Macht

in komplexen modernen Gesellschaften letztlich nur bei einer oder einigen Gruppen konzentriert sei, ist empirisch unwahrscheinlich. In hochdifferenzierten Systemen wächst zudem die Wahrscheinlichkeit (auch die Notwendigkeit), daß intermediäre Instanzen auftreten, die Einflüsse selektieren und modifizieren. Diese Einschränkung ändert freilich nichts an der Tatsache, daß Macht differentiell und segmentär verfügbar ist, so daß in solchen Bereichen immer der Trend besteht, Normen und Werte (um)zudefinieren.

(2) Normen und Werte können anders zustande kommen als durch soziale Macht, oder zumindest von anderen Einflüssen überlagert werden: religiöse Bindungen, bloße Gewöhnung, rationale oder funktionale Erfordernisse usw. In dem Maße, in dem wir ein „Zwangsmodell" der Gesellschaft relativieren, müssen wir auch konzedieren, daß manche Normen durch Einsicht und Einigung zustande kommen können, selbst wenn die Machtkomponente mehr oder minder deutlich durchschimmern mag.

(3) Angesichts dieser graduellen Abstufung des Machtpotentials moderner Gesellschaften ist ein direkter und durchgreifender Einfluß ohne die Transmissionswirkung intermediärer Instanzen wohl der Ausnahmefall. So lassen auch die vorliegenden Untersuchungen über die Machtstrukturen in Gemeinden daran zweifeln, ob es sinnvoll ist, sich Macht als eine Fähigkeit zur direkten und generellen Einflußnahme vorzustellen. Auch sind Normen häufig das komplexe Ergebnis vorausgegangener Konflikte und ausgehandelter Kompromisse zwischen verschiedenen Interessen- und Machtgruppen.

(4) Hypothesen über die Wirksamkeit von Macht unterscheiden selten zwischen „Genese" und permanenter Erhaltung dieser Macht. Aussagen dieser Art sind daher selten auf den Kontext von Genese und Folge bezogen. Geltende Normen mögen zu historisch unterschiedlichen Zeitpunkten durch Herrschaft entstanden sein. Sie dokumentieren jedoch vielfach nur „geronnenes" Herrschaftsinteresse, weil herrschende

Individuen und Gruppen kommen und gehen und die von ihnen möglicherweise inthronisierten Normen und Werte ganz anderen Wandlungsbedingungen unterworfen sind.

(5) Interessengruppen oder politische Instanzen haben dann am meisten Erfolg, wenn sie kongruent (oder zumindest konvergent) zur öffentlichen Meinung handeln. Je mehr die Normen die allgemeine Moral reflektieren, desto geringer ist für einzelne Gruppen die Möglichkeit, verändernd auf sie einzuwirken.

Lenskis Theorie wirtschaftlicher Entwicklung, die als „Macht-Ansatz" einer Analyse sozialen Wandels verstanden werden kann, versucht, einige dieser Fallgruben zu vermeiden, indem sie ihre Beweisführung anhand empirisch-historischen Materials zu konkretisieren sucht. Die Theorie soll u. a. in der Lage sein, die Existenz sozialer Schichtung nachzuweisen. Auf der Grundlage einiger Axiome („Konstanten") wendet Lenski zwei „Verteilungsgesetze" auf zwei verschiedene Gesellschaftstypen an: Gesellschaften ohne entwickeltes Produktionssystem (ohne Mehrwert) verteilen die ökonomischen Güter nach dem *Prinzip des Bedürfnisses* für die Erhaltung der Produktion und das Überleben der Gesellschaft; Gesellschaften mit entwickeltem Produktionssystem (mit Mehrwert) verteilen ökonomische Güter nach dem *Prinzip der Macht,* weil dieses Privileg Besitz oder Kontrolle eines Teiles des von der Gesellschaft produzierten Mehrwertes bedeutet. Die „Theorie" soll nach der Intention des Verfassers in der Lage sein, zwischen dem funktionalen Ansatz einer „konservativen Denktradition" und dem Konfliktansatz einer „progressiven Tradition" zu vermitteln.

Während also in Gesellschaften ohne Mehrwert die fast völlige Ungleichheit Konsensus produziere, folge aus dem Vorhandensein gesellschaftlicher Mehrproduktion sowohl Ungleichheit als auch Konflikt. Die Ursachen sozialer Ungleichheit liegen also im ökonomischen Mehrwert, dessen Ursachen im Produktionssystem, dessen Ursachen wiederum im technischen Fortschritt. Die Kausalkette der Verteilung verläuft also wie folgt:

(1) Technik und X beeinflussen die Wirtschaft,

(2) Wirtschaft und Y beeinflussen die Politik,
(3) Politik und Z beeinflussen das Verteilungssystem.

Dieses einfache Modell wird kompliziert durch eine Reihe weiterer intervenierender Variablen, die ad hoc eingeführt werden und zwischen Technik und Wirtschaft, Wirtschaft und Politik, Politik und Verteilungssystem vermitteln. Es sind dies: Umweltbedingungen, der Grad externer Bedrohung, die Natur vorausgegangener Regimes, der Grad der Etablierung von Verfassungen, Ratio und Stellung des Militärs u. v. a. Sie alle beeinflussen über die Variable „Gesellschaftstyp" oder in direkter Weise die Art des Verteilungssystems, und weil Lenski wohl selbst den Eindruck hat, den einen oder den anderen relevanten Faktor vergessen zu haben, führt er gewissermaßen als „Und-so-weiter" eine leere Rubrik ein, die der Leser dann nach eigenem Gutdünken ausfüllen soll.

Das hierbei zustande kommende „flow-chard-Schema" wirkt nur auf den ersten Blick eindrucksvoll: Es mag als Orientierungshypothese brauchbar sein, die mögliche Hinweise auf relevante Variablen liefert. Da jedoch über den Zusammenhang der wichtigsten Variablen keine Sätze formuliert werden, handelt es sich um *Schubladen ohne Aussagen.* Hinzu kommt noch, daß die wenigen theoretischen Sätze dieses Konzeptes falsch sein dürften. Dies beginnt bereits mit den anthropologisch-psychologischen „Konzepten" der Theorie, die als Axiome fungieren. Sie sind für die Darstellung der Theorie unnötig; falls sie nötig sein sollten, sind sie problematisch. Abwegig auch der Gedanke, in Gesellschaften ohne entwickeltes Produktionssystem spiele Macht keine Rolle für die Verteilung: Privileg setzt Macht voraus, und diese definiert zu einem nicht unerheblichen Teil auch die gesellschaftsrelevanten Bedürfnisse. Macht ist nach Lenski plötzlich da, wenn es etwas zu verteilen gibt. Wo kommt sie aber her? Im Prinzip werden die Ursachen der Ungleichheit im Mehrwert und in der darüber verfügenden Macht gesehen. Diese kann jedoch wieder auf den technischen Fortschritt zurückgeführt werden. Als Folgerung muß gelten: Die Ursache der Ungleichheit ist der *technische Fortschritt.* Lenskis Wandlungstheorie kommt damit einem *technologischen Determinismus* sehr nahe (so kritisieren auch Wiehn, ²1974; Hörning, 1971; 1976). Wenn dies zutrifft, dann ist es erstaunlich, daß dieser zentralen Kategorie, die das primum movens aller Entwicklung darstellen soll, kaum Aufmerksamkeit gewidmet wird. Statt dessen werden lediglich im Sinne einer Aufzählung zahlreiche Begriffe als mögliche Variablen eingeführt, die ebenso unklar sind, wie sie sich auch jeder Operationalisierung entziehen. Was heißt genau: „Umweltbedingungen"? Worin unterscheiden sich genau der „Grad der ökonomischen Entwicklung" und der „technische Entwicklungsstand", die bei Lenski getrennt aufgeführt werden und für ihn keinerlei Zusammenhang zu haben scheinen?

Die u. E. einzig verfügbare neuere Theorie über den Zusammenhang zwischen Macht und gesellschaftlicher Entwicklung weist also so ziemlich alle Mängel auf, die eine Theorie haben kann. Dies bedeutet freilich nicht, daß Macht und Einfluß irrelevante Faktoren seien, die künftig bei Theorien sozialen Wandels keine Berücksichtigung mehr finden sollten. Das Gegenteil ist eher richtig: Es erscheint uns notwendig, Bedingungen zu formulieren, unter denen der Einfluß von Machtgruppen möglich wird, in welche Richtung dieser Einfluß geht und welche strukturellen Grenzen er findet. Die empirisch-theoretische Analyse dieser Zusammenhänge ist nicht zuletzt für die *Planung* sozialen Wandels von Bedeutung, und es wäre wohl zweifellos zu einsilbig gedacht, in den dabei ablaufenden komplexen Prozessen begrenzter und abgestufter Einflußnahme lediglich oder stets das Walten von „Herrschaftsinteressen" zu sehen.

4.3.3. Revolutionstheoretische Ansätze

Revolutionstheoretische Ansätze können in zweifacher Hinsicht interpretiert werden:

(1) Als Theorien großer Reichweite, indem sozialer Wandel generell als „revolutionäres" Geschehen betrachtet wird (etwa bei Karl Marx);

(2) als Theorien mittlerer Reichweite, indem revolutionäre Ereignisse als Sonderformen sozialer Entwicklung angesehen werden.

Beschreibt „Revolution" einen *Sonderfall sozialen Wandels,* stellen also Revolutionen eine mögliche Teilklasse der Gesamtheit sozialen Wandels dar, dann müßten generelle Entwicklungstheorien in der Lage sein, sowohl allmähliche Veränderungen der Gesellschaft („Evolution" in einem engeren Sinne) als auch abrupte und gewaltsame Wandlungserscheinungen zu erklären.

Da, wie wir gesehen haben, neo-evolutionistische Erklärungsansätze sich wesentlich auf die Analyse von Prozessen der Systemerhaltung und -verbesserung beschränken, scheint ihre Leistungsfähigkeit im Hinblick auf die Erklärung sozialer Revolutionen stark beeinträchtigt. Es ist freilich möglich, daß dies nur wegen des gewählten Schwerpunktes, nicht dagegen aus logischen Gründen der Fall ist. Auch wenn sich die neo-evolutionistische Perspektive zur Analyse von Revolutionen als nicht sonderlich leistungsfähig erweisen sollte, so geht daraus noch nicht zwingend hervor, daß wir für beide Typen sozialen Wandels verschiedene Theorieansätze benötigen. Neuere modernisierungstheoretische Konzepte (wie B. Moore) weisen daher in ihrer Typologie der Wege der Modernisierung ausdrücklich auf die wichtige Rolle „bürgerlicher Revolutionen" für die Durchsetzung „moderner" Gesellschaftsformationen hin.

Die Entscheidung in dieser Frage wird dadurch verwirrt, daß verschiedene Autoren unterschiedliche Revolutionsbegriffe verwenden. So sprechen wir etwa auch im Sprachgebrauch von politischer Revolution, industrieller Revolution oder wissenschaftlicher Revolution und behalten uns in dieser Sprechweise durchaus unterschiedliche Auslegungen vor. Während viele Autoren (z. B. Dahrendorf) auf das Plötzliche, Abrupte und Gewaltsame von revolutionären Entwicklungen abheben, halten andere Soziologen (z. B. Theodor Geiger) die gewaltsame Komponente und ihr plötzliches Auftreten für unwesentlich. Viele Forscher (z. B. Laswell/Kaplan) stellen die „radikalen Methoden" der Neuerung in den Vordergrund, während andere (z. B. Gerth und Mills) den Austausch von Personen (insbesondere „Herrschenden") betonen. Ferner konzentrieren sich die Revolutionstheoretiker auch auf durchaus verschiedene Aspekte: So auf den des manifesten Klassenkonflikts (z. B. Marx), auf den der zielgerichteten politischen Gewalt (z. B. Johnson), auf den Aspekt des Bürgerkrieges (z. B. Eckstein), auf die Diskontinuität des Kulturgehalts (Neumann) usw. Wichtig ist auch die Frage nach dem politischen Stellenwert des revolutionären Geschehens: Gibt es „kulturelle" oder „ökonomische" Revolutionen oder sollten wir den Ausdruck besser dem politischen Bereich vorbehalten?

Die meisten Revolutionsforscher dürften für den Revolutionsbegriff jedoch die folgenden Merkmale für unverzichtbar halten:

(1) Die *Diskontinuität* der Entwicklung,
(2) die *Gewaltsamkeit* der Entwicklung,
(3) der *Austausch von Personen* in Machtpositionen,
(4) die (beabsichtigte) Herbeiführung einer *neuen Gesellschaftsordnung*.

Im Sinne des Systemansatzes kann dies so formuliert werden, daß Revolutionen zu solch schwerwiegenden Strukturveränderungen führen, daß nicht mehr vom „gleichen" System gesprochen werden kann. Empirisch dürfte es freilich schwierig zu entscheiden sein, wann das Koordinatennetz eines sozialen Systems so weit verschoben ist, daß interne oder externe Beobachter zu der Überzeugung gelangen, hier liege eine *andere, neue Gesellschaft* vor. Für einige Systemtheoretiker scheint es auch im Falle der Revolution keinen Systemzusammenbruch zu geben; so etwa für Buck (u. a.) (1971, S. 41):

> Revolution ist dann nicht mehr Zerstörung des Systems, sondern eine Klasse von Transformationen, die die Variablen des Systems aus einer relativ stabilen Klasse von Zuständen in eine andere überführen.

Abgrenzungsschwierigkeiten sind auch durch folgende Fragestellungen gegeben: Wie ist der Wandel einzuschätzen, wenn die neue Elite nach gewaltsamem Sturz einer Regierung deren Werte, Normen und Privilegien übernimmt (vgl. Paretos „Kreislauf der Eliten" oder, noch krasser, Sartres „Räderwerk") und sich im

Prinzip in der Gesellschaft nicht viel ändert? Wie ist umgekehrt eine geplante und zielstrebige „Evolution“ einzuschätzen, die zwar äußerst geräuschlos und keineswegs grob diskontinuierlich verläuft, die jedoch schwerwiegende strukturelle Veränderungen innerhalb der Gesellschaft im Gefolge hat? Läßt sich die Bezeichnung „Revolution“ verwenden, wenn die politischen Strukturen gleich bleiben, die Machteliten sich nicht ändern, diese aber in großem Stil Neuerungen (etwa im Sinne einer radikalen Industrialisierung) einführen? Dies sind meist offene Fragen, die sich aber mit Nachdruck dann stellen, wenn Begriffe und Theorien sich an der empirischen Wirklichkeit zu bewähren haben.

Unter den klassischen Beiträgen zur Revolutionsforschung werden insbesondere die von A. de Tocqueville, Marx und Engels sowie Pareto hervorgehoben (für eine ausführliche Diskussion siehe C. Lindner, 1972). Die einflußreichste Theorie in diesem Zusammenhang ist die von Marx/Engels gewesen. Einige Aspekte dieser Denktradition wurden im vorigen Abschnitt bereits behandelt. Für Marx sind Theorie des Wandels und Theorie der Revolution *identisch*. Die marxistische Revolutionstheorie hat gegenüber den systemtheoretischen oder krisentypologischen Ansätzen den Vorteil, eine unabhängige Variable, nämlich die ökonomische, herauszustellen, „aber den Nachteil, daß die Vermittlungsschritte weitgehend fehlen, die zwischen dem in sich schon komplexen Prozeß des sich zuspitzenden Widerspruchs zwischen Produktionsverhältnissen und Produktivkräften und den eigentlichen politischen Prozessen zur Operationalisierung notwendig sind“ (Beyme, 1973, S. 25). Auch neuere Revolutionstheoretiker stellen oftmals ökonomische Variablen als die relevanten Ausgangsbedingungen für Revolutionen in den Vordergrund, behandeln jedoch im Gegensatz zur marxistischen Denktradition soziale Revolutionen als „Sonderfall“, „Teilklasse“ oder als „Weg“ gesellschaftlicher Veränderung, und versuchen mit ihren Konzepten eine Theorie mittlerer Reichweite im bereits beschriebenen Sinne zu bieten.

In unserer kurzen Darstellung vernachlässigen wir jene Versuche, die auf deskriptive oder komparative Verlaufsanalysen beschränkt geblieben sind, in denen lediglich bestimmte Sequenzmuster von Ereignissen festgehalten werden (vgl. etwa Edwards, 1926; Printon, 1938; Pettee, 1938; Gottschalk, 1944) und konzentrieren uns auf neuere Erklärungsversuche, die in irgendeiner Weise in der Form empirisch prüfbarer Hypothesen konzipiert sind. Wir greifen dabei zwei der meistdiskutierten neueren Revolutionstheorien heraus, von denen die eine (Chalmers Johnson, 1964) systemtheoretisch, die andere (James C. Davies, 1962) sozialpsychologisch konzipiert ist. Mit ihnen wollen wir uns im folgenden kurz beschäftigen.

Johnsons Revolutionstheorie bewegt sich in den Bahnen der funktionalistischen Analyse. Am Beginn des revolutionären Prozesses steht nach ihm eine unaufhebbare Dissynchronisierung von Wertsystemen und adaptiven Grundmustern. Der dadurch bedingte Wandel von Wertvorstellungen und/oder Sozialstrukturen führt zu einem systemischen Ungleichgewicht; daraus resultieren – sich wechselseitig bedingend – Machtverfall ("power deflation") und Autoritätsverlust ("loss of authority"), die, verstärkt durch bestimmte Akzeleratoren, zur Revolution führen.

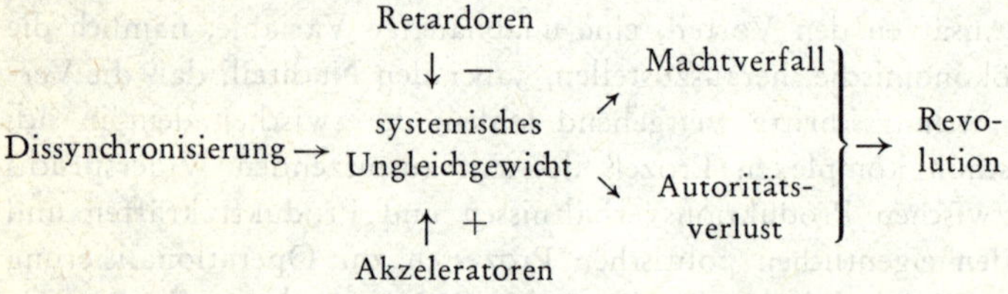

Wenn das gesellschaftliche Wertsystem und die soziale Arbeitsteilung (Rollenspezialisierung, Rollendifferenzierung) nicht mehr im Einklang stehen, so entsteht ein *ungleichgewichtiges soziales System,* das durch Machtverfall und Autoritätsverlust gekennzeichnet ist. Unter Machtverfall versteht Johnson, daß die Aufrechterhaltung der gesellschaftlichen Integration sich stärker auf die Ausübung von Gewalt ("coercive power") gründet als auf andere Mechanismen sozialer Kontrolle. Autoritätsverlust wird dann wirksam, wenn die nicht abweichenden Systemglieder die Fähigkeit der Inhaber von Herrschaftspositionen, eine erfolgreiche resynchronisierende Politik zu betreiben, anzweifeln. Beschleunigend wirken hierbei verschiedene „Akzeleratoren", z. B. fehlende Loyalität der Streitkräfte, der Glaube an die Möglichkeit der Überwältigung von Streitkräften und Polizeiorganen, das Vorhandensein einer Kontra-Strategie usw. Parallel dazu werden jedoch die herrschenden Eliten verschiedene Strategien entwickeln, um das systemische Ungleichgewicht zu beseitigen. Sofern diese Strategien nur wiederum dazu führen, den Zwangscharakter der Gesellschaft zu unterstreichen, führen sie allerdings zu weiterem Machtverfall und Autoritätsverlust.

Gegen diesen Erklärungsansatz erheben sich die gleichen Bedenken, wie wir sie bereits bei der Behandlung der funktionalistischen Evolutionstheorie herausgestellt haben: Wandlungen, die ein soziales System über die Grenzen homöostatischer Korrektur hinausdrängen, können nicht länger mit den Begriffen der sozialen Systemanalyse gedacht werden, da ein System per definitionem aufhört zu existieren, wenn ein Ungleichgewicht nicht durch homöostatische Prozesse behoben werden kann (vgl. hierzu Rittberger, 1973, S. 61; ferner Kap. 4.1.2 mit Bezug auf Nagels Paradigma funktionalistischer Erklärungen). Außerdem gilt für Johnson im Prinzip das gleiche, was wir bereits bei Lenskis Theorie sozialer Evolution vermerkten: daß nämlich die einzelnen möglichen Variablen schaubildartig angedeutet, aber keineswegs kausal eindeutig interpretiert werden (vgl. kritisch Stone, 1965/66; Beyme, 1973). Daran ändern auch seine Vorschläge zur empirischen Messung von systemischem Ungleichgewicht nichts, die auf den Pfaden Durkheimscher Tradition „Selbstmord- und Kriminalitätsraten" oder die „Häufigkeit der Verwicklung in bewaffnete Konflikte" als Indikatoren verwenden.

Entschiedenere Versuche, Hypothesen über revolutionären politischen Wandel empirisch zu testen, wurden von James Davies (1962) und – an ihn anschließend – von Tanter/Midlarsky (1967) unternommen. Davies versucht, die klassischen Ansätze von Marx und de Tocqueville in Verbindung zu bringen. Während Marx im wesentlichen daran festhält, daß fortschreitende Verelendung der Massen zur Revolution führt, erscheint bei de Tocqueville die umgekehrte These: Individuen finden ihre Lage um so unerträglicher, je besser sie ist. Nach Davies haben beide Ansätze dann erklärenden und möglicherweise prognostischen Wert, wenn sie nebeneinander und in die richtige Reihenfolge gestellt werden (Davies, dt. 1971).

Die entsprechende zentrale Hypothese von Davies lautet: "Revolutions are most likely to occur when a prolonged period of objective economic and social development is followed by a short period of sharp reversal" (1962, S. 6). Für ihn ist also nicht das ökonomische Wachstum oder der wirtschaftliche Niedergang als solcher ein destabilisierender Faktor, sondern eine je spezifische Abfolge von Prosperitätsphase und scharfem Abschwung zur Depression. Die Theorie geht von einem Zusammenhang zwischen erwarteter Bedürfnisbefriedigung, tatsächlicher Bedürfnisbefriedigung und der antizipierten Diskrepanz zwischen Erwartung und Erfüllung aus (vgl. hierzu Rittberger, 1973, S. 52 ff.). Nicht die Differenz zwischen tatsächlicher und erwarteter Bedürfnisbefriedigung gilt hier als relevante Ursache der Destabilisierung, sondern eine als frustrierend angesehene Differenz zwischen dem, was die Bevölkerung *anstrebt* und dem, was sie tatsächlich *erhält*. Wird diese Antizipation mit der Folge der Frustration eine Kollektiverscheinung, dann werden weite Bevölkerungskreise dazu veranlaßt, gegen die bestehenden Verhältnisse zu rebellieren (vgl. Abb. 9).

Während Davies seine Theorie an drei historischen Fällen mehr illustrativ empirisch zu untermauern versucht, benützen Tantler und Midlarsky quantitative Daten für 17 Fälle von Revolution während 1955 bis 1960, deren Ausdeutung es wahrscheinlich macht, daß die ursprüngliche Ausgangshypothese von Davies zumindest modifiziert werden muß.

Wie immer auch die Konzeption von Davies modifiziert werden mag: Offensichtlich ist traditionelle Armut ohne Bezugsalternativen meist nicht mit Unzufriedenheit verbunden. Ein besonders hohes Maß an Unzufriedenheit wird man hingegen

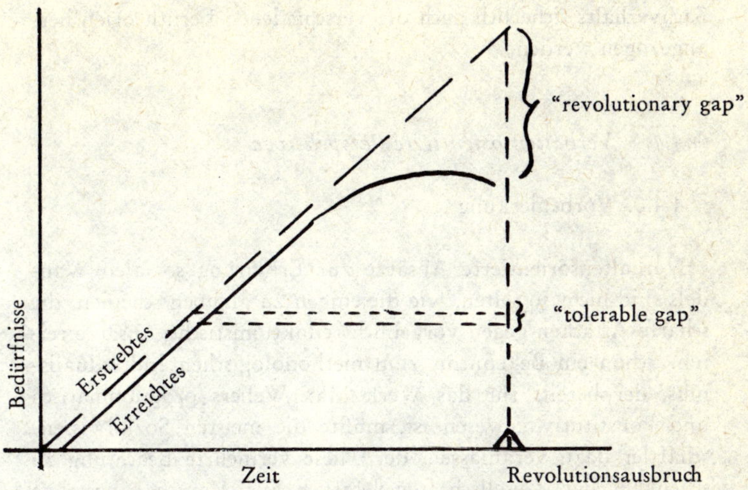

Abb. 9. Revolutionsmodell von Davies

bei solchen Individuen vermuten können, bei denen die Diskrepanz zwischen Anspruch und Realität aufgrund des gleichzeitigen Anwachsens ihrer Ansprüche über das bisher Erreichte hinaus und des absoluten Absinkens der Bedürfnisbefriedigung unter den bisherigen Stand besonders groß ist (vgl. C. Lindner, 1972, S. 110). Es ist daher zweifellos nützlich, den von Davies vorgeschlagenen Weg weiter zu verfolgen und ihn – konsequenter als dieser selbst – auf dem Hintergrund sozialpsychologischer Theorien zu verfolgen. Als solche bieten sich an: die Theorie der relativen Deprivation, die Theorie des Anspruchsniveaus, die Anomietheorie usw. Als besonders erfolgreich erscheint uns hierbei der Vorschlag von Lindner (1972), revolutionstheoretische Aussagen aus allgemeinen *Verhaltenstheorien* (z. B. der Wert-Erwartungs-Theorie von Atkinson) abzuleiten, wobei die Theorie von Davies als Spezialfall unter besonderen Bedingungen in Erscheinung treten dürfte. Da Formen der Bedürfnisbefriedigung und individuelle Anspruchsniveaus in *sozialen Lernprozessen* angeeignet werden, könnten zur Erklärung dieses

Sachverhalts sicherlich auch die verschiedenen Lerntheorien herangezogen werden.

4.4. Verhaltensorientierte Perspektiven

4.4.0. Vorbemerkung

Verhaltensorientierte Ansätze zur Erklärung sozialen Wandels sind nicht so selten, wie diejenigen zu glauben scheinen, die scharfe Attacken gegen vorgeblich reduktionistische Ansätze reiten. Schon ein Bekenntnis zum methodologischen Individualismus, der bereits für das Werk Max Webers programmatisch und konstitutiv gewesen ist, müßte die meisten Sozialwissenschaftler dazu veranlassen, der These vermehrte Beachtung zu schenken, daß Gesellschaften letztlich aus *Menschen* bestehen und daß die Veränderung auskristallisierter Handlungsmuster und sozial geregelter Motivationsmuster, mit denen man gewöhnlich den sozialen Strukturwandel umschreibt, letztlich auf das konkrete Handeln von Menschen und ihre konkreten Motivationen zurückgeführt werden kann.

Daß diese Sichtweise dennoch in Mißkredit geraten ist, hat seine Ursache wohl vor allem darin, daß für verhaltensorientierte Analysen neuerdings der Vorwurf der „Personalisierung" und des „Reduktionismus" bereitsteht. Aber niemand, der den methodologischen Individualismus vertritt, hat ernsthaft je behauptet, daß menschliche Geschichte oder sozialer Wandel durch menschliches Wollen, durch große Ideen oder durch innovatorische Schöpfungen *allein* machbar sei, indem etwa die soziale Wirklichkeit als Ergebnis je spezifischer Handlungsabsichten in Erscheinung trete. Selbstverständlich leugnet die individualistische Perspektive nicht die Wirksamkeit sozialstruktureller Gegebenheiten (z. B. „objektive" Faktoren, wie soziale Schichtung, ökonomische Lage, ökologische Situation). Auch wenn diese in der verhaltenswissenschaftlichen Erklärung „nur" als „externe Stimuli" in Erscheinung treten, so sind sie damit in keiner Weise in ihrer Bedeutung „reduziert“ oder verniedlicht. Im Gegenteil: Die Komponenten äußeren Drucks und sozialen Zwanges können das Individuum in den Teufelskreis sozial-struktureller Bedingungen einschnüren, so daß von Innovation, role-making oder schöpferischer Gestaltung keine Rede sein mag.

Auch kann und will ein richtig verstandener methodologischer Individualismus nicht glauben machen, daß es lediglich notwendig sei, die Motive, Ziele oder Absichten von Individuen zu kennen, um daraus den „Gang der Geschichte“ oder einzelne Entwicklungsprozesse abzuleiten. Intentionen oder Dispositionen mögen erklären, warum bestimmte Entscheidungen getroffen wurden; was jedoch auf die Initiierung einer Handlung folgt, ist nicht ausschließlich Konsequenz der Initiierung, sondern untersteht den jeweiligen konkreten sozialen Bedingungen, die zum Zeitpunkt der Entscheidung bestanden (vgl. Goldstein, 1962; Elias, [3]1976). Auf diese Weise können initiierte Prozesse Anderes oder gar das Gegenteil dessen bewirken, was beabsichtigt war.

Der Bezugspunkt „Verhalten“ erscheint für die Analyse sozialen Wandels in einer zweifachen Hinsicht bedeutsam:

(1) Als spezifische Blickrichtung und als Teilinhalt sozialen Wandels: u. a. können eben auch Veränderungen in den Verhaltensweisen analysiert werden.

(2) Als Generalnenner für sozialen Wandel schlechthin, indem von sozialem Wandel erst dann gesprochen wird, wenn auch das Verhalten der beteiligten Individuen sich geändert hat.

Sofern man nun sozialen Wandel auf der Verhaltensebene einerseits und auf struktureller Ebene andererseits als qualitativ unterschiedliche Dimensionen begreift, könnte man grundsätzlich die folgenden Prozesse miteinander kombinieren:

Bezugsfeld → Wandlungstyp ↓	Wandel der sozialen Struktur	Wandel des sozialen Verhaltens
A	ja	ja
B	ja	nein
C	nein	ja

Folgt man etwa der oben genannten zweiten Festlegung, dann wäre von sozialem Wandel lediglich in den Fällen A und C zu sprechen, was natürlich eine Frage der Definition und des Begriffsumfanges ist. Meist nehmen jedoch Soziologen ganz bestimmte Beziehungen zwischen Sozialstruktur und Verhalten an: Definitorisch etwa so, daß sie z. B. Sozialstruktur als verfestigte Beziehungsmuster zwischen Handelnden bestimmen; kausal etwa so, daß Veränderungen der einen Seite (also z. B. der Strukturen) sehr wahrscheinlich zu je spezifischen Veränderungen auf der anderen Seite (also z. B. auf der Verhaltensebene) führen. In jedem Falle bleibt dann ein Doppeltes zu erklären: welche Wandlungen der Sozialstruktur zu Änderungen des konkreten Verhaltens führen und welche Verhaltensänderungen welche strukturellen Wandlungen im Gefolge haben.

Unabhängig von der Beantwortung dieser Frage dürften die meisten Theorien sozialen Wandels sowohl sozial-strukturelle Variablen wie auch Variablen des Verhaltens enthalten. Viele der vorhandenen Theorien über Evolution braucht man kaum nennenswert zu „reduzieren", um zu erkennen, daß sie „individuelle" oder „psychologische" Variablen enthalten. So dürften etwa zentrale Aussagen von Smelser oder von Etzioni durchaus mit einem „verhaltenstheoretischen" Schema kompatibel sein. Zentrale Begriffe wie der der „Assimilation" bei Karl Deutsch oder der der „Empathie" bei Daniel Lerner sind im Rahmen der Modernisierungsforschung deutliche Beispiele verhaltensorientierter Annahmen. Auch hatten wir bereits zum Ausdruck gebracht (Kap. 4.1), daß das Konzept der „individual modernity" dringend der verhaltenstheoretischen Fundierung bedarf. Ausgeprägter noch tritt diese Perspektive dort in Erscheinung, wo es um das Handeln innovatorischer Eliten (z. B. Eisenstadt, Rogers) oder um Interessengruppen geht oder wo das Auftauchen sog. schöpferischer Persönlichkeiten im Zentrum der Analyse steht.

Wir geben nachfolgend einen Überblick über die leider noch zu wenigen Ansätze zur Evolutionstheorie, die in einem engeren Sinne als *verhaltensorientiert* anzusprechen sind. Dabei beginnen wir mit phänomenologisch-handlungstheoretischen Ansätzen – gegen die, merkwürdig genug, der Vorwurf des Reduktionismus selten vorgebracht wird – und wenden uns dann den mehr „behavioristischen" Versuchen zu, die konsistenztheoretisch, sozialisationstheoretisch oder – und hier gibt es fließende Übergänge – lerntheoretisch vorgehen. Die letztgenannte Perspektive halten wir für besonders ausbaufähig. Auch wenn man sich der Denkrichtung des methodologischen Individualismus aus möglicherweise guten Gründen verschließen sollte, werden sicherlich viele Soziologen das Argument akzeptieren, daß man nach dem Scheitern der marxistischen und der funktionalistischen Perspektive verhaltensorientierten Ansätzen im Rahmen der Erklärung sozialen Wandels mehr Aufmerksamkeit schenken sollte, selbst wenn dies unter Vorbehalt und mit Skepsis geschieht.

4.4.1. Handlungstheoretische Ansätze

Der handlungstheoretische Ansatz kann als Ausschnitt verhaltensorientierter Erklärungen angesehen werden, wobei jedoch für Handlungstheoretiker, entgegen „behavioristischen" Konzepten, der Anspruch besteht, menschliches Verhalten allein aus ihrer Sicht angemessen interpretieren zu können. Obgleich auch Funktionalisten den Begriff des sozialen Handelns zentral verwenden (vgl. Scheuch/Kutsch, 1975, S. 277–350) und Soziologen vielfach generell von sozialem Handeln sprechen und dabei dominant an soziales Verhalten denken, wollen wir im engeren Sinne hier „Handlungstheorie" mit der Grundannahme verknüpfen, daß die soziale Wirklichkeit wesentlich aus regelungsbedürftigen und interpretationsfähigen Verhaltenssituationen besteht, die in Interaktionen eingespielt, angeeignet, bestätigt und verändert werden. Dies ist u. a. der Bezugspunkt eines phänomenologisch-handlungstheoretischen Ansatzes, dessen wichtigste Variante der „symbolische Interaktionismus" darstellt. Grundlegend für die Vertreter dieser Schule ist insbesondere das sozialphilosophische Werk von G. H. Mead und Alfred Schütz, sowie von Garfinkel und Cicourel. Dabei soll nicht verkannt werden, daß sich unter dem Konzept des „symbolischen Interaktionismus" zahlreiche inkonsistente und heterogene Konzepte (vgl. etwa Steinert, 1973; Haferkamp, 1972) verbergen.

Kennzeichnend für diesen Theorieansatz ist zunächst folgendes:

(1) Interaktion wird verstanden als die durch Kommunikation vermittelten sozialen Beziehungen zwischen Personen und die daraus abgeleitete wechselseitige Beeinflussung ihrer Einstellungen, Erwartungen und Handlungen.

(2) Interaktionen werden von „Alltagswissen" (z. B. Typisierungen, Situationsdefinitionen bzw. Sinndeutungen) geleitet, die man mit den Interaktionspartnern teilt.

(3) Soziale Wirklichkeit (z. B. soziale Struktur) wird nicht als Vorgegebenes, auf höherer Ebene bereits Angesiedeltes angesehen, sondern als in konkreten Interaktionsbezügen erst Hervorgebrachtes und als Sinnübertragung zwischen Interagierenden interpretiert.

Der hier nur grob skizzierte Theorieansatz ist bislang hauptsächlich auf Sachverhalte angewendet worden, bei denen bisher mikrosoziologische oder sozialpsychologische Arbeit ansetzte, z. B. beim Studium abweichenden Verhaltens oder aber im Rahmen der Rollentheorie. Die Reichweite und die z. T. überzogenen Ansprüche dieses Erklärungsansatzes sind mittlerweile erheblicher Kritik ausgesetzt gewesen (vgl. u. a. Wiswede, 1973; 1977; Scheuch/Kutsch, 1975). Denn insbesondere hat sich gezeigt, daß der symbolische Interaktionismus z. T. ein sozialpsychologisches Programm entwickelt, das angesichts des Forschungsstandes der Disziplin „Sozialpsychologie" als recht naiv und primitiv beurteilt werden muß.

Der symbolische Interaktionismus hat bisher keinen expliziten Versuch unternommen, ein Programm zur Erklärung sozialen Wandels zu formulieren (vgl. jedoch einige programmatische Äußerungen von H. P. Dreitzel, 1967; J. Matthes, 1976), was sicherlich daran liegen mag, daß diese Forschungsrichtung insbesondere das Selbstverständliche und Einheitliche, Stabile und

Harmonische zum Gegenstand hat (vgl. Steinert, 1973) und Veränderung allenfalls "in the short run", d. h. als Prozeß der ständigen Neukonstruktion sozialer Wirklichkeit (vgl. Berger/Luckmann, 1969; Krappmann, 1971) beschrieben wird.

Gleichfalls vorwiegend programmatischen Charakter dürfte der von Habermas so genannte „kommunikationstheoretische Ansatz“ zur Erklärung sozialen Wandels haben (Habermas, 1973). Für Habermas besteht die kommunikativ-bedeutsame Normstruktur aus rational nachkonstruierbaren Mustern (soweit es die Produktionssphäre betrifft), der Notwendigkeit gesellschaftlicher Legitimierbarkeit von Sollwerten (soweit es die Machtorganisation einer Gesellschaft anbetrifft), die institutionell zu regelnden Lernprozesse (soweit es die soziokulturell geltenden Normen anbelangt). Die Kombination dieser drei Konstituentien vermag Aufschluß über die Entwicklungsmöglichkeiten von Gesellschaftssystemen zu geben, wobei die spezifische Art ihrer Verknüpfung die Qualität einer Gesellschaftsformation ausmacht (vgl. hierzu die Explikation von G. Kiss, 1976). Ab einer bestimmten Entwicklungsstufe wird nach Habermas ein Lernniveau erreicht, das *reflexives Lernen* erlaube und das die Möglichkeit planenden Eingriffs sowie die Steigerung der Evolutionsfähigkeit von Gesellschaftssystemen eröffnet. Unklar bleibt hier, was genau unter reflexivem Lernen verstanden werden kann und welche Art von Lerntheorie diesem Konzept des reflexiven Lernens gerecht wird. Daher mündet der sog. kommunikationstheoretische Ansatz von Habermas letztlich lediglich in eine typisierende Beschreibung verschiedener Gesellschaftssysteme ein, ohne die „erklärende“ Ebene zu erreichen.

Dem Modell von Don Martindale (1962) liegt gleichermaßen eine Konzeption zugrunde, die „sinnhaftes“ soziales Handeln beschreibt. Sozialer Wandel erscheint hier als Abfolge sinnhafter Handlungen, die aus Unvollkommenheiten gegebener sozialstruktureller Zustände entspringen. Sinnhafte Handlungen dieser Art sind damit die Quelle aller sozialen Umgestaltung. Hinzu kommt ein adaptives Moment: Bestimmte soziale Erfordernisse legen die Ziele, denen das Handeln folgt, in bestimmter

Weise fest. (Dabei scheint Martindale ein Vorgehen vorzuschweben, das die Bemühungen individuell-handlungstheoretischer und funktionalistischer Provenienz verbindet.) Diese Festlegung rückt Martindales Ansatz in die Nähe einer Theorie des geplanten sozialen Wandels, was auch dadurch nahegelegt wird, daß in seinem Konzept die „Intellektuellen" eine tragende Rolle im Wandlungsgeschehen spielen.

Auch Martindales Analyse verstrickt sich hoffnungslos in die Sinnproblematik: Auch von ihm erfahren wir nicht, was genau unter dem „Sinn" einer Handlung verstanden werden kann (vgl. zur Sinndebatte Kap. 2.3), noch hören wir präzise, wie denn nun „soziale Erfordernisse" feststellbar seien (etwa von den Intellektuellen?). Auch die richtige Einsicht, daß der Grad des Erfolges vorgängiger Problemlösungen die Wahl der Mittel sowie die Motivation zum Handeln beeinflussen kann, ist keineswegs neuartig und kann unschwer aus verschiedenen Lerntheorien abgeleitet werden.

Die handlungstheoretische Perspektive hat nach unserer Auffassung bisher kein erklärungskräftiges Modell der Analyse sozialen Wandels vorgelegt. Dies mag prinzipielle Gründe haben, die wir bereits anläßlich der Sinndebatte bei der historischen Vorgehensweise herausstellten (Kap. 2.3), so daß die hier beschriebenen Ansätze u. E. ein Holzweg der Forschung sein dürften.

4.4.2. Konsistenztheoretische Ansätze

Zahlreiche Arbeiten über soziale und wirtschaftliche Entwicklung, Modernisierung, Innovation und Diffusion enthalten gewisse Annahmen über die Konsistenz von Entwicklungssequenzen und die Kompatibilität von Entwicklungsmustern. Selten jedoch werden diese Annahmen explizit aus verfügbaren Konsistenztheorien abgeleitet. Diese Theorien der kognitiven Konsistenz gehen übereinstimmend von der Voraussetzung aus, daß Individuen verschiedene Elemente ihrer Umwelt psychisch in

Übereinstimmung zu bringen versuchen, d. h. daß sie ein kognitives Gleichgewicht der Perzeption und des Verhaltens anstreben. Eine besonders erfolgreiche Theorie dieser Art ist die der *kognitiven Dissonanz* (vgl. Festinger, 1957 sowie verschiedene Reformulierungen). Sie besagt, daß Individuen dazu tendieren, widersprüchliche Gegebenheiten ihrer Umwelt zu harmonisieren, kognitive Dissonanzen abzubauen und hierbei diejenigen Verhaltensalternativen zur Reduzierung der Dissonanz wählen, die die geringsten „psychischen Kosten" involvieren, d. h. für das Individuum am „ökonomischsten" durchsetzbar ist.

Diese Theorie könnte möglicherweise gewisse Aspekte des Ursprungs und der Entwicklung von Religionen und magischen Deutungen erklären. Angstauslösende Ereignisse leiten eine Verhaltenstendenz der Angstreduktion ein; nicht-erklärbare Sachverhalte führen nach dem Horror-Vacui-Prinzip zu Scheinerklärungen, die die Ordnung im Ereignisstrom wieder herstellen.

Andererseits erweisen sich solche Möglichkeiten der Dissonanzreduktion als Hindernisse der Mobilisierung und Modernisierung. Ein religiös verankertes Kastensystem beispielsweise, das nicht nur soziale Stellung und Lebensgewohnheiten des einzelnen, sondern auch die Wahl des Berufes und des Ehegatten beeinflußt, scheint kaum die Voraussetzungen zu bieten, um wesentliche Schritte durchgreifender Modernisierung einzuleiten (vgl. zur Gesamtproblematik in Indien: Kandil, 1975; Wurzbacher [Hrsg.], 1975). Gerade hier spielt die in der Modernisierungsforschung so oft erörterte Frage nach verschiedenen Entwicklungspfaden und zu problematisierenden Entwicklungszielen eine besondere Rolle. Immerhin sind Ansätze partieller Kompatibilität auch hier zu erkennen: Aus zahlreichen „Nebenkasten" entwickeln sich Organisationsformen, die unseren Berufsverbänden vergleichbar sind und sich so dem Einbruch des Industriezeitalters anzupassen vermögen.

Der Gedanke der Konsistenz und der Kompatibilität mit schon Vertrautem und die damit verbundenen Implikationen hat vor allem auch in der neueren *Diffusions- und Innovationsforschung* eine bedeutsame Rolle gespielt. Diese Vorstellung findet sich sowohl in den klassischen Arbeiten von Kroeber und Barnett als auch in neueren diffusionstheoretischen Ansätzen etwa von Rogers oder Havelock. Das Anwendungsgebiet dieses Forschungsbereiches betrifft sämtliche kulturellen Neuerungen, obgleich viele Sozialwissenschaftler zu Unrecht versuchen, seine Bedeutung auf das Studium technischer Neuerungen – hier vor allem auf dem agrarischen Gebiet – zu beschränken. Dabei wird auch die Stellung der Neuerer (Innovatoren) in einer Gesellschaft bedeutsam, die nach neueren Erkenntnissen meist nicht irgendwelchen elitären Oberschichten, sondern häufig „aufsteigenden", oft auch marginalen Gruppen angehören.

Begriffe wie Erfindungen, Entdeckungen und Innovationen sowie ihre nachfolgende Diffusion finden in der neueren Soziologie des sozialen Wandels eine relativ geringe Beachtung. Schon bei Barnett (1954), der in der Innovation die Basis des kulturellen Wandels schlechthin sieht, finden wir ein "law of compatibility" (S. 341), das dort in subtiler Weise mit Identifikationsprozessen in Verbindung gebracht wird. Desgleichen finden wir bei dem empirischer ausgerichteten Ansatz von Rogers (1962) verhaltensorientierte Hypothesen über das Akzeptanzverhalten von Individuen ("acceptance"). Rogers sagt, daß die ökonomische Eignung einer Neuerung zwar eine notwendige, jedoch keine hinreichende Bedingung für die Akzeptanz sei, sondern daß darüber hinaus die Übereinstimmung mit bestehenden Werten und Normen geprüft werden müsse. Die entsprechenden Hypothesen bei Rogers lauten: (1) The relative advantage of a new idea as perceived by members of a social system affects its rate of adoption. (2) The compatibility of a new idea as perceived by members of a social system affects its rate of adoption.

Nach Rogers spielen also beide Variablen, nämlich Wirksamkeit und normative Fixierung der Innovation, eine Rolle für die Annahme von Innovationen in sozialen Systemen. D. h.: nicht nur die Wirksamkeit einer Innovation ist relevant dafür, daß sie eingeführt wird, sondern der Grad der normativen Fixierung einer bestehenden Aktivität ist gleichermaßen ausschlaggebend, ob diese Aktivität durch eine Innovation mit Erfolg ersetzt werden kann.

Die zweite Hypothese von Rogers (und auch vorausgegangene Formulierungen etwa von Barnett oder Kroeber) dürften sich ohne Schwierigkeiten aus der Theorie der kognitiven Dissonanz ableiten lassen. Betrachten wir die bestehenden Werte und Normen als kognitive Elemente E_1, E_2, E_3 ... E^n, so sind Innovationen I_1, I_2 ... I^n dann kompatibel, wenn sie keine oder nur geringe kognitive Dissonanz auslösen; und sie werden kompatibel, wenn einfache und/oder belohnende Möglichkeiten der Dissonanzreduktion eröffnet werden. Am vorigen Beispiel Indien dürfte es also nicht genügen, ernährungsphysiologisch zu demonstrieren, daß das Fleisch einer Kuh eßbar ist, oder die Geburtenbeschränkung allein durch den Hinweis auf möglicherweise höheren Lebensstandard zu propagieren und mehr oder weniger geringfügige Belohnungen für Sterilisierungen auszusetzen. Hier wird es einerseits entscheidend darauf ankommen, wie weit die zu durchbrechenden Standards institutionalisiert und im Denken und Wollen der Individuen internalisiert sind, und andererseits, wie sich geplante Innovationen diesen Gegebenheiten anpassen lassen.

Die Bedeutung des Prinzips der Kompatibilität wird im übrigen auch durch Ergebnisse der Einstellungs- und Kommunikationsforschung unterstrichen. So ist aus der Analyse von Massenkommunikationsprozessen bekannt, daß diejenigen Botschaften und Informationen kaum eine Chance haben, aufgenommen und akzeptiert zu werden, die dazu geeignet sind, die kognitive Inkonsistenz des Rezipienten zu erhöhen. Das Konsistenzprinzip wird daher mit Vorliebe zur Erklärung des Wandels von Einstellungen und der Akzeptanz von Botschaften verwendet. Hierbei ist wiederum erstaunlich, daß die Analyse sozialen Wandels so selten an die Erforschung veränderter *sozialer Einstellungen* anknüpft, wobei ein empirisch und theoretisch sehr erfolgreich bearbeitetes Forschungsfeld brachliegt.

Es wurde oft betont (zuletzt etwa von Hörning, 1976), daß der Gedanke der Konsistenz und Kompatibilität von Entwicklungsmustern nicht ausreicht, um soziale Wandlungsprozesse angemessen zu beschreiben und zu erklären. Zweifellos gilt, daß Konsistenz oft noch nicht einmal eine notwendige, geschweige denn eine hinreichende Bedingung für die Einleitung von Wandlungsprozessen ist. Inkonsistente Änderungen werden häufig durch Macht und Gewalt bestimmter Interessengruppen durchgesetzt, wenn es auch zutrifft, daß dieses Machtpotential um so schwerer durchzusetzen sein wird, je inkonsistenter die Neuerung ist. Scheuch findet ganz in diesem Sinne (1976), daß geplanter sozialer Wandel am ehesten die Chance der Realisierung hat, je mehr der Boden für diesen Wandel vorbereitet ist und je eher er sich mit den Prädispositionen der Gesellschaftsmitglieder vereinbaren läßt. Wörtlich heißt es (Scheuch, 1976, S. 31):

> Wir machen immer dann die Erfahrung, daß diese Sozialsysteme ungenügend gestaltbar sind, wenn der Wunsch des Gestalters in Konflikt mit der Präferenzordnung der Bürger gerät. Wenn die Präferenzordnung der Bürger richtig erkannt wird, dann läßt sich sozialer Wandel sowohl beschleunigen als auch kanalisieren.

Freilich läßt sich immer wieder beobachten – und dies ist für viele Entwicklungsländer sicher der typische Fall – daß Innovationen auch *contre dissonance* durchgesetzt werden (müssen), was oft lediglich vermittels stärkerer sozialer Sanktionen – und damit notgedrungen auch Gegenreaktionen im Sinne der Reaktanztheorie – möglich ist.

Explizit dissonanztheoretisch orientierte Aussagen wurden im Rahmen der Modernisierungsforschung von Gerschenkron (1962) und Hondrich (1970), im Rahmen der Revolutionsforschung von D. C. Schwartz (1971) formuliert. So stellt etwa Hondrich bei seiner Analyse auf Diskrepanzen bzw. Dissonanzen zwischen „wahrgenommener Verfügbarkeit" einerseits und „Bewertung von Wohlstand" oder „Bewertung traditionaler Sozialbeziehungen" andererseits ab und formuliert explizite, z. T. jedoch wenig erklärungskräftige Hypothesen (vgl. Hondrich, 1970, S. 164 ff.). Der Erklärungswert solcher Aussagen hängt insbesondere davon ab, wie es gelingt, einzelne Möglichkeiten der Dissonanzreduktion vorauszusagen. Entscheidend bleibt also die Frage, unter welchen Bedingungen die Gesellschaftsmitglieder eine eventuell durch die einheimische Elite betriebene und propagierte wirtschaftliche Entwicklung durch eine Aufwertung von „Wohlstand“, d. h. also durch eine Veränderung des Wertsystems reduzieren. Dies dürfte insbesondere dann der Fall sein, wenn breite Bevölkerungsschichten direkt am Wohlstand teilhaben, wenn ihre Identifikation mit den Eliten hoch und das soziale Ansehen der Eliten im Bewußtsein der übrigen Gesellschaftsmitglieder gleichfalls hoch ist.

Wir können hier nicht alle Implikationen des Ansatzes von Hondrich diskutieren, der im übrigen in einigen Aspekten höchst problematisch erscheint. Es handelt sich jedoch bei seiner theoretischen Skizze um einen höchst bemerkenswerten Versuch, kognitive Theorien über das Verhalten von Individuen auf Probleme der sozialen und wirtschaftlichen Entwicklung anzuwenden. Die erfolgreiche Bemühung um einen weiteren Ausbau dieses Konzeptes ist noch weitgehend Programm künftiger Forschung.

4.4.3. Sozialisationstheoretische Ansätze

Die Überzeugung, daß bestimmte Wertvorstellungen, insbesondere religiöse Glaubensinhalte, kausal relevant für Wandlungsvorgänge, zumal für bestimmte wirtschaftliche Entwicklungen werden können, geht inhaltlich auf Max Webers Protestantismusthese zurück. Max Webers berühmte Aufsätze zur Religionssoziologie haben deutlich gemacht, daß die Ratio des Kapitalismus durch bestimmte Glaubensinhalte, speziell des kalvinistischen Puritanismus und des lutherischen Pietismus, mitbedingt wurde (M. Weber, 1967). Die Theorie Webers untersucht eine zweifellos bedeutsame, jedoch sicher keine hinreichende Bedingung für die Entstehung des modernen Kapitalismus. Während das Wertsystem traditionaler Gesellschaften die für die moderne Wirtschaft typischen Verhaltensweisen weder tolerierte noch gar förderte, ist im Protestantismus, zumal in den extremen Formen des Calvinismus oder Puritanismus, Arbeit ein „gottgefälliges Werk", Leistung und Erfolg in dieser Welt Indikator der Erwählung auch für die jenseitige.

Diese Wertverlagerung hat viele Implikationen:

Vor allem ist das Summum bonum dieser Ethik: der Erwerb von Geld und immer mehr Geld unter strengster Vermeidung allen unbefangenen Genießens so gänzlich aller eudämonistischen oder gar hedonistischen Gesichtspunkte entkleidet, so rein als Selbstzweck gedacht, daß es als etwas gegenüber dem Glück oder dem Nutzen des einzelnen Individuums jedenfalls gänzlich Transzendentes und schlechthin Irrationales erscheint (M. Weber, 1967, S. 44).

Die Erfüllung innerweltlicher Pflichten wird das legitime Mittel, gottgefällig zu leben, und der materielle Erfolg solchen Handelns ist eben nichts anderes als der göttliche Gunstbeweis. Auch wenn die Wertverlagerung später solch religiöser Rechtfertigung nicht mehr bedurfte – nachdem die neue Ratio einmal funktionell autonom geworden war – hat sie doch entscheidend dazu beigetragen, die Herauslösung aus traditionellen Strukturen zu ermöglichen.

Die hier aufgerollte Problematik sucht solch gewichtige Fragen anzugehen wie die Erklärung der Ursprünge des Unternehmertums und des Kapitalismus sowie die damit einsetzende Modernisierung und Industrialisierung; sie versucht, den "take-off" zur „modernen Gesellschaft" zu erklären. Es ist oft gesagt worden, daß die Neigung, bestimmte religiöse Werte als in diesem Zusammenhang kausal zu betrachten, eine unzureichende Erklärungsbasis ist. Wie es Rostow ausgedrückt hat (1956; dt. 1967): Calvin sollte die Bürde nicht allein zu tragen haben. So sind verschiedentlich andere Erklärungen für diesen generellen Motivationswandel zur Hochschätzung von Arbeit und Leistung angeboten worden, die jedoch die Qualität von Spekulationen nicht übersteigen. Z. B. wurde der Statusverlust einiger Elitegruppen mit einer Veränderung der Persönlichkeitsstruktur durch frühkindliche Sozialisation mit gesteigerter Kreativität in Zusammenhang gebracht (Hagen, 1962), und andere Autoren haben auf die Bedeutung blockierter Alternativen für die Erlangung von Prestige hingewiesen. Auch haben viele Soziologen (z. B. K. Davis, Smelser) darauf aufmerksam gemacht, daß das Erklärungsschema Webers nur für jene nicht wiederholbare historische Bedingungskonstellation anzuwenden sei, die seinerzeit in einigen europäischen Ländern bestand. An die Stelle religiöser Glaubensvorstellungen könnten beispielsweise andere motivierende Faktoren treten, insbesondere der moderne Nationalismus einiger Länder.

Alternative oder zusätzliche Erklärungsmuster hätte Max Weber auch nie abgestritten. Insofern muß einigen Mißverständnissen begegnet werden, denen sich die Webersche These von Anbeginn an ausgesetzt sah. Weber behauptet nämlich keineswegs, mit der Formel „protestantische Werte“ das allein relevante kausale Konzept gefunden zu haben; mit der ihm eigenen Vorsicht formuliert er lediglich, daß die Entstehung der modernen Wirtschaftswelt und ihres Ethos durch bestimmte Glaubensinhalte *mit*bedingt war (vgl. Weber, 1965, S. 76) und die Entwicklung unter Wegfall dieser Wertverlagerung jedenfalls *so* nicht hätte verlaufen können. Wörtlich heißt es bei Weber:

> Sie [die Religion; d. Verf.] stampft insbesondere nirgends ökonomische Zustände aus dem Boden, für welche nicht mindestens die Möglichkeit, oft sehr intensive Antriebe in den bestehenden Verhältnissen und Interessenkonstellationen gegeben wäre. Und ihre konkurrierende Gewalt ist mächtigen ökonomischen Interessen gegenüber auch hier begrenzt. Eine allgemeine Formel für die relative inhaltliche Macht der verschiedenen Entwicklungskomponenten und der Art ihrer Anpassung aneinander ist nicht gegeben. (S. 76)

McClellands – ebenfalls auf den ökonomischen Bereich eingegrenzte – Theorie (vgl. hierzu McClelland, 1961; McClelland/Winter, 1969) bedeutet gegenüber Weber eine Erweiterung und eine Verengung der Perspektive zugleich. McClelland argumentiert, daß nicht nur protestantisch orientierte Verhaltensweisen zum wirtschaftlichen Erfolg führen, sondern daß verschiedene Anfangsbedingungen zu hoher Leistungsmotivation führen können, die ihrerseits leistungsorientiertes Verhalten erzeuge. Die

Theorie Webers wird damit auf die von der Psychologie entwickelte Theorie der Leistungsmotivation (McClelland, 1953; Atkinson, 1964) zurückgeführt, worin Kritiker einen Rückfall (?) in den psychologischen Reduktionismus sehen. Es handelt sich jedoch zunächst um die Klärung des Sachverhalts, daß protestantischer Glaube nur dann Kapitalismus hervorbringt, wenn er zu bestimmten Erziehungsstilen führt und wenn diese Sozialisationstechniken zu verstärkter *Leistungsmotivation* und folglich zu mehr Wirtschaftswachstum führen. Entscheidend sind also die leistungsstimulierenden Erziehungsstile, die jedoch auch anders als durch protestantische Werte initiiert worden sein können. Für die Theorie McClellands kann somit folgendes Diagramm gegeben werden (vgl. Kunkel, 1970, S. 96):

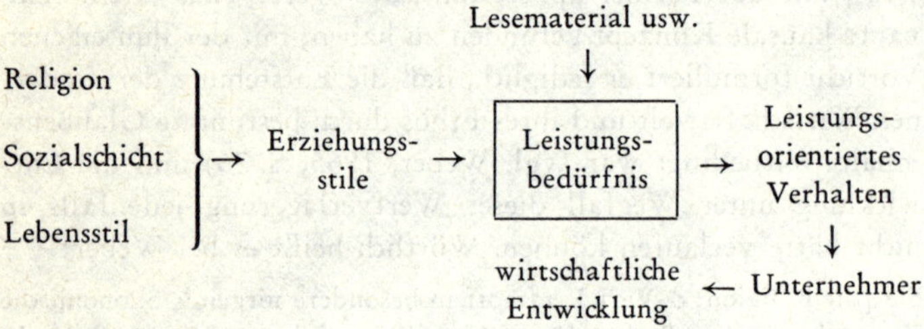

Daran schließt sich McClellands zentrale These an, wonach überall dort mit ökonomischer Entwicklung zu rechnen ist, wo ein hohes durchschnittliches Niveau an Leistungsbedürfnissen besteht. Zur empirischen Überprüfung dieser These hat McClelland ein Verfahren vorgeschlagen, mit dem es möglich ist, die hier behaupteten Zusammenhänge von Leistungsmotivation und ökonomischer Entwicklung nachzuweisen (1961). Die hierbei verwendeten empirischen Methoden haben zahlreiche berechtigte Kritik herausgefordert (vgl. zu einer ausführlichen Diskussion Kunkel, 1963; 1965; 1970), zumal sich der gefundene Korrelationskoeffizient von 0,46 als nicht allzu eindrucksvoll erwies und Laboratoriumsexperimente (Argyle, 1967) keine besonders konsistenten Relationen zwischen projektiven Leistungsmaßen und leistungsorientiertem Verhalten nachweisen konnten.

Darüber hinaus gibt es zahlreiche inhaltliche Punkte der Kritik. Die Wirkungskette:

Religiöse Werte → Erziehungspraktiken → Leistungsbedürfnis

könnte beispielsweise auch so verlaufen:

Leistungsbedürfnis → selektive religöse Überzeugung

oder zumindest durch diesen reversiblen Prozeß verstärkt werden, indem ein jeweils kompatibles religiöses System zur Rechtfertigung (z. B. zum Abbau kognitiver Dissonanzen) verwendet wird, das dann zunehmend Akzeptanz und Verbreitung findet. Auch kann zwischen dem Leistungsbedürfnis und der ökonomischen Entwicklung ein Interdependenzverhältnis gegenseitiger „Aufschaukelung" bestehen:

Leistungsbedürfnis ↔ ökonomische Entwicklung.

Der gewichtigste Einwand gegen die Theorie McClellands ist mit verschiedenen Formulierungen, jedoch mit dem gleichen Schwerpunkt vorgetragen worden (vgl. Argyle, 1967; Hoselitz, 1963; Kunkel, 1970; Zimmermann, 1969). Es handelt sich darum, daß leistungsmotiviertes Verhalten viel zu *unspezifisch* ist, um konsequent und ausschließlich die Beziehung „leistungsorientiertes Verhalten → Unternehmertum" zu erklären. Leistungen können sich auf höchst verschiedene Objekte richten; leistungsorientiert sind militärische Führer, Priester und Gelehrte sicherlich ebenso wie Unternehmer. Eine Erhöhung des Leistungsbedürfnisses *kann* demnach, muß jedoch keineswegs eine bestimmte ökonomische Entwicklung einleiten. Die Konsequenzen können auch ganz andere sein: "The result might be that people build bigger canoes, cast stronger spelts or jump from taller trees rather than they set up factories and power stations" (Argyle, 1967, S. 96). Das Vorhandensein hoher Leistungsmotivation impliziert daher zunächst multiple Zielsetzungen und bedarf der Wirksamkeit spezifizierender und kanalisierender Wertvorstellungen, um ein vorhandenes Leistungsbedürfnis speziell in der Form einer Entfaltung von Unternehmertum zu stimulieren. Die

Kritik verweist also hier auf das Vorhandensein zusätzlicher Bedingungen, damit sich die Leistungsmotivation auf die Realisierung ökonomischer Ziele richtet. Dies dürfte jedoch von bestimmten Wertvorstellungen abhängen, die *gleichfalls* durch den Sozialisationsprozeß vermittelt werden. Im Sozialisationsprozeß internalisiert das Individuum ja nicht nur die *Anregungsbedingungen* der Leistung, sondern auch die spezifische *Ausrichtung* dieser Leistung durch die diesen zugrundeliegenden Wert- und Zielvorstellungen.

Es ist also zweifellos ein vielversprechender Ansatz, Bedingungen und Techniken der Sozialisation und ihren Einfluß auf das Verhalten im wirtschaftlichen Bereich zu studieren. Die ausschließliche Konzentration auf die intervenierende Variable „Leistungsmotivation" führt jedoch – wie wir sahen – zu einer Verengung der Perspektive und der Vernachlässigung anderer relevanter Bedingungen, die gleichfalls durch den Sozialisationsprozeß vermittelt werden. Wir wissen zwar, daß Vorgänge der Sozialisation die menschliche Persönlichkeit formen und ihre Motivationsstruktur ausrichten; wir wissen aber wenig darüber, wer oder was die spezifischen Sozialisationstechniken verursacht. Welche Sozialisatoren sind z. B. unter welchen Bedingungen bestimmten religiösen Wertvorstellungen ausgesetzt? Wer forciert bestimmte leistungsstimulierende Sozialisationstechniken und wer initiiert ihre Diffusion in weiteren Bereichen? Wir wissen zwar angesichts der angewachsenen Literatur zur Sozialisationsforschung eine ganze Menge über die Wirkung bestimmter Sozialisationstechniken, auch über Schichtabhängigkeit bestimmter Erziehungsstile, aber wir wissen wenig darüber, unter welchen konkreten Anregungsbedingungen sich die Akzeptanz neuer Wertmuster beim "take-off" vollzogen hat oder künftig vollziehen wird.

Einen etwas spekulativen Ansatz zur Beantwortung dieser Frage bietet E. Hagen (1962). Seine Theorie gilt vor allem der Umwandlung traditionaler agrarischer Verhältnisse in die Situation beginnender Industrialisierung; jedoch erhebt sie Anspruch darauf, ein generelles Schema für die Erklärung sozialen Wandels abzugeben (1964, S. 8). Er meint, daß immer dann, wenn eine soziale Gruppe einen sozialen Abstieg erlebt, die Söhne der Folgegeneration – angespornt durch ihre Mütter – technologische Innovatoren werden. Am Beginn der Kausalkette steht ein *Status-Entzug:* einer Elitegruppe wird das bisher beanspruchte Prestige streitig gemacht. Bei anhaltendem Entzug sozialer Anerkennung wandelt sich nach Hagen in den Folgegenerationen in den deklassierten Sozialgruppen das gegenseitige Verhalten von Eltern und Kindern sukzessive derart, daß gegenüber den traditionalen Rollen entfremdete und später innovative Formen sozialen Verhaltens in der jeweils neuen Generation ausgeformt werden. Im Generationenverlauf häufen sich daher atraditionale Elemente und ermöglichen schließlich aufgrund der innovatorischen Verhaltensbereitschaft schöpferisches neues Verhalten. Diese Wirkungskette wird nach Hagen durch eine besondere *Erziehungskonstellation* induziert, in der frustrierten und apathischen Männern Frauen mit vergleichsweise höherem Anspruchsniveau gegenüberstehen, die diese Aspirationen auf die Söhne projizieren.

> Eine bestimmte Kombination und Intensität dieser Attitüden der Mütter und der Schwäche des Vaters schaffen eine geradezu ideale Umgebung für die Entwicklung eines Typs ängstlich getriebener Kreativität. (Hagen, dt. 1971, S. 359)

Die mit psychoanalytischem Gedankengut durchsetzte Beweiskette ist in sich wenig überzeugend und weitgehend spekulativ. In Einzelfällen mögen solche Konstellationen für die Entwicklung innovatorischer Persönlichkeitsstrukturen kausal relevant gewesen sein; als generelles Schema, um den Start für sozialen Wandel zu erklären, erscheint es kaum brauchbar. Dies impliziert nicht, daß die Variable „Statusverlust" oder „Statusfrustration" (auch beginnende Statusinkonsistenz) kein relevanter Faktor für die Stimulierung innovatorischen Verhaltens ist. Doch scheinen die intervenierenden Glieder in Hagens Beweiskette alles andere als schlüssig. Insbesondere besteht das Problem, daß derselben gesellschaftlichen Ausgangslage (Statusfrustration) schließlich ebenso kreative Tätigkeiten wie restitutive Verhaltensweisen (bis hin zur Apathie) folgen können. Dies dürfte – worauf Burns und Saul (1967) verweisen – für die Erklärung von Veränderungen sozialen Verhaltens nicht trennscharf genug sein:

To give the Hagen approach historical usefulness it is necessary to give at least as much attention to what it is that must be changed and forces that must be overcome (Burns/Saul, 1967, S. 5).

Schließlich ist in keiner Weise belegt, warum die Söhne der Folgegenerationen gerade *technologische* Innovatoren werden sollten. Es bestünde ja die logisch ebenso plausible Alternative, daß die Mütter ihren Söhnen erfolgversprechendere Orientierungsmuster vorschlagen, als die, in denen sie ihre Männer scheitern sahen. Im übrigen: Was ist, wenn die Rahmenbedingung – Status-Entzug durch andere Gruppierungen – weiter bestehen bleibt und sich auf alle männlichen Mitglieder der besagten Gruppe richtet, seien es die Väter oder die Söhne? Wenn der „politische Druck“ effektiv bleibt, haben auch die Folgegenerationen keine Chance.

Schließlich lebt Hagens Modell von der (unbewiesenen) Annahme, daß in statusfrustrierten Sozialgruppen die Frauen weiter leistungsorientiert bleiben – wenn auch projektiv – und nur die Männer der betroffenen Generation resignieren. Dies ist – wie gesagt – eine unbewiesene Annahme. Um ein Beispiel anzuführen: Es ist keineswegs bekannt, daß in den USA bei den in Reservate verbannten Indianern etwa deren Frauen besondere leistungsorientierte Motivationen und Sozialisationsprogramme für die Folgegenerationen entwickelt hätten.

Wahrscheinlich handelt es sich bei Hagens Konzept also nicht um eine sehr brauchbare Theorie, zumal sie sich der Überprüfung weitgehend verschließen dürfte. Aber die *Fragestellung* erscheint außerordentlich fruchtbar und verweist wieder einmal darauf, daß Theorien des Wandels meist erst dann ansetzen, wenn entscheidende Vorbedingungen für den Start dieses Wandels bereits gegeben sind. Besonders deutlich sahen wir dies bei den Fragestellungen der Modernisierungsforschung. Wer oder was jene Vorbedingungen schafft, wer die ersten Innovatoren sind und warum gerade sie und nicht andere Personen, bleibt meist ungeklärt. Hagens Ansatz sowie einige Ergebnisse aus dem Bereich der Diffusionsforschung liefern hierzu einige Hinweise. Das Sozialisationskonzept erweist sich dabei als wichtige intervenierende Variable, aber es dürfte notwendig sein, diese Prozesse in umfassenderem Sinne *lerntheoretisch* zu interpretieren und auf dem Hintergrund ganz bestimmter *sozialstruktureller Bedingungen* zu erklären.

4.4.4. Lerntheoretische Ansätze

Die Anwendung lerntheoretischer Konzepte erfolgte bisher – mit einer Ausnahme – mehr programmatisch als inhaltlichsubstanziell. So forderte bereits Homans (1964), Vorgänge des sozialen Wandels mit Hilfe seiner (lerntheoretisch abgestützten) Austauschtheorie zu erklären. Er zeigt am Beispiel Smelsers, daß dessen Analyse der industriellen Revolution ein Erklärungsschema zugrunde liegt, das sich auf das Verhalten von Individuen bezieht und daher von austauschtheoretischen bzw. lerntheoretischen Konzepten abgeleitet werden kann. Opp (1975) argumentiert in gleicher Weise, daß die Erklärung von Evolution als Änderung von Merkmalen von Individuen (soweit diese nicht biologisch bedingt sind) und sozialen Systemen mittels lerntheoretischer Aussagen möglich ist. Letzteres dürfte jedoch nur dann gelten, wenn man „soziale Systeme“ als strukturierte Personenmehrheiten definiert und die jeweils relevanten Merkmale sozialer Systeme als Merkmale der strukturierten Personenmehrheiten ansieht. Merkmalsänderungen sind nach dieser Auffassung definierbar als Merkmalsänderungen von Individuen. Die Evolution sozialer Systeme ist daher soweit lerntheoretisch erklärbar, insofern sich die Merkmalsänderungen sozialer Systeme als Änderungen von individuellem Verhalten definieren lassen.

Auch wenn die in diesem Programm enthaltene Reduktionsthese kontrovers beurteilt werden mag, so bleibt doch evident, daß die Analyse sozialen Wandels auch und nicht zuletzt zum

Inhalt hat, den Wandel von Verhaltensweisen, Einstellungen und Wertvorstellungen zu erklären. Wenn nun aber sozialer Wandel in Beziehung zum Menschen und seinen Aktivitäten gesehen wird, dann entstehen zwei Fragen, mit denen sich eine solche Analyse konfrontiert sieht:

(1) Welches sind die Determinanten des menschlichen Verhaltens?

(2) Welches sind die Bedingungen, unter denen sich dieses Verhalten ändert?

Um diese Fragen zu beantworten, ist der Sozialwissenschaftler auf die vorliegenden Verhaltensmodelle angewiesen, wie sie insbesondere im Rahmen der modernen lerntheoretischen Forschung entwickelt worden sind.

Nun gibt es Soziologen, die durchaus dazu neigen, soziale Evolution auf Lernvorgänge zurückzuführen, die aber davor zurückschrecken, sich hierbei der Führung sog. „behavioristischer" Lerntheorien anzuvertrauen. So sagt etwa Habermas:

> Ich teile die Absicht, soziale Evolution auf Lernvorgänge zurückzuführen. Allerdings ist eine dem behavioristischen Rahmen verhaftete Lerntheorie nicht auf Makrophänomene zugeschnitten. Sie ist nicht komplex genug, um mehr als periphere Lernmechanismen zu erfassen. Außerdem verschließt sie sich dem in der kognitivistischen Entwicklungspsychologie bewährten Konzept der Entwicklungslogik, welches erlaubt, zwischen formal zu charakterisierenden Lernniveaus und den auf diesen Niveaus jeweils möglichen Lernprozessen zu unterscheiden. (1975, S. 38)

An anderer Stelle führt Habermas aus, daß für Strukturveränderungen gesamtgesellschaftlicher Systeme übersubjektive und andere Arten von Lernprozessen relevant seien (1971, S. 276). Dabei bleibt unklar, (1) was genau Habermas unter „behavioristisch" versteht; (2) was genau „periphere Lernmechanismen" sind; (3) warum die kritisierten Lerntheorien nicht komplex genug sein sollen; (4) was mit übersubjektiven Lernprozessen gemeint ist.

Die genannten Einwände könnten trotz ihrer Unklarheit das Unvermögen der lerntheoretischen Perspektive ausweisen, wenn sich diese – wie etwa bei Homans oder Opp – bisher nur in programmatischen Äußerungen erschöpft hätte. Mittlerweile liegt jedoch eine explizite lerntheoretische Analyse sozialen Wandels (zugeschnitten allerdings auf wirtschaftliche Entwicklung) vor; es handelt sich um John H. Kunkels ›Society and Economic Growth‹ (1970), die durch die konsequente Anwendung verhaltensorientierter Hypothesen und die profunde Kenntnis der verhaltenstheoretischen Literatur eine Sonderstellung in den gegenwärtig relevanten Arbeiten zur Entwicklungssoziologie einnehmen und nach Kunkels Ansicht auch ein Paradigma zur Erklärung sozialen Wandels schlechthin abgeben dürfte.

Kunkel wählt aus den Modellen der Verhaltenstheorie dasjenige aus, das er unter dem Tenor „*Verstärkungstheorie*" einigermaßen konsistent verfügbar glaubt. (Eine alternative Entscheidung wäre etwa die Hinwendung zu kognitiven Modellen oder sog. „Erwartungstheorien" gewesen.) Grundannahme des von ihm ausgewählten Verhaltensmodells ist, daß die meisten Verhaltensweisen durch „differentielle Verstärkung" gelernt werden, wobei die im Rahmen einer Gruppe oder Gesellschaft „erwünschten" Verhaltensweisen belohnt, andere nicht belohnt und wiederum andere bestraft werden. Dabei sind die Elemente des sozialen Kontextes danach zu unterscheiden, ob sie – als diskriminierende Stimuli – die Auftretenswahrscheinlichkeit eines Verhaltens verstärken oder ob dies nicht der Fall ist.

Die Folgen eines Verhaltens sind weitgehend determiniert durch Wertvorstellungen und Normen einer Gesellschaft: Dabei geben die "ideal values" das Verhalten an, das es zu verstärken gilt, und die „operating norms" determinieren dann, welches Verhalten tatsächlich konkret verstärkt wird. Auch die Wirksamkeit von Sanktionen hängt vom gesellschaftlichen Kontext, d. h. von Wertvorstellungen und Normen ab, die ihrerseits die Deprivationscharakteristik der Mitglieder einer Gesellschaft festlegen. Das normative System einer Gesellschaft bestimmt auch darüber, welche Aspekte des sozialen Kontextes durch die differentielle Verstärkung von Verhaltensmustern Kontrolleigenschaften übernehmen. Daher hat sich auch ein verhaltenstheoretischer Ansatz der ökonomischen Entwicklung mit dem vergangenen und gegenwärtigen sozialen Kontext als den Hauptverhaltensdeterminanten zu befassen.

Sozialer Kontext → Lernprozesse →
→ Verhaltensänderung → ökonomische Entwicklung

Wörtlich heißt es:

It may be hypothesized, that the major problem of economic development is not the alteration of character, values or attitudes, but the change of those selected aspects of man's social environment which are relevant to the learning of new behavior patterns (S. 76).

Somit kann nach Kunkel geschlossen werden, daß wirtschaftliche Entwicklung durch systematische Änderung der Faktoren, die zum Erhalt oder Abbau von Verhaltensmustern beitragen, begünstigt oder beschleunigt wird. Das hier gewählte Verhaltensmodell führt somit zu dem Schluß, daß, wenn Verhalten zu ändern ist, Änderungen zuerst bei den *Verhaltenskonsequenzen* auftreten müssen, in deren Auftreten und Ablauf, bei den Zustandsvariablen und/oder bei den diskriminativen Stimuli. Allein solche Aspekte des sozialen Kontextes sind hierbei relevant, die diese Komponenten des Lernprozesses beeinflussen.

Änderungen der Persönlichkeit oder der Wertvorstellungen des Individuums werden nunmehr betrachtet als Begleiterscheinungen und Konsequenzen und nicht mehr als Voraussetzungen der ökonomischen Entwicklung; ökonomische Entwicklung bedeutet nämlich für den Durchschnittsmenschen veränderte Kontingenzen, veränderte Abläufe und andere Verhaltensmuster, die unter neuen Bedingungen anders verstärkt werden. (1969, S. 565)

Die verhaltenstheoretische Perspektive führt hier also in ganz andere Richtungen, als es der Vorwurf des Reduktionismus wahrhaben will: Persönlichkeitsstrukturen, Wertvorstellungen, Weltbilder und Selbstdefinitionen "will be modified if the social structure is altered so as to provide a higher rate and probability of reinforcement." (S. 229)

Kunkel zeigt nun, daß eine ganze Reihe verhaltensorientierter Ansätze zur Entwicklungsproblematik – etwa die von Erasmus, Fillol, Hagen, McClelland, Ayal und Rogers – ohne Schwierigkeiten aus allgemeineren lerntheoretischen Konzepten abgeleitet werden können. So werde eine Innovation dann akzeptiert und beibehalten, wenn sie in der Folge verstärkende Konsequenzen hat. Wenn man etwa in einem sozialen System Innovationen einführen will, so könnte man zunächst Belohnungen für innovative Aktivitäten an die Führer oder Eliten verteilen, die wiederum ein Belohnungspotential besitzen, mit dem sie innovatives Verhalten der anderen Mitglieder des sozialen Systems belohnen. Oder, um an McClelland anzuknüpfen: Das Leistungs-Verhaltenssyndrom werde insbesondere durch die Änderung wirklicher oder vermuteter Handlungskonsequenzen stimuliert, die leistungsorientierten Verhaltensweisen zugeordnet sind. Werden Bemühungen um Erfolg und Auszeichnung im Rahmen des Sozialisationsprozesses nie verstärkt, so können sich keine diskriminierenden Stimuli für „Leistungsverhalten" bilden. Mittlerweile ist im Rahmen der neueren, lerntheoretisch orientierten Sozialisationsforschung recht genau bekannt, welche Erziehungsziele im einzelnen die Leistungsmotivation fördern.

Allerdings sind Prinzipien des Lernens sehr *generell*, während die Vielfalt möglicher Deprivationen, diskriminierender Stimuli usw. *außerordentlich hoch* ist. Die Betrachtung der hier relevanten Kontextmerkmale führt uns also wiederum zu soziologischen Fragestellungen zurück, wie ja auch das Studium von Verstärker-Ereignissen letztlich darauf verweist, was das einzelne Individuum als für sein Verhalten verstärkend ansieht – und dies ist ausschließlich *seinem* (durch die Gesellschaft geprägten) Wertempfinden anheimgestellt. Ob z. B. künftige Konsumchancen, eine puritanische Arbeitsmoral oder die Steigerung des nationalen Prestiges hoch bewertet werden und damit verstärkend wirken, ist davon abhängig, welche spezifischen Verhaltensmuster durch den Sozialisationsprozeß gefestigt werden. So wird – wie Kunkel sagt – beispielsweise manuelle Arbeit von niemandem geschätzt, wenn sie von aversiven Stimuli begleitet ist, z. B.

von Spott, und wenn die Erfahrung zeigt, daß Personen, die schwer arbeiten, die Früchte ihrer Arbeit weitgehend verloren haben. Manuelle Arbeit werde demnach häufiger auftreten, wenn die Bedingungen geändert werden, unter denen Arbeit stattfindet.

Die daraus abgeleiteten Problemlösungen – nämlich Wechsel der Verhaltensmuster – können daher nur in sehr allgemeinen Zügen erfolgen und müssen sich letztlich doch wieder *der empirischen Analyse jeweiliger Verstärkerwirkungen* anvertrauen. Die konkreten Hypothesen, die Kunkel formuliert, sind deshalb kaum von Aussagen zu unterscheiden, wie sie üblicherweise in der Soziologie bestehen, doch sind sie Teil eines lerntheoretisch fundierten Transformationsprozesses, der die Variablen der *sozialen Struktur* mit denen des *individuell Handelnden* verknüpft. Dabei kann natürlich gestritten werden, ob die Anwendung der Lerntheorien hier mehr bietet als ein lediglich formales Gerüst oder Erklärungsschema, das dann durch die Analyse sozial-struktureller Bedingungen erst mit konkretem Inhalt erfüllt werden muß, die eigentliche Aufgabe einer Theorie sozialen Wandels also noch offen läßt. Der Erkennungsfortschritt Kunkels liegt bisher eher in der Perspektive und in der Integrationsleistung: Er zeigt, daß spezifische Handlungen und Wandlungen des Verhaltens nicht allein in Termini von Lernprinzipien erklärt werden können – was sicherlich zu einem unangemessenen Reduktionismus führen würde – wie es auch falsch wäre, Elemente (Stimuli) der sozialen Struktur ohne Rückgriff auf Lernprozesse zu studieren. Hierfür steht Kunkels Begriff des *sozialen Kontextes*, der den der sozialen Struktur ablösen soll: Er will andeuten, daß es hier nicht um eine Erforschung der sozialen Strukturen als solcher geht, sondern daß diese sozial-strukturellen Merkmale Auslösungsbedingungen für menschliches Verhalten abgeben. Genau dies erscheint uns die Nahtstelle zwischen der vorwiegend strukturalistischen Betrachtungsweise derjenigen Soziologie sozialen Wandels, die das Verhalten von Individuen und Gruppen aus der Analyse verbannt und einer alternativen Strategie, die beim *Verhalten* selbst ansetzt. In Abwandlung eines bekannten Wortes könnte man nunmehr formulieren: Lerntheoretische Analyse von Verhaltensänderungen ohne Rückgriff auf den sozialen Kontext ist *blind*, sozial-strukturelle Analyse ohne Rückbezug auf lernpsychologische Mechanismen bleibt *leer*.

Schließlich bleibt noch die Frage, welche alternativen Lerntheorien sich für die Erklärung sozialen Wandels anbieten. Es könnte nämlich sein, daß der Vorwurf einiger Soziologen, Lerntheorien seien nicht komplex genug, um Makrophänomene angemessen zu erfassen, daher rührt, daß zu simple Lerntheorien verwendet werden. Opp (1972) konnte zwar demonstrieren, daß eine Anwendung bestimmter lerntheoretischer Hypothesen auf komplexere soziale Sachverhalte (z. B. soziale Schichtung) im Prinzip sehr wohl möglich und auch fruchtbar ist. Dabei zeigt sich allerdings ein Umstand, der bei den meisten Soziologen zu einer Abwertung und Ablehnung solcher Aussagen geführt hat: Sie erscheinen – wie auch die meisten Formulierungen von Homans – ausgesprochen trivial. Da Popper den Standpunkt vertritt, daß wir auf sozialhistorischem Gebiet keine umfassenden Gesetze erreichen können, so daß wir uns mit trivialen Gesetzen zufriedengeben müssen (Popper, 1958), könnte man nun folgern, daß die Erforschung sozialen Wandels eben keine anderen Aussagen zulasse und daß man daher mit den Lerntheorien relativ „gut bedient" sei. Wir vermuten jedoch, daß der Einwand, Lerntheorien seien für die Erfassung sozialer Sachverhalte nicht komplex genug, in einer ganz bestimmten Hinsicht sehr wohl triftig sein könnte: Soziologen der verhaltenstheoretischen Schule neigen – offensichtlich aus Gründen leichterer Operationalisierbarkeit – meist dazu, Skinners Version der Lerntheorie den Vorzug zu geben. Andere lerntheoretische Modelle (etwa das von Rotter oder das von Bandura) werden kaum diskutiert, obgleich diese schon vom Ansatz her viel eher auf die Erfassung *sozialen Verhaltens* zugeschnitten sind.

Das Modell von Bandura geht in wesentlichen Punkten über die These hinaus, wonach die Häufigkeit der Durchführung von Verhaltensweisen allein von den Verstärkerkonsequenzen abhängt. Kinder lernen nicht nur nach dem Prinzip von Versuch und Irrtum, d. h. sie werden nicht nur „durch Schaden klug“, sondern sie lernen, indem sie das Verhalten von Vorbildern (Modellen) nachahmen. Bandura konnte zeigen, daß *allein durch Beobachtung* komplexe Verhaltenssequenzen erlernt werden, die vorher noch nicht im Verhaltensrepertoire des Lernenden vorhanden waren und in keiner Weise durch Verhaltensformung ("shaping") zu erklären sind. "Reinforcement" spielt dabei erst dann eine Rolle, wenn es darum geht, ob und wie oft eine bereits erworbene Verhaltensweise auch ausagiert wird. Daran schließen sich eine Reihe von Hypothesen, die die Bedingungen untersuchen, unter denen ein bestimmtes Modell imitiert wird. So wird beispielsweise das Beobachtungslernen stärker auf dasjenige Modell gerichtet, welches im Vergleich mit anderen Modellen stärkere soziale Macht (Verfügung über Verstärker) besitzt.

Eine Anwendung dieses theoretischen Konzepts auf Probleme der sozialen Entwicklung kann hier nur skizzenhaft und illustrativ erfolgen. Wir wissen beispielsweise, daß bestimmte Personen in sozialen Systemen Verstärker- und Relaisfunktionen ausüben und mithin als „Meinungsführer“ oder „Innovatoren“ wirken. Diese Personen fungieren gewissermaßen als *Modelle* eines neu zu etablierenden Verhaltens. Wir wissen ferner, daß neue Eliten und Machthaber in jungen, relativ unentwickelten Nationen häufig das Verhalten ihrer kolonialen Vorgänger nachahmen und somit Ausbeutungsprozesse u. U. perpetuieren. Oft ist beobachtet worden, daß der höhere Lebensstandard und die besseren Konsumchancen durch die ständige Möglichkeit der Beobachtung (etwa in Massenmedien) unter bestimmten Bedingungen Anspornfunktion haben und unter anderen nicht, und daß die Folgen positiv oder negativ sein können; positiv insbesondere dann, wenn Zielvorstellungen und Mittelstrukturen Hand in Hand gehen; negativ dagegen dann, wenn im Sinne übersteigerter Ziele (z. B. hoher Lebensstandard in möglichst kurzer Zeit) ein Verhalten angestrebt wird, welches das Modell als attraktiv verheißt, das jedoch von den Früchten eines Baumes ernten will, dessen Stamm noch nicht genügend entwickelt ist, um diese Früchte auch zu tragen. Solche Überlegungen verweisen auf die sog. Anomietheorie, wie sie schon Durkheim formuliert und dann später Merton weiterentwickelt hat.

Ein ähnlicher Gedanke spielt auch in der Entwicklungsökonomie eine bedeutsame Rolle (vgl. R. Nurkse, 1952; A. C. Chiang, 1958/59), wobei insbesondere darauf hingewiesen wurde, daß die durch internationale Massenmedien verbreiteten Konsumleitbilder der reicheren Volkswirtschaften die unterentwickelten Länder so zum Konsum anspornen, daß die Sparneigung und damit die Kapitalbildung und das Wirtschaftswachstum klein bleiben. Die daraus abgeleitete Forderung nach gleichgewichtigem Wachstum führt uns wiederum zur Vorstellung des strukturellen Gleichgewichts zurück. Die Anwendung der Theorie des Imitationslernens könnte uns jedoch in die Lage versetzen, die Frage genauer zu beantworten, *wann* und *unter welchen Bedingungen* Menschen dazu neigen, Produktion und Konsum mit unterschiedlichem Eifer nachzuahmen – oder eben auch in einem gleichgewichtigen, abgewogenen und aufeinander abgestimmten Sinne.

Wir haben in diesen letzten Kapiteln unserer Arbeit die *kritische Ebene* unserer Darstellung zugunsten einer mehr *programmatischen Sicht* verlagert. Dies schon deshalb, weil auf dem Felde verhaltensorientierter Erforschung sozialen Wandels (noch?) nicht allzu viele Beiträge vorliegen. Allerdings sollte man auch sehen, daß verhaltenstheoretische oder „psychologische" Annahmen in vielen „strukturalistischen" Konzepten oder Theorien implizit durchaus vorhanden sind, was immer dann besonders sichtbar wird, wenn man ihre *Erklärungskraft* herausfordert.

LITERATURVERZEICHNIS

Abegglen, J. C.: The Japanese factory. Glencoe, Ill. 1958.

Abel, T.: The operation called Verstehen. In: Albert, H., Theorie und Realität. Tübingen 1964.

Aberle, D. F. (u. a.): The functional prerequisites of a society. In: Ethics 60 (1959).

Albert, H.: Theorie und Prognose in den Sozialwissenschaften. In: Topitsch, E. (Hrsg.): Logik der Sozialwissenschaften. Köln, Berlin 1965.

Albert, H. (Hrsg.): Theorie und Realität. Tübingen [2]1972.

Albrecht, G. (u. a.) (Hrsg.): Soziologie. Opladen 1975.

Alker, H. R. jr.: A typology of ecological fallacies. In: Dogan, M., S. Rokkan (Hrsg.): Quantitative ecological analysis in the social sciences. Cambridge, Mass. 1969.

–: Statistics and politics: The need for causal data analysis. In: Lipset, S. M. (Hrsg.): Politics and the social sciences. New York (usw.) 1969.

Allardt, E.: Modernization from the perspective of social development. In: Internat. J. of Contemp. Sociology 1973.

Allen, F. R.: Sociocultural dynamics. New York 1971.

Almond, G. A., S. Verba: The civil culture. Boston 1963.

Almond, G. A., G. B. Powell: Comparative politics. Boston 1966.

Almond, G. A.: Politische Systeme und politischer Wandel. In: Zapf, W. (Hrsg.): Theorien sozialen Wandels. Köln, Berlin [3]1971.

Anderson, B.: Inkeles on individual modernity. In: Comparative Events 6 (1975).

Argyle, M.: The social psychology of social change. In: Burns, T., S. B. Saul (Hrsg.): Social theory and economic change. London (usw.) 1967.

Armer, M., A. Schnaiberg: Measuring individual modernity: a near myth. In: ASR 37 (1972).

Back, K. W.: Biological models of social change. In: ASR 36 (1971).

Bandura, A.: Principles of behavior modification. New York 1969.

Barnett, H. G.: Innovation: The basis of cultural change. New York 1953.

Baum, R.: On political modernity: stratification and the generation of societal power. In: Harvey, E. B. (Hrsg.): Perspectives on modernization. Toronto, Buffalo 1972.

–: Beyond convergence: toward theoretical relevance in quantitative modernization research. In: Soc. Inquiry 44 (1974).

Becker, W.: Idealistische und materialistische Dialektik. Stuttgart 1970.

Bell, D.: The coming of post-industrial society. New York 1973 (dt. 1975).

Bendix, R.: Nation-building and citizenship. New York 1964.

–: Die vergleichende Analyse historischer Wandlungen. In: KZfSS 17 (1965).

–: Tradition and modernity reconsidered. In: Comp. Studies in Soc. and Hist. 9 (1966).

–: Modernisierung und soziale Ungleichheit. In: Fischer, W. (Hrsg.): Wirtschafts- und sozialgeschichtliche Probleme der frühen Industrialisierung. Berlin 1968.

–: Modernisierung in internationaler Perspektive. In: Zapf, W. (Hrsg.): Theorien sozialen Wandels. Köln, Berlin [3]1971 (Orig. 1966).

Berger, B.: Societies in change. New York, London 1971.

Berger, P. L., B. Berger, H. Kellner: Das Unbehagen in der Modernität. Frankfurt, New York 1975.

Beyme, K. v. (Hrsg.): Empirische Revolutionsforschung. Opladen 1973.

Black, C. E.: The dynamics of modernization. New York 1967.

Bolte, K. M., F. Neidhardt, H. Holzer: Deutsche Gesellschaft im Wandel. Bd. 2. Opladen 1970.

Brinton, C.: The anatomy of revolution. New York 1968 (Orig. 1938).

Bronfenbrenner, M.: Verstaatlichung und wirtschaftliche Entwicklung. In: Zapf, W. (Hrsg.): Theorien sozialen Wandels. Köln, Berlin [3]1971.

Buck (u. a.): Kybernetische Systemtheorie. In: Probleme der Demokratie heute. Opladen 1971.

Buckley, W.: Sociology and modern systems theory. Englewood Cliffs 1967.

Bühl, W. L.: Evolution and Revolution. München 1970.

Burch, Th. K.: The size and structure of families: a comparative analysis of census data. In: ASR 32 (1967).

Cadwallader, M. L.: Die kybernetische Analyse des Wandels. In: Zapf, W. (Hrsg.): Theorien sozialen Wandels. Köln, Berlin ³1971 (Orig. 1959).

Campbell, D. T.: Variation and selective retention in socio-cultural evolution. In: Barringer, H. R. (u. a.) (Hrsg.): Social change in developing areas. Cambridge, Mass. 1965.

Cancian, F.: Functional analysis of change. In: ASR 25 (1960).

Carlsson, G.: Betrachtungen zum Funktionalismus. In: Topitsch, E. (Hrsg.): Logik der Sozialwissenschaften. Köln, Berlin 1965.

Chiang, A. C.: Der „Demonstrationseffekt" in einer gespaltenen Wirtschaft. In: Streissler, E., M. Streissler (Hrsg.): Konsum und Nachfrage. Köln, Berlin 1966 (Orig. 1958/59).

Coleman, J. S.: Modernization: political aspects. In: Internat. Encyclopedia of the Soc. Sciences. Bd. 14 (1968).

Coser, L.: The functions of social conflict. London 1956 (dt. 1966).

Coughenour, C. M., J. B. Stephenson: Measures of individual modernity: review and commentary. In: Internat. J. of Comp. Soc. 13 (1972).

Cunningham, F.: Bemerkungen über das Verstehen in den Sozialwissenschaften. In: Albert, H. (Hrsg.): Theorie und Realität. Tübingen ²1972 (Orig. 1967).

Cutright, P.: National political development. In: ASR 28 (1963).

Dahrendorf, R.: Class and class conflict in industrial society. Stanford 1959.

–: Gesellschaft und Demokratie in Deutschland. München 1965.

–: Pfade aus Utopia. München 1967.

–: Zu einer Theorie des sozialen Konflikts. In: Zapf, W. (Hrsg.): Theorien sozialen Wandels. Köln, Berlin ³1971 (Orig. 1958).

Davies, J. C.: Eine Theorie der Revolution. In: Beyme, K. v. (Hrsg.): Empirische Revolutionsforschung. Opladen 1973 (Orig. 1962).

Davis, K.: The demographic transition. In: Etzioni, A. (Hrsg.): Social change. New York 1964.

Deutsch, K. W.: The nerves of government. New York 1963.

–: Nationalism and social communication. Cambridge, Mass. 1969.

–: Soziale Mobilisierung und politische Entwicklung. In: Zapf, W. (Hrsg.): Theorien sozialen Wandels. Köln, Berlin ³1971 (Orig. 1958).

Doob, L. W.: Becoming more civilized. New Haven 1960.

–: Psychological aspects of planned developmental change. In: Gallaher, A. (Hrsg.): Perspectives in developmental change. Lexington 1968.

Dore, R.: British factory – Japanese factory. Berkeley 1963.
Dreitzel, H. P.: Sozialer Wandel. Neuwied, Berlin 1967.
Drewe, P.: Strukturell-funktionale Theorie und sozialer Wandel. Diplomarbeit Köln 1964.
Eder, K., J. Habermas: Zur Struktur einer Theorie der sozialen Evolution. In: Lepsius, M. R. (Hrsg.): Zwischenbilanz der Soziologie. Stuttgart 1976.
Edwards, L. P.: The natural history of revolution. Chicago 1926.
Eisenstadt, S. N.: Modernization: Protest and change. Englewood Cliffs 1966.
–: Sozialer Wandel: Differenzierung und Evolution. In: Zapf, W. (Hrsg.): Theorien sozialen Wandels. Köln, Berlin [3]1971 (Orig. 1964).
Eisenstadt, S. N. (Hrsg.): Readings in social evolution and development. Oxford 1972.
–: Post-traditional societies. New York 1972.
Eisenstadt, S. N.: Tradition, change, modernity. New York 1973.
Elias, N.: Über den Prozeß der Zivilisation. Frankfurt [3]1976.
Engelberg, E.: Probleme der gesetzmäßigen Abfolge der Gesellschaftsformationen. In: Zeitschr. f. Gesch.wiss. 2 (1974).
Erasmus, Ch. J.: Man takes control. Minneapolis 1961.
Etzioni, A., E. Etzioni (Hrsg.): Social change. New York, London 1964.
Etzioni, A.: Studies in social change. New York 1966.
–: The active society. New York 1968.
Feldman, A., W. E. Moore: Are industrial societies becoming alike? In: Gouldner, A. W., S. M. Miller (Hrsg.): Applied Sociology. New York 1965.
Flora, P.: Indikatoren der Modernisierung. Opladen 1974.
–: Modernisierungsforschung. Opladen 1974.
Fourastié, J.: Le grand espoir du XXe siècle. Paris 1963.
Freyer, H.: Theorie des gegenwärtigen Zeitalters. Stuttgart 1955.
Gabor, D.: Inventing the future. London 1963.
Gallaher, A. jr. (Hrsg.): Perspectives in developmental change. Lexington 1968.
Galtung, J.: Theory and methods of social research. Oslo 1967.
Geertz, C.: Agricultural involution. Berkeley 1963.
Gellner, E.: Thought and change. London 1964.
Gerschenkron, A.: Reflections on the concept of prerequisites of modern industrialization. In: Economic Backwardness in historical perspective. New York [2]1965 (dt. 1972).

–: Continuity in history. Cambridge, Mass. 1968.
Godzik, W. (u. a.): Zur Kritik der Dependenztheorie. In: KZfSS, 1976, Heft 3.
Goldstein, L. J.: Daten und Ereignisse in der Geschichte. In: Albert, H. (Hrsg.): Theorie und Realität. Tübingen [2]1972 (Orig. 1962).
–: Theorien in der Geschichtsforschung. In: Albert, H. [Hrsg.]: Theorie und Realität. [2]1972 (Orig. 1969).
Goldthorpe, J. H.: Social stratification in industrial society. In: Bendix, R., S. M. Lipset (Hrsg.): Class, status and power. New York 1966.
Goode, W. J.: Industrialization and family change. In: Hoselitz, B. F., W. E. Moore (Hrsg.): Industrialization and Society. New York 1963.
–: World revolution and family patterns. New York 1963.
Gottschalk, G.: Causes of revolution. In: AJS 7 (1944).
Habermas, J.: Zur Logik der Sozialwissenschaften. Frankfurt 1970.
Habermas, J., N. Luhmann: Theorie der Gesellschaft oder Sozialtechnologie – Was leistet die Systemforschung? Frankfurt 1971.
Habermas, J.: Diskussionsbemerkung. In: Lepsius, M. R. (Hrsg.): Zwischenbilanz der Soziologie. Stuttgart 1976.
Hagen, E. E.: On the theory of social change: how economic growth begins. Homewood 1962.
Hahn, E.: Historischer Materialismus und marxistische Soziologie. Berlin 1968.
Hanf, Th. (u. a.) (Hrsg.): Sozialer Wandel (Funk-Kolleg). Frankfurt 1975.
Hanrieder, W. F.: The international system: bipolar or multibloc? In: Journal of Conflict Resolution 1965.
Harder, Th.: Wirtschaftsprognose. Ein Beitrag zur gegenwärtigen Diskussion Diss. Köln 1959.
Harvey, B.: Perspectives on modernization: essays in memory of Jan Weinberg. Toronto, Buffalo 1972.
Hauser, P. M., L. F. Schnore [Hrsg.]: The study of urbanization. New York 1965.
Heintz, P.: Sozialer Wandel. In: Fischer Lexikon Soziologie. Frankfurt 1958.
–: Soziologie der Entwicklungsländer. Köln 1962.
–: Ein soziologisches Paradigma der Entwicklung. Stuttgart 1969.
–: A macrosocialogical theory of social systems. Bd. 1. Bern 1972.

Heintz, P.: Die Zukunft der Entwicklung. Stuttgart, Wien 1974.
Hempel, C. G.: The logic of functional analysis. In: Gross, L.: Symp. on Sociological theory. Evanston 1959.
–: Typologische Methoden in den Sozialwissenschaften. In: Topitsch, E. (Hrsg.): Logik der Sozialwissenschaften. Köln, Berlin 1965 (Orig. 1952).
–: Wissenschaftliche und historische Erklärungen. In: Albert, H. (Hrsg.): Theorie und Realität. Tübingen ²1972 (Orig. 1966).
Henning, F.-W.: Die Industrialisierung in Deutschland 1800 bis 1914. Paderborn 1973.
–: Das industrialisierte Deutschland 1914–1972. Paderborn 1974.
Henschel, R. L.: Sociology and prediction. In: The American Sociologist 6 (1971).
Herz, Th. A.: Voraussagestudien. In: Koolwijk, J. v., M. Wicken-Mayser (Hrsg.): Techniken der empir. Sozialforschung. Bd. 2. München 1975.
Hodge, R. W., D. J. Treiman, P. H. Rossi: A comparative study of occupational prestige. In: Bendix, R., S. M. Lipset (Hrsg.): Class, status and power. New York 1966.
Hörning, K. H.: Secondary modernization. Denver 1970.
–: Gesellschaftliche Entwicklung und soziale Schichtung. München 1976.
Hollander, P.: Are the two societies becoming alike? In: Hollander, P. (Hrsg.): American and soviet society. Englewood Cliffs 1969.
Homans, G. C.: Funktionalismus, Verhaltenstheorie und sozialer Wandel. In: Zapf, W. (Hrsg.): Theorien sozialen Wandels. Köln, Berlin ³1971 (Orig. 1964).
Hondrich, K. O.: Wirtschaftliche Entwicklung, soziale Konflikte und politische Freiheiten. Frankfurt 1970.
Hoselitz, B. F., W. E. Moore: Industrialization and society. Mouton 1970.
Hoselitz, B. F.: Sozialer Wandel in unterentwickelten Ländern. In: Daheim, H. J. (u. a.) (Hrsg.): Beruf. Industrie. Sozialer Wandel in unterentwickelten Ländern. Stuttgart 1977.
Huntington, S. P.: Political order in changing societies. New Haven, London 1968.
Inkeles, A., P. H. Rossi: National comparisons of occupational prestige. In: AJS 61 (1956).
Inkeles, A.: On the causes and consequences of individual change in six developing countries. In: AJS 75 (1970).

Inkeles, A., D. H. Smith: Becoming modern. Individual change in six developing countries. London 1974.
Inkeles, A., K. A. Miller: Construction and validation of a cross-national scale of family modernism. In: Internat. J. of Soc. of the Family (1974).
Jochimsen, R.: Die Kluft zwischen Nord und Süd. In: Grossner, C. (u. a.) (Hrsg.): Das 198. Jahrzehnt. Hamburg 1969.
Johnson, Ch.: Revolution and the social system. Stanford 1964.
Jouvenel, B. de: Die Kunst der Vorschau. Neuwied, Berlin 1967.
Kahl, J. A.: The measurement of modernism: a study of values in Brazil and Mexico. Austin, London ²1970.
Kahn, H., A. J. Wiener: Ihr werdet es erleben: Voraussagen der Wissenschaft bis zum Jahr 2000. Wien 1968.
Kahn, H.: Angriff auf die Zukunft: Die 70er und die 80er Jahre. Wien 1972.
Kahn, R. L. (u. a.): Organizational stress: studies in role conflict and ambiguity. New York 1964.
Kandil, F.: Traditionale Werte im Entwicklungsprozeß. Berlin 1975.
Kern, L. (Hrsg.): Probleme der postindustriellen Gesellschaft. Köln, Berlin 1976.
Kerr, C. (u. a.): Der Mensch in der industriellen Gesellschaft. Frankfurt 1966 (Orig. 1964).
Kiss, G.: Marxismus als Soziologie. Reinbek 1971.
–: Einführung in die soziologischen Theorien. Opladen ²1975.
–: Steckbrief der Soziologie. Heidelberg 1976.
Kluckhohn, C.: Some reflections on the nature of cultural integration and change. In: Soc. theory, values and socio-cultural change. Cambridge, Mass. 1963.
König, R. (Hrsg.): Soziologie. Frankfurt 1967.
König, R.: Aspekte der Entwicklungssoziologie. Köln, Opladen 1969.
Kohler, B., R. Nagel: Die Zukunft Europas. Ausgewählte Bibliographie zur zukünftigen Entwicklung Europas. Köln 1968.
Kühn, A.: Das Problem der Prognose in der Soziologie. Berlin 1970.
Kumar, K.: Some reflections on individual modernity. In: Comparative Events 4 (1973).
–: Psychological factors in the analysis of economic development. In: J. of Soc. Issues 19 (1963).
Kunkel, J. H.: Verhaltenstheoretische Perspektiven der wirtschaftlichen

Entwicklung. In: König, R. (Hrsg.): Aspekte der Entwicklungssoziologie. Köln, Opladen 1969.
–: Society and economic growth. A behavioral perspective of social change. New York 1970.
Kutsch, Th.: Die Welt im Jahr 2000. Analyse einer internat. Umfrage über die Einstellung zur Zukunft. Kronberg 1974.
Kuznets, S.: Modern economic growth: rate, structure, and spread. New Haven, London 1966.
–: Notes on the take-off. In: Rostow, W. W. (Hrsg.): The economics of take-off into sustained growth. London 1969.
Landes, D. S.: Der entfesselte Prometheus. Köln 1973.
Laumann, E.: Bonds of pluralism. New York 1973.
Lazarsfeld, P. F.: Wissenschaftslogik und empirische Sozialforschung. In: Topitsch, E. (Hrsg.): Logik der Sozialwissenschaften. Köln, Berlin 1965 (Orig. 1962).
Lenski, G. E.: Macht und Privileg. Eine Theorie der sozialen Schichtung. Frankfurt 1973 (Orig. 1966).
Lepsius, M. R. (Hrsg.): Zwischenbilanz der Soziologie. Stuttgart 1976.
Lerner, D.: The passing of traditional society. Glencoe, Ill. 1958.
–: Modernization: social aspects. In: Internat. Encyclopedia of the Soc. Sciences. Bd. 10 (1968).
–: Die Modernisierung des Lebensstils: Eine Theorie. In: Zapf, W. (Hrsg.): Theorien sozialen Wandels. Köln, Berlin ³1971.
–: Die Chance der Demokratie in den Entwicklungsländern. Sonderdruck RIAS Berlin. Berlin 1972.
–: Wechselwirkungen von Industrialisierung und Urbanisierung in den Entwicklungsländern. Sonderdruck RIAS Berlin. Berlin 1972.
Levy, M. J. jr.: The structure of society. Princeton 1952.
Levy, M. J., jr.: Aspects of the analysis of family structure. In: Aspects of the analysis of family structure. Ed. by Coale, A. J., L. A. Fallers, M. J. Levy, jr., D. M. Schneider, S. S. Temkins. Princeton 1965.
–: Geschlecht, Generation und Modernisierung. In: Lüschen, G., E. Lupri (Hrsg.): Soziologie der Familie. In: KZfSS, Sonderheft 14 (1970).
Lindner, C.: Theorie der Revolution. München 1972.
Lipp, W. (Hrsg.): Konformismus – Nonkonformismus. Darmstadt, Neuwied 1975.
Lipset, S. M.: Political man. Garden City, New York 1960.
–: The first new nation. New York 1963.

–: The value patterns of democracy. In: ASR 28 (1963).
Litwak, E., I. Szelenyi: Primary group structures and their functions: kin, neighbors, and friends. In: ASR 34 (1969).
Lockwood, D.: Soziale Integration und Systemintegration. In: Zapf, W. (Hrsg.): Theorien sozialen Wandels. Köln, Berlin ³1971 (Orig. 1964).
Lüschen, G., E. Lupri (Hrsg.): Soziologie der Familie. KZfSS, Sonderheft 14 (1970).
Luhmann, N.: Soziologie als Theorie sozialer Systeme. In: KZfSS 19 (1967).
–: Soziologische Aufklärung. Opladen ²1971.
–: Zur systemtheoretischen Konstruktion von Evolution. In: Lepsius, M. R. (Hrsg.): Zwischenbilanz der Soziologie. Stuttgart 1976.
Malewski, A.: Verhalten und Interaktion. Tübingen 1967.
Mansilla, H. C. F.: Kritik der Modernisierungs- und Dependenztheorien. In: Soziale Welt 25 (1974), Heft 2.
Martindale, D.: Social life and cultural change. Princeton 1962.
–: Introduction. In: Zollschan, G. K., W. Hirsch (Hrsg.): Explorations in social change. London 1964.
Marx, K.: Zur Kritik der politischen Ökonomie. MEW Bd. 13. Berlin 1969.
Matthes, J.: Handlungstheoretisch-interaktionistisch-phänomenologisch orientierte Theorien. In: Lepsius, M. R. (Hrsg.): Zwischenbilanz der Soziologie. Stuttgart 1976.
Mayntz, R.: Soziologie in der Eremitage? In: Topitsch, E. (Hrsg.): Logik der Sozialwissenschaften. Köln, Berlin 1965.
–: Strukturell-funktionale Theorie. In: Wörterbuch der Soziologie. Stuttgart 1969.
McClelland, D.: Die Leistungsgesellschaft. Opladen 1966 (Orig. 1961).
McClelland, D., D. G. D. Winter: Motivating economic achievement. New York 1969.
Meadows, D. H. (u. a.): Die Grenzen des Wachstums. Stuttgart 1972.
Merelman, R.: Social stratification and political socialization in nature industrial societies. In: Comp. Ed. Rev. 19 (1975).
Merritt, R. L.: Nationenbildung: eine Fallstudie. In: Zapf, W. (Hrsg.): Theorien sozialen Wandels. Köln, Berlin ³1971.
Merton, R. K.: Social theory and social structure. New York ³1968.
Mesarovic, M., E. Pestel: Menschheit am Wendepunkt. Stuttgart 1974.

Miller, K. A., A. Inkeles: Modernity and acceptance of family limitation in four developing countries. In: J. of Soc. Issues 30 (1974).
Moore, B.: Social origins of dictatorship and democracy. Boston 1966.
–: Zur Geschichte der politischen Gewalt. Frankfurt/M. 1966.
Moore, W. E.: A reconsideration of theories of social change. In: ASR 25 (1960).
Moore, W. E., A. S. Feldman: Society as a tension-management system. In: Baker, G. (u. a.) (Hrsg.): Behavioral science and civil defense disaster research group. Washington 1962.
Moore, W. E.: The utility of utopies. In: ASR 31 (1966).
–: Industrialization: social aspects. In: Internat. Encyclopedia of the Soc. Sciences. Bd. 7 (1968).
–: Social change. In: Internat. Encyclopedia of the Soc. Sciences. Bd. 14 (1968).
–: Strukturwandel der Gesellschaft. München ³1973 (Orig. 1963).
Münch, R.: Gesellschaftstheorie und Ideologiekritik. Hamburg 1973.
Myrdal, G.: An American dilemma. New York 1944.
Nagel, E.: Probleme der Begriffs- und Theoriebildung in den Sozialwissenschaften. In: Albert, H. (Hrsg.): Theorie und Realität. Tübingen 1972 (Orig. 1952).
–: A formalization of functionalism. In: Logic without metaphysics. Glencoe 1956.
Nettl, J. P., R. Robertson: Industrialization, development or modernization. In: Brit. J. of Soc. 17 (1966).
Nisbet, R. A.: The irreducibility of social change. In: Moore, W. E., R. M. Cook (Hrsg.): Readings on social change. Englewood Cliffs 1967.
–: Social change and history. New York 1969.
–: Developmentalism: a critical analysis. In: McKinney, J. C., A. A. Tiryakian (Hrsg.): Theoretical Sociology. New York 1970.
Nowotny, H. M.: The uses of typological procedures in qualitative macrosociological studies. In: Quality + Quantity 5 (1971).
Nurkse, R.: Einige internationale Gesichtspunkte des Problems der wirtschaftlichen Entwicklung. In: Streissler, E., M. Streissler (Hrsg.): Konsum und Nachfrage. Köln, Berlin 1966 (Orig. 1952).
Ogburn, W. F.: On culture and social change. Chicago 1922 (1964).
Opp, K. D.: Verhaltenstheoretische Soziologie. Reinbek 1972.
–: Der verhaltenstheoretische Ansatz. In: Lepsius, M. R. (Hrsg.): Zwischenbilanz der Soziologie. Stuttgart 1976.

Organski, A. F. K.: The stages of political development. New York 1967.
Ornauer, H., H. Wiberg, A. Sicinsky, J. Galtung (Hrsg.): Images of the world in the year 2000. Den Haag 1976.
Palmore, J. A., R. E. Klein, A. Marzuki: Class and family in a modernizing society. In: AJS 76 (1970/71).
Parsons, T.: The social system. Glencoe 1951.
Parsons, T., E. A. Shils: Toward a general theory of action. New York 1951.
Parsons, T., N. J. Smelser: Economy and society. London 1957.
Parsons, T.: The social structure of the family. In: Anshen, R. N. (Hrsg.): The family: As functions and destiny. New York 1959.
–: A paradigm for the analysis of social systems and change. In: Parsons, T., E. A. Shils (u. a.) (Hrsg.): Theories of society. New York 1961.
–: Some considerations on the theory of social change. In: Rural Sociology 26 (1961).
–: Societies: Evolutionary and comparative perspectives. Englewood Cliffs 1966 (dt. 1975).
–: Das Problem des Strukturwandels: eine theoretische Skizze. In: Zapf, W. (Hrsg.): Theorien sozialen Wandels. Köln, Berlin [3]1971 (Orig. 1961).
–: Evolutionäre Universalien der Gesellschaft. In: Zapf, W. (Hrsg.): Theorien sozialen Wandels. Köln, Berlin [3]1971 (Orig. 1964).
–: Das System moderner Gesellschaften. München 1972 (Orig. 1971).
Pettee, G. S.: The process of revolution. New York 1938.
Popper, K. R.: The poverty of historicism. Boston 1957.
–: Prognose und Prophetie in den Sozialwissenschaften. In: Topitsch, E. (Hrsg.): Logik der Sozialwissenschaften. Köln, Berlin 1965 (Orig. 1963).
Radnitzki-Törnebohm, B.: Forschung als innovatives System. In: Zeitschr. f. allg. Wissenschaftstheorie II/2 (1971).
Rex, J.: Key problems in social theory. London 1961.
Riesman, D.: Wohlstand wofür? Frankfurt 1966 (Orig. 1964).
Rittberger, V.: Über sozialwissenschaftliche Theorien der Revolution. In: Beyme, K. v. (Hrsg.): Empirische Revolutionsforschung. Opladen 1973.
Robinson, J.: Anmerkungen zur Theorie der wirtschaftlichen Entwicklung. In: Zapf, W. (Hrsg.): Theorien sozialen Wandels. Köln, Berlin [3]1971.

Rogers, E. M.: The diffusion of innovations. New York 1963.
Rokkan, S.: Citizens, elections, parties. Oslo 1970.
–: Die vergleichende Analyse der Staaten- und Nationenbildung: Modelle und Methoden. In: Zapf, W. (Hrsg.): Theorien sozialen Wandels. Köln, Berlin [3]1971.
–: Dimensions of state formation and nation-building. Beitrag zum ISSC/ECPR. Workshop on indicators on national development. Lausanne 1971.
Rosecrance, R. N.: Bipolarity, multipolarity, and the future. In: J. of Conflict Resolution (1966).
Rostow, W. W.: Stadien des wirtschaftlichen Wachstums. Göttingen [2]1967.
–: Politics and the stages of growth. Cambridge 1971.
Rüschemeyer, D.: Partielle Modernisierung. In: Zapf, W. (Hrsg.): Theorien sozialen Wandels. Köln, Berlin [3]1971.
Schäfers, B.: Sozialstruktur und Wandel der BRD. Stuttgart 1976.
Scheuch, E. K., M. B. Sussman: Gesellschaftliche Modernität und Modernität der Familie. In: Lüschen, G., E. Lupri (Hrsg.): Soziologie der Familie. In: KZfSS, Sonderheft 14 (1970).
Scheuch, E. K.: Soziologie der Macht. In: Schneider, H. K., Chr. Watrin (Hrsg.): Macht und ökonomisches Gesetz. Berlin 1973.
Scheuch, E. K., Th. Kutsch: Grundbegriffe der Soziologie. Stuttgart [2]1975.
Scheuch, E. K.: Wird die Bundesrepublik unregierbar? Köln 1976.
Schnaiberg, A.: Measuring modernism: theoretical and empirical explorations. In: AJS 76 (1970/71).
Schramm, W., W. L. Ruggels: How mass media systems grow. In: Lerner, D., W. Schramm (Hrsg.): Communication and change in the developing countries. Honolulu 1967.
Schwartz, D. C.: Eine Theorie des revolutionären Verhaltens. In: Beyme, K. v. (Hrsg.): Empirische Revolutionsforschung. Opladen 1973 (Orig. 1971).
Schweinitz, K. de: Industrialization and democracy. New York 1964.
Seibel, H. D.: Alex Inkeles und David H. Smith, Becoming modern. Buchbesprechung. In: KZfSS 28 (1976).
Shakle, G. L. S.: Decision order and time in human affairs. Cambridge 1961.
Sieber, S. D.: Toward a theory of role accumulation. In: ASR 39 (1974).

Skardal, O.: Towards a theory of occupational orientation. Oslo 1959.
Smelser, N. J.: Social change in the industrial revolution. Chicago 1959.
–: Essays in sociological explanation. Englewood Cliffs 1968.
Smith, A. D.: The concept of social change. London, Boston 1973.
Smith, D. H., A. Inkeles: The OM Scale: A comparative socio-psychological measure of individual modernity. In: Sociometry 29 (1966).
Sodeur, W.: Empirische Verfahren zur Klassifikation. Stuttgart 1974.
Sorokin, P. A.: Society, culture and personality. New York 1945.
Sontheimer, K.: Voraussage als Ziel und Problem moderne Sozialwissenschaft. In: Wissenschaft und Planung. Universitätstage. Berlin 1965.
Stephenson, J. B.: Is everyone going modern? In: AJS 74 (1968/69).
Steward, J. H.: Cultural evolution. In: Scient. American 5 (1956).
–: Evolution and social typology. In: Tax, S. (Hrsg.): Evolution after Darwin. Vol. 2. Chicago 1960.
Stone, L.: Theories of revolution. In: World politics 3 (1965/66).
Straus, M. A.: Die Organisation der Familie und die Fähigkeit zur Problemlösung im Hinblick auf die Modernisierung von Gesellschaften. In: Lüschen, G., E. Lupri (Hrsg.): Soziologie der Familie. Opladen 1970.
Stinchcombe, A. L.: Constructing social theory. New York 1968.
Suda, Z.: Some open problems in modernization theory and research. Discussion paper. Pittsburgh 1974.
Sweetser, D. A.: Inter-generational ties in finish urban families. In: ASR 33 (1968).
Tantler, R., M. Midlarsky: Revolution. Eine quantitative Analyse. In: Beyme, K. v. (Hrsg.): Empirische Revolutionsforschung. Opladen 1973 (Orig. 1967).
Tarn, W. W., G. T. Griffith: Hellenistic civilisation. London [3]1952.
Tenbruck, F. H.: Zur Kritik der planenden Vernunft. Freiburg, München 1972.
Thome, H.: Der Versuch, die „Welt“ zu begreifen. Frankfurt 1973.
Tinbergen, J.: Wir haben nur eine Zukunft. Reform der internationalen Ordnung. Der RIO-Bericht an den Club of Rome. Wiesbaden 1977.
Tiryakian, E.: Typologies. In: Internat. Encyclopedia of the Soc. Sciences (1968).

Tjaden, K. H. (Hrsg.): Soziale Systeme. Neuwied 1970.
Tjaden, K. H.: Zur historisch-materialistischen Entwicklungstheorie. In: Lepsius, M. R. (Hrsg.): Zwischenbilanz der Soziologie. Stuttgart 1976.
Topitsch, E. (Hrsg.): Logik der Sozialwissenschaften. Köln, Berlin 1965.
Touraine, A.: Die postindustrielle Gesellschaft. Frankfurt 1972 (Orig. 1969).
Verba, S.: Sequences and development. In: Binder, L. (u. a.): Crises and sequences in political development. Princeton 1971.
Vierkandt, A.: Die Stetigkeit im Kulturwandel. Leipzig 1908.
Waisanen, F. B.: Education and participation in development. In: Acta Sociologica 14 (1971).
Waisanen, F. B., H. Kumata: Education and functional literacy and participation in development. In: Internat. J. of Comp. Soc. 13 (1972).
Waltz, K. N.: The stability of a bipolar world. In: Daedalus 7 (1964).
Warshay, L. H.: Breadth of perspective and social change. In: Zollschan, G. K., W. Hirsch (Hrsg.): Explorations in social change. London 1964.
Watkins, J. W. N.: Idealtypen und historische Erklärung. In: Albert, H. (Hrsg.): Theorie und Realität. Tübingen [2]1972 (Orig. 1952).
Weber, M.: Wirtschaft und Gesellschaft. Tübingen, Köln, Berlin 1964.
–: Die protestantische Ethik und der Geist des Kapitalismus. München, Hamburg 1965.
Wehler, H. U.: Geschichte und Soziologie. Möglichkeiten einer Konvergenz? In: Albrecht, G. (u. a.) (Hrsg.): Soziologie. Opladen 1975.
–: Modernisierungstheorie und Geschichte. Göttingen 1975.
Weinberg, J.: Social problems which are no more. In: Sanigel, E. O. (Hrsg.): Handbook of Social Problems. Chicago 1967.
–: The problem of convergence of industrial societies. In: Comp. Studies in Soc. and History 11 (1969).
–: The concept of modernization: an unfinished chapter in sociological theory. In: Harvey, B. (Hrsg.): Perspectives on modernization. Toronto, Buffalo 1972.
Weiner, M.: Hauptprobleme der Modernisierung vorindustrieller Gesellschaften. Sonderdruck RIAS Berlin. Berlin 1972.
White, L.: The science of culture. New York 1949.
Wiehn, E. R.: Theorien der sozialen Schichtung. München [2]1974.

Winsch, R. F., S. Greer, R. L. Blumberg: Ethincity and extended familism in an upper-middle-class suburb. In: ASR 32 (1967).
Wiswede, G.: Rationalität und soziales Wertsystem. In: Zeitschr. f. Wirtschafts- und Soz.wiss. 2 (1972).
–: Soziologie des Verbraucherverhaltens. Stuttgart 1972.
–: Soziologie abweichenden Verhaltens. Stuttgart 1973.
–: Soziologie konformen Verhaltens. Stuttgart 1976.
–: Rollentheorie. Stuttgart 1977.
Wurzbacher, G.: Leitbilder gegenwärtigen deutschen Familienlebens. Stuttgart [4]1969.
Wurzbacher, G. (Hrsg.): Störfaktoren wirtschaftlicher Entwicklung. Stuttgart 1975.
–: Die Familie als Sozialisationsfaktor. Stuttgart [2]1977.
Zaltman, G. (u. a.): Processes and phenomena of social change. New York 1973.
Zapf, W., P. Flora: Some problems of time-series analysis in modernization research. In: Soc. Science Inf. 10 (1971).
Zapf, W. (Hrsg.): Theorien sozialen Wandels. Köln, Berlin [3]1971.
Zapf, W.: Die soziologische Theorie der Modernisierung. In: Soziale Welt 26 (1975).
Zapf, W. (Hrsg.): Soziale Indikatoren. Frankfurt, New York 1975.
Zeigler, L. H.: Interest groups in American society. Englewood Cliffs 1964.
Zelditch, M. jr.: Cross-cultural analyses of family structure. In: Handbook of marriage and family, ed. by H. T. Christensen. Chicago 1964.
Ziegler, R.: Typologien und Klassifikationen. In: Albrecht, G. (u. a.) (Hrsg.): Soziologie. Opladen 1975.
Zimmermann, G.: Sozialer Wandel und wirtschaftliche Entwicklung. Stuttgart 1969.
Zollschan, G. K., W. Hirsch (Hrsg.): Explorations in social change. London 1964.

SACHREGISTER